CHIARA SAMUGHEO / **PHOTOS FOR CINEMA**

FUORI DAL SET

OFF THE SET / HORS DES PLATEAUX DE TOURNAGE

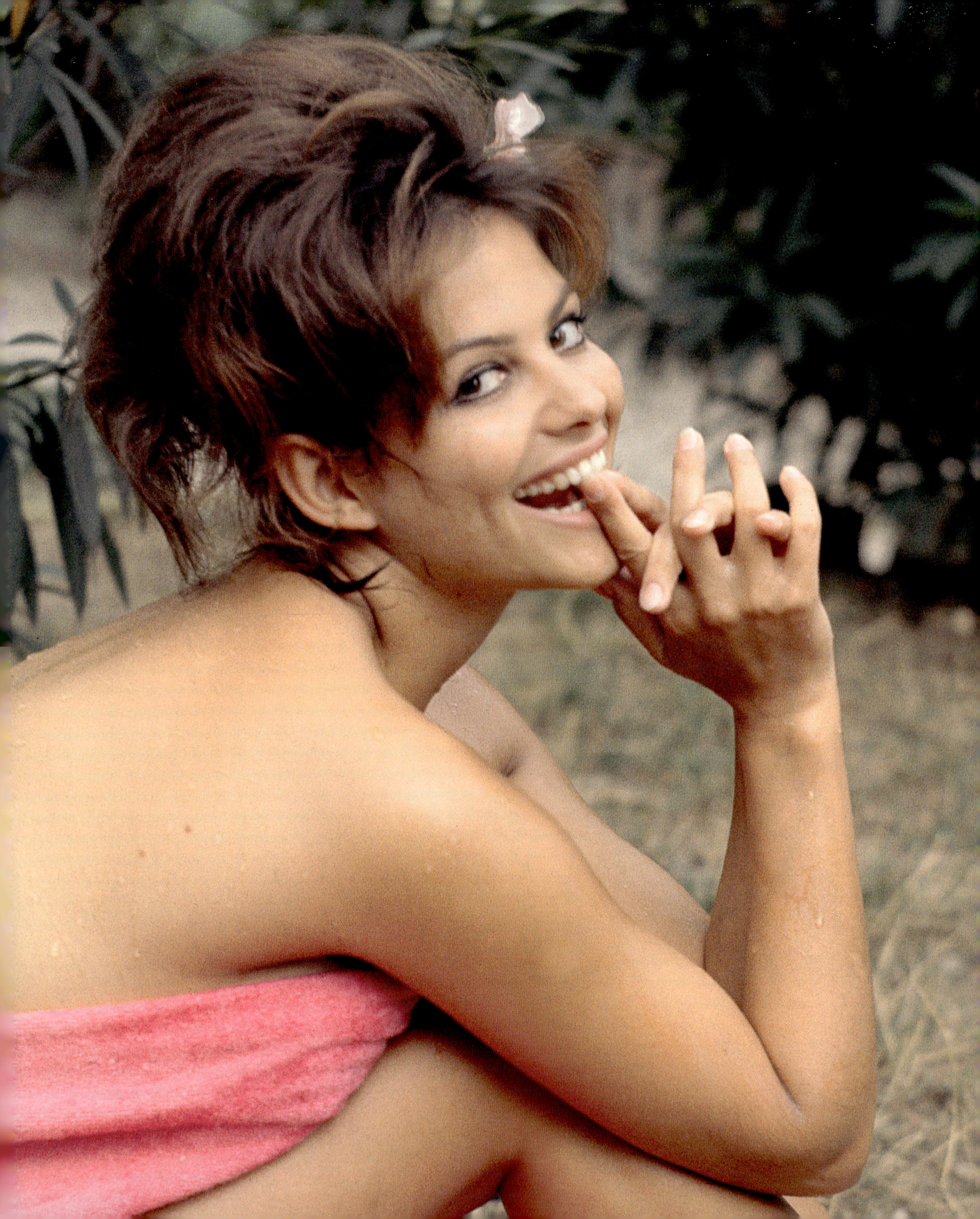

CHIARA SAMUGHEO / PHOTOS FOR CINEMA

FUORI DAL SET

OFF THE SET / HORS DES PLATEAUX DE TOURNAGE

SilvanaEditoriale

In copertina / Cover / Couverture
Sofia Loren

pagina / page 2
Claudia Cardinale

MUSEO NAZIONALE DEL CINEMA
TORINO

Museo Nazionale del Cinema
The National Cinema Museum
Musée National du Cinéma

Silvana Editoriale

Progetto e realizzazione / Produced by / Projet et réalisation
Arti Grafiche Amilcare Pizzi Spa

Direzione editoriale / Direction / Direction éditoriale
Dario Cimorelli

Art Director
Giacomo Merli

Redazione / Copy Editor / Rédaction
Clelia Palmese, Lorena Ansani

Impaginazione / Layout / Mise en page
Nicola Cazzulo

Traduzioni / Translations / Traduction
Per il francese / For French / pour le Français:
Mathieu Boudet, Virginie Ebongué, Contextus, Pavia
Per l'inglese / For English / pour l'Anglais:
Sarah Elizabeth Cree, Contextus, Pavia

Coordinamento organizzativo / Production Coordinator / Organisation
Michela Bramati

Segreteria di redazione / Editorial Assistant / Secrétaire de rédaction
Emma Altomare

Ufficio iconografico / Iconographic office / Iconographie
Alessandra Olivari

Ufficio stampa / Press office / Bureau de presse
Lidia Masolini, press@silvanaeditoriale.it

CHIARA SAMUGHEO / PHOTOS FOR CINEMA

FUORI DAL SET

OFF THE SET / HORS DES PLATEAUX DE TOURNAGE

7 giugno – 23 settembre 2012 / 7 June – 23 September 2012 / 7 juin – 23 septembre 2012
Museo Nazionale del Cinema / The National Cinema Museum / Musée National du Cinéma
Mole Antonelliana, Torino / Turin

A cura di / Curated by / Sous la direction de
Mauro Raffini

Coordinamento organizzativo / Exhibition management / Coordination organisative
Roberta Basano

in collaborazione con / in collaboration with / avec la collaboration de
Valentina Malvicino

Coordinamento allestimento / Coordination of display / Coordination pour les équipements
Sabrina Mezzano

in collaborazione con / in collaboration with / avec la collaboration de
Leonardo Ferrante

Realizzazione allestimento interno ed esterni / Interior and outside display / Réalisation des équipements internes et externes
Cienne s.n.c di Gangemi A. & C., Torino
Giordano Allestimenti Srl, Pianezza (To)

Immagine e grafica / Image and graphics / Signalétique et graphisme
De Silva Associati, Torino

Digitalizzazione fotografica / Photos digitization / Numérisation photographique
Roberto Goffi
Giancarlo Tovo

Stampe fotografiche / Photographic prints / Tirages photos
Puntobyte, Torino

Riproduzioni esterne / Outdoor reproductions / Reproductions externes
LEM stampa digitale, Torino

Illuminazione / Lighting / Éclairages
A.B.C. Elettrik Srl, Torino

Traduzioni / Translations / Traductions
Laura Marcellino

Hanno collaborato / Collaborators / Ont collaboré
Paolo Barbaro, Claudia Bozzone, Chiara Borroni, Giovanna Lomonte, Daniela Martinelli, Elena Montaretto, Cristina Monti

Le fotografie in mostra provengono dall'archivio personale di Chiara Samugheo e dal Fondo Samugheo, Sezione Fotografia del CSAC dell'Università di Parma /
The photos on display are from Chiara Samugheo's personal collection and from Samugheo Fund, Photography Department of the CSAC, University of Parma /
Les photographies exposées proviennent des archives personnelles de Chiara Samugheo et du Fond Samugheo, Section Photographie du CSAC de l'Université de Parme

Si ringraziano / Thanks to / Merci à
Valérie-Anne Giscard d'Estaing (Agenzia fotografica Photo12, Parigi), Beatrice Bregoli (Camera di commercio italiana Nizza, Sophia Antipolis, Costa Azzurra), Andrea De Pasquale (Direttore della Biblioteca Nazionale Braidense di Milano e della Biblioteca Nazionale Universitaria di Torino), Università di Parma

Valérie-Anne Giscard d'Estaing (Photography Agency Photo12, Paris), Beatrice Bregoli (Chamber of Commerce Nice, Sophia Antipolis, French Riviera), Andrea De Pasquale (Director of the National Library Braidense of Milan and the National Academic Library of Turin), University of Parma

Valérie-Anne Giscard d'Estaing (Agence photographique Photo12, Paris), Beatrice Bregoli (Chambre de Commerce Italienne Nice, Sophia Antipolis, Côte d'Azur), Andrea De Pasquale (Directeur de la Bibliothèque Nationale Braidense de Milan et de la Bibliothèque Nationale Universitaire de Turin), Université de Parme

Un particolare ringraziamento a / Special thanks to / Un remerciement particulier à
Claudia Cardinale

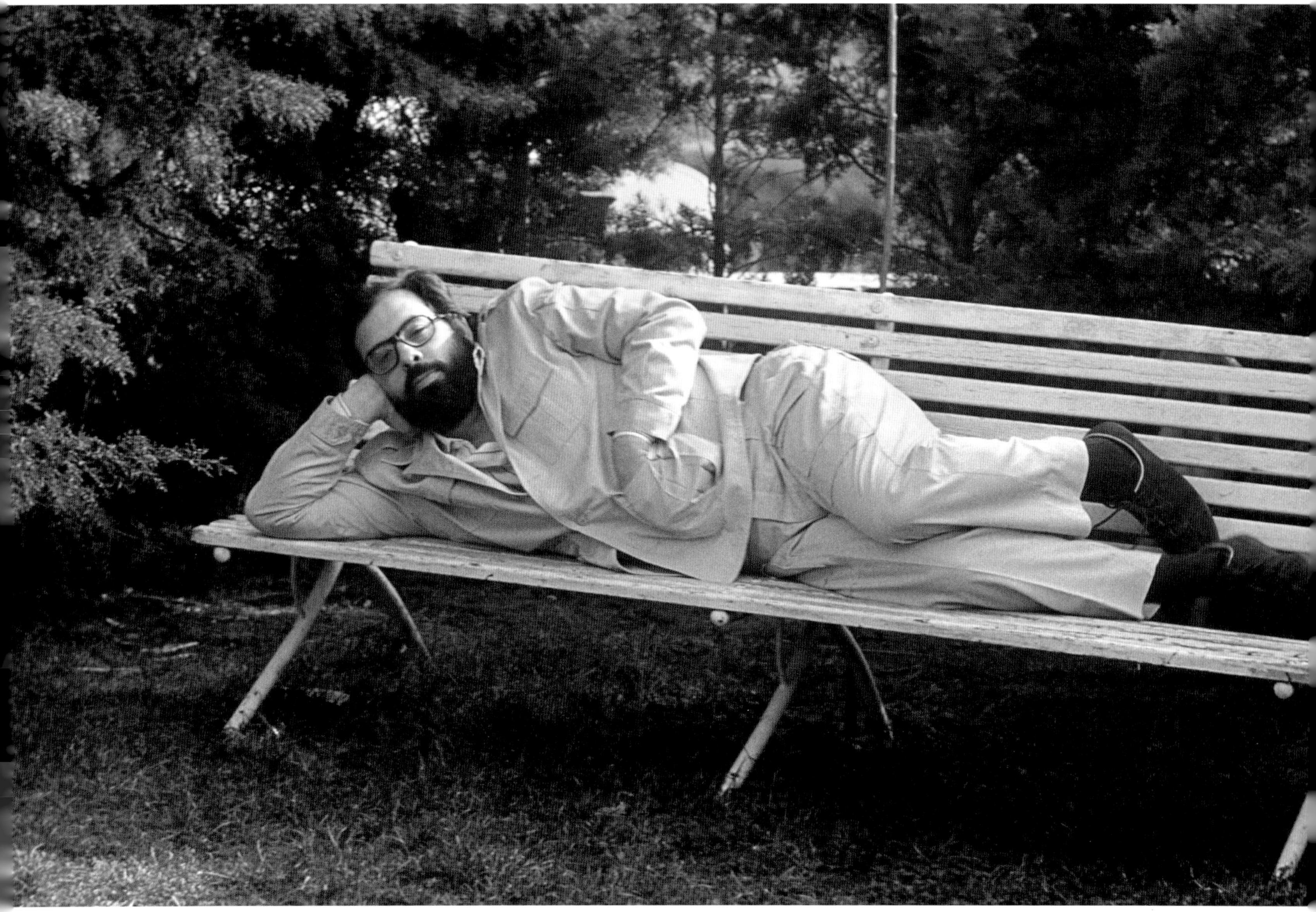

Francis Ford Coppola

Ancora oggi non sono molte le donne fotografe che riescono a emergere e ad affermarsi in un universo professionale dominato, chissà perché, dagli uomini. Ma negli anni in cui Chiara Samugheo impugnò per la prima volta una macchina fotografica, di donne intenzionate a trasformare quella specifica passione in un mestiere ce n'erano davvero poche. Anzi, in Italia, proprio nessuna. Il che le conferisce il primato non indifferente di prima donna fotografa del nostro Paese. Un Paese da poco uscito da una tragica e devastante esperienza bellica, dove fare *reportage* voleva dire soprattutto confrontarsi quotidianamente con problemi sociali e individuali di ogni sorta. La svolta sarebbe venuta di lì a poco, con l'abbandono della cronaca in favore del cinema. Non del *reportage* cinematografico, però: Chiara Samugheo non è mai stata un fotografo di set, un esemplare di quella specie molto particolare che è, e continua a essere, il reporter interessato alla macchina del cinema, a quel complesso e a volte lento e faticoso processo di costruzione di un'opera filmica. Chiara si è sempre e soltanto interessata ai protagonisti che il cinema lo fanno e lo rendono una delle forme espressive più popolari e amate di quella società dello spettacolo nata proprio in seguito all'affermazione planetaria dell'invenzione dei fratelli Lumière. E planetaria diventò, nel giro di pochi anni, anche la fama di Chiara, chiamata a lavorare per le principali riviste di cinema, di moda e di costume – "Cinema Nuovo" *in primis*, poi "Epoca", "Stern", "Vogue", "Paris Match", "Life", "Vanity Fair" e tantissime altre – per le quali firmò copertine entrate nella storia dell'editoria e del costume, e servizi fotografici molto apprezzati perché originali, capaci di scavare nella personalità di registi, attori e attrici, mettendone in luce le più segrete caratteristiche. E ancora, ironici, solari e sensuali, caratterizzati come sono da un erotismo giocoso, mai *morbide* (come direbbero i francesi), ma anzi trasparente, vitale e garbato, la cui sottile impertinenza può solo essere ricondotta (e perdonata, in un'epoca ancora bacchettona) a uno sguardo femminile che avrebbe contribuito non poco a quel movimento di liberazione sessuale destinato a caratterizzare gli anni 60.

E allora il titolo di questo libro – e della mostra organizzata dal Museo Nazionale del Cinema di Torino, che ne è all'origine – non fa che sottolineare in maniera un po' provocatoria una delle prerogative principali del lavoro della Samugheo, che consistette precisamente nella decisione tutt'altro che scontata di abbandonare lo studio (nella doppia accezione di set fotografico e cinematografico), per ambientare i suoi ritratti in esterni o, comunque, lontano dal luogo di lavoro dei divi e delle divine che si prestavano al gioco di una de-contestualizzazione feconda e produttiva di nuovi significati e valori.

Non è questo, ovviamente, l'unico e forse neppure il prevalente motivo d'interesse di questa monografica che si propone come una sorta di *summa* del lavoro fatto dalla Samugheo *nel* cinema e *per* il cinema – se non altro per il fatto che la stessa autrice vi ha preso parte attivamente, contribuendo alla selezione effettuata dal curatore della mostra Mauro Raffini. I testi che seguono mettono in luce le molteplici valenze del lavoro di Chiara, che era giusto sottrarre alla parziale oscurità dei depositi e degli archivi per riconsegnarlo al piacere della scoperta dei visitatori e degli spettatori contemporanei.

Alberto Barbera
Direttore del Museo Nazionale del Cinema di Torino

There are not many female photographers even today who succeed in emerging and establishing themselves in a professional universe dominated, who knows why, by men. But in the years in which Chiara Samugheo first held a camera, the number of women set on transforming that specific passion into a carrier was truly low. In fact, in Italy, it was zero. Which conferred her a not unimportant pre-eminence as the first Italian female photographer. In an Italy which had only just emerged from a tragic and devastating war, where doing reportage meant above all daily confrontation with the problems of individuals and social troubles of every kind. The turn would come shortly after, with her abandonment of the news in favour of film. Not cinematographic reportage, however: Chiara Samugheo was never a set photographer, an exemplar of that very particular species that is, and continues to be, the reporter interested in the film machine, in that complicated and at times slow and laborious process of constructing a movie. Chiara was always and only interested in the protagonists that make the cinema and render it one of the expressive forms most popular and beloved by that entertainment society born precisely after the planetary achievement of the invention of the Lumière Brothers. And in the span of just a few years, Chiara's fame also became planetary, called to work for the main magazines dedicated to film, fashion and culture – *Cinema Nuovo in primis*, then *Epoca*, *Stern*, *Vogue*, *Paris Match*, *Life*, *Vanity Fair* and a great many others – for which she created covers that entered into the history of publishing and culture, and photographic features that were highly appreciated because original and capable of delving into the personalities of directors, actors and actresses, bringing to light their most secret traits. Also ironic, radiant and sensual, characterized as they are by a playful eroticism, never *soft* (as the French would say), but instead transparent, vital and amiable, the subtle impertinence of which can only be traced back (and forgiven, in a still churchy age) to a female gaze that contributed not a little to the sexual liberation movement that would characterize the 1960s.
And so the title of this book – and of the exhibition organized by the National Cinema Museum of Turin, which is at its origin – does no other than emphasize in a slightly provocative way one of the principle prerogatives of Samugheo's work, which consisted precisely in the anything but obvious decision to abandon the studio (in the double meaning of photographic and film set) to set her portraits outdoors or, in any case, far from the work place of the stars who offered themselves to the game of a fruitful de-contextualization productive of new meanings and values. This is not, clearly, the only and perhaps not even the prevalent point of interest in this monograph, which offers itself as a kind of *summa* of Samugheo's work *in* film and *for* film – not least for the fact that the artist herself took active part in it, contributing to the selection made by the curator of the exhibition, Mauro Raffini. The texts that follow point out the manifold significance of Chiara's work, which it was right to deliver from the partial obscurity of the storage space and archives in order to give today's visitors and viewers the pleasure of discovering it.

Alberto Barbera
Director of the National Cinema Museum of Turin

Elles ne sont pas nombreuses, encore aujourd'hui, les femmes photographes qui réussissent à émerger et à s'affirmer dans un univers professionnel dominé, allez savoir pourquoi, par les hommes. Mais durant les années où Chiara Samugheo empoigna un appareil photo pour la première fois, les femmes ayant l'intention de transformer cette passion spécifique en un métier étaient vraiment rares. En Italie, il y en avait même aucune. Ce qui lui confère la primauté non négligeable d'être la première femme photographe de notre pays. Un pays à peine sorti d'une tragique et dévastatrice expérience de guerre, où faire un *reportage* voulait surtout dire de se confronter quotidiennement avec des problèmes sociaux et individuels de toutes sortes. Le tournant s'est produit peu après avec l'abandon des faits divers au profit du cinéma. Mais non pas du reportage cinématographique : Chiara Samugheo n'a jamais été une photographe de plateau, genre très particulier qui est, et continue d'être, le reporter intéressé par la caméra, par ce processus complexe, parfois lent et fatiguant, de construction d'une œuvre filmique. Chiara s'est seulement et uniquement intéressée aux personnalités qui font le cinéma et qui ont fait du cinéma l'une des formes expressives les plus populaires et appréciées de cette société du spectacle apparue justement à la suite de l'affirmation planétaire de l'invention des frères Lumière. La renommée de Chiara, en l'espace de peu d'années, devint elle aussi mondiale. La photographe était réclamée pour travailler pour les principales revues de cinéma, de mode et de costume – *Cinema Nuovo* tout d'abord, puis *Epoca*, *Stern*, *Vogue*, *Paris Match*, *Life*, *Vanity Fair* et tant d'autres – pour lesquelles elle signa des couvertures devenues historiques dans le monde de l'édition et du costume, et des reportages photographiques très appréciés parce qu'originaux, capables de transcender les personnalités des réalisateurs, des acteurs et des actrices, en mettant en lumière leurs plus secrètes caractéristiques. Ils sont même ironiques, solaires et sensuels, caractérisés par un érotisme ludique, jamais *morbides*, mais plutôt transparents, vitaux et gracieux, et dont la subtile impertinence peut être seulement reconduite (et pardonnée, à une époque encore bigote) à un regard féminin qui n'aurait pas peu contribué à ce mouvement de libération sexuelle destiné à caractériser les années 60.

Le titre de cet ouvrage – et de l'exposition organisée par le Musée National du Cinéma de Turin qui en est l'origine – ne fait alors que souligner de manière un peu provocatrice l'une des qualités principales du travail de Samugheo qui consiste précisément dans la décision nullement inéluctable d'abandonner le studio (dans la double signification, photographique et cinématographique) pour situer ses portraits en extérieur ou, en tout cas, loin du lieu de travail des stars qui se prêtaient au jeu d'une décontextualisation féconde et productive de nouvelles significations et de nouvelles valeurs.

Cela n'est évidemment pas l'unique ni peut-être même le principal motif d'intérêt de cette monographie qui se propose comme une sorte de *somme* du travail accompli par Samugheo *dans* le cinéma et *pour* le cinéma – au moins en raison du fait que l'auteur y ait pris part, contribuant à la sélection effectuée par l'organisateur de l'exposition Mauro Raffini. Les textes qui suivent mettent en lumière les différentes qualités du travail de Chiara qu'il était juste de soustraire de l'ombre partielle des dépôts et des archives pour le proposer au plaisir de la découverte des visiteurs et des spectateurs contemporains.

Alberto Barbera
Directeur du Musée National du Cinéma de Turin

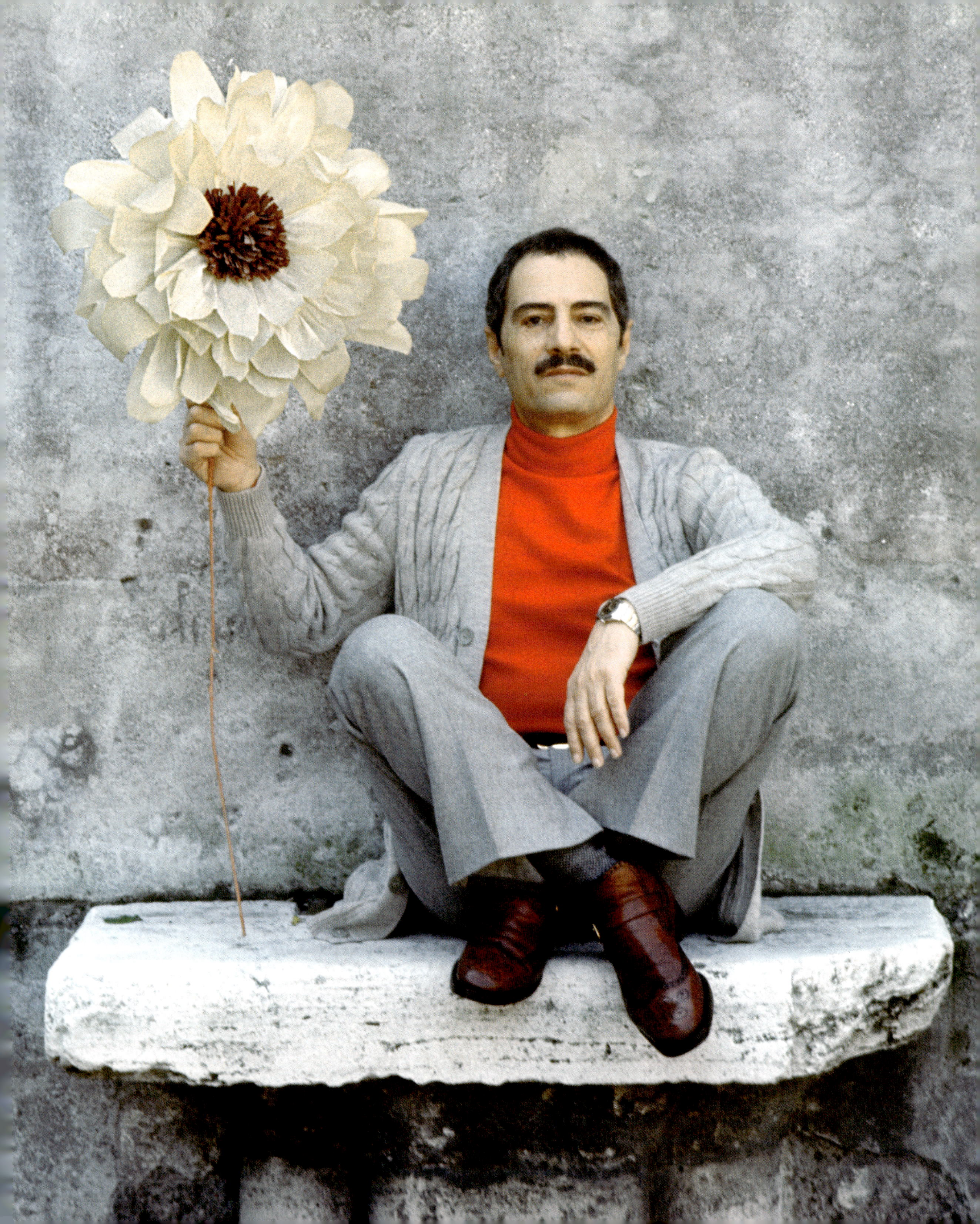

SOMMARIO CONTENTS SOMMAIRE

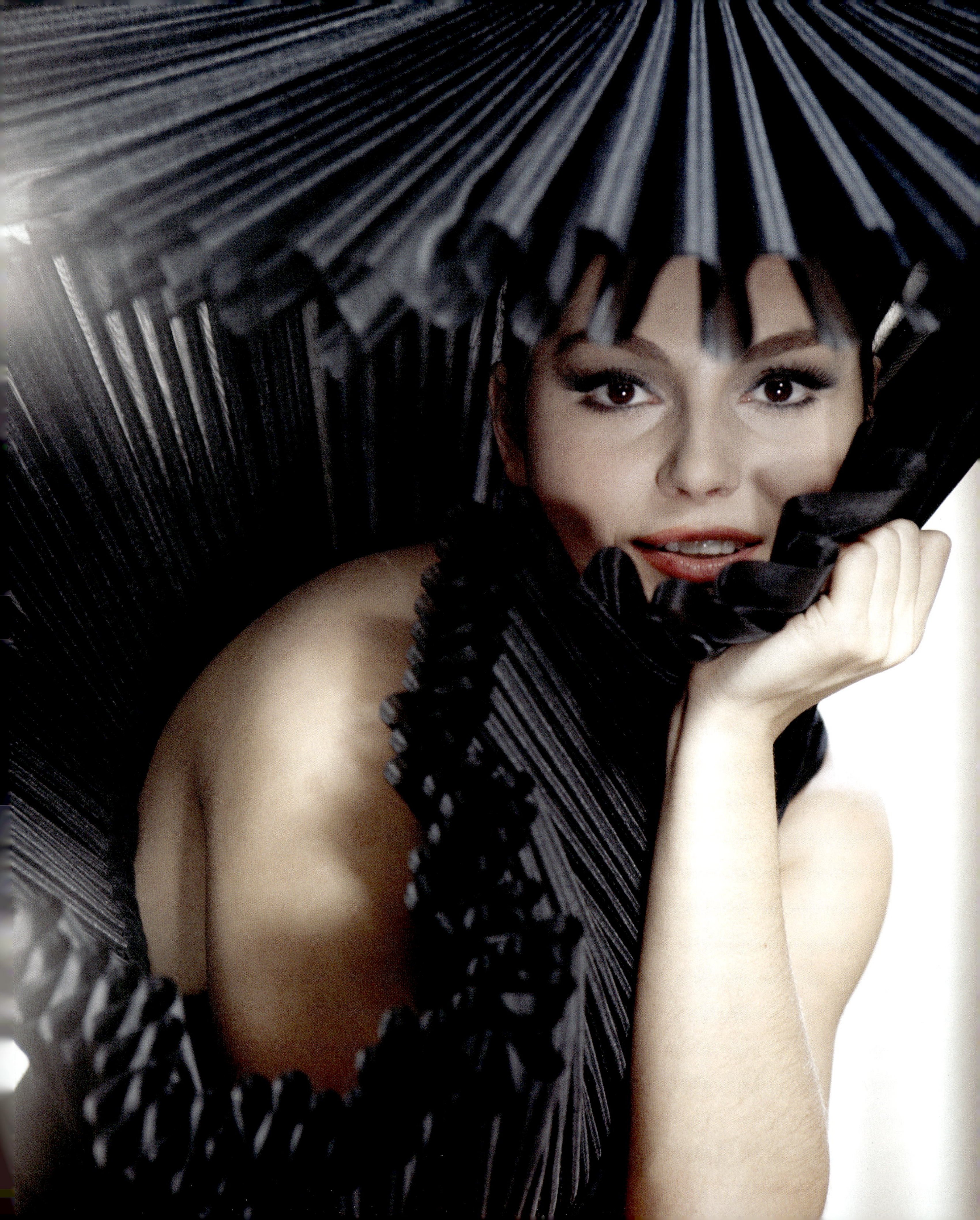

LO SCATTO IRRIPETIBILE
GIANNI AMELIO

A Nizza, un po' di tempo fa, nell'atrio di un cinema. Vedo la foto di una giovane attrice italiana degli anni cinquanta, la Allasio forse o la Schiaffino, non mi ricordo. E dico ad alta voce: Chiara Samugheo! Qualcuno mi prende per matto, altri capiscono che ho capito. La mano che aveva scattato quell'immagine per me era inconfondibile, unica. Ma nessuno sapeva che da ragazzo quel talento mi era stato fatale, mi aveva sfilato tante volte i pochi spiccioli che avevo in tasca.

Il giorno dopo, quando Chiara mi accolse nel magnifico disordine di casa sua, le confessai che "Tempo" lo compravo per le sue copertine, che il resto lo buttavo e le copertine le ho conservate tutte, da allora. Brillavano di luce propria quelle foto, ben oltre la fama delle attrici e dei loro film belli o modesti. Era l'obiettivo che le amava e ne faceva delle star, apparentemente senza sforzo. Perché il fascino di quegli scatti stava nella mancanza di premeditazione, nella sintesi semplice e difficilissima tra la foto "posata" e l'istantanea presa al volo. Almeno in una cosa si somigliano il mestiere del fotografo e quello del regista, nel modo di dirigere gli attori. Non importa se devono agire davanti a una cinepresa o a una macchina fotografica, gli attori recitano in ogni caso. Discorrendo un intero pomeriggio con Chiara, mi resi conto che avevamo molti punti in comune: non ci piace forzare la mano, imporre un gesto, costringere l'altro a essere quello che non è. Piuttosto preferiamo stimolare, scoprire il lato fragile, far nascere il clima giusto perché davanti all'obiettivo ognuno si senta libero e ci dia delle sorprese. L'inquadratura, che sia fissa o in movimento, deve avere il dono di sembrare irripetibile.

Parlare di seduzione di fronte alle foto di Chiara è un gioco facile. La domanda è un'altra. Quanto c'è di lei nei volti delle sue attrici, sempre bellissime e mai artificiali... Chi l'ha conosciuta di persona sa che c'è molto, forse tutto. Ai suoi "soggetti" spesso in erba, Chiara ha dato in regalo la sua inquieta sensibilità, il magnetismo del suo carattere. *Foto di Chiara Samugheo* non è un marchio di fabbrica ma una dedica preziosa.

nella pagina precedente / previous page / à la page précédente
Nino Manfredi

Rosanna Schiaffino

THE UNREPEATABLE SHOT

GIANNI AMELIO

In Nice, some time ago, in the lobby of a cinema. I see the photo of a young Italian actress from the 1950s, Allasio perhaps or Schiaffino, I don't remember. And I say out loud: Chiara Samugheo! Some people take me for a crazy person, others understand that I understood. For me, the hand that took that photo was unmistakable, unique. But no one knew that as a kid that talent was fatal to me, that it had spirited away the few coins I had in my pocket.
The next day, when Chiara welcomed me into the magnificent disorder of her home, I confessed to her that I used to buy *Tempo* just for her covers, that I threw the rest away but had kept all of the covers, from then on. Those photos really sparkled, well beyond the actress fame or that of their films, good or no so good. It was the lens that loved them and that made them stars, apparently without any effort. Since the appeal of those shots lay in the absence of premeditation, in the simple and extremely difficult synthesis between a "posed" photo and a snapshot taken on the fly.
The work of the photographer and that of the director resemble one another in at least one way, their shared way of directing actors. It is not important whether they are working in front of a film camera or a photo camera, actors are acting either way. Chatting with Chiara over the course of a whole afternoon, I became aware that we have a lot of things in common: neither of us like to force the hand, impose a gesture, make people be that which they are not. Instead we prefer to stimulate, to discover the fragile side, to bring the right climate to the surface so that everyone feels free in front of the lens, giving us surprises in return. The framing, whether fixed or in motion, has to have the gift of seeming unrepeatable.
To speak of seduction in front of Chiara's photos is too easy. The real issue is different one. How much of her is in the faces of her actresses, always beautiful and never artificial ... Those who have met her in person know that there is a lot, maybe everything. Chiara gave her "subjects", often just emerging, her anxious sensibility, the magnetism of her character. *Photo by Chiara Samugheo* is not a brand name but rather a cherished dedication.

LE CLICHÉ UNIQUE
GIANNI AMELIO

À Nice, il y a quelque temps, dans le hall d'entrée d'un cinéma. Je remarque la photo d'une jeune actrice italienne des années cinquante. Marisa Allasio peut-être, ou Rosanna Schiaffino... J'ai oublié. Je m'écrie : Chiara Samugheo ! Certains me prennent pour un fou, d'autres comprennent que j'ai compris. Le style de cette photo est pour moi inimitable. Mais personne ne sait qu'au temps de ma jeunesse, ce talent fatal m'a coûté, bien souvent, les quelques sous que j'avais en poche.
Le lendemain, lorsque Chiara m'accueille dans le merveilleux désordre de sa maison, je lui avoue avoir longtemps acheté *Tempo* uniquement pour ses couvertures, jetant systématiquement tout le reste, hormis ses fameuses Unes que je conserve encore. La lumière qui émanait de ses photos transcendait la notoriété des actrices et de leurs films plus ou moins réussis. L'objectif de Chiara les aimait et savait en faire des stars, sans effort apparent. La force de ces images résidait dans leur non-préméditation et dans la synthèse simple, et combien complexe, entre photo « posée » et instantané pris sur le vif.
Les métiers de photographe et de réalisateur ont au moins une chose en commun, la manière de diriger les acteurs. Qu'importe s'ils jouent devant une caméra ou un appareil photo, les acteurs sont de toute façon en représentation. Tout au long de cet après-midi passé avec Chiara, je réalise que nos points de vue se rejoignent souvent : nous n'aimons pas forcer la main, imposer un geste, obliger l'autre à être ce qu'il n'est pas. Nous préférons aiguillonner, dévoiler une fragilité, créer l'atmosphère propice afin que, face à l'objectif, le modèle se sente libre et nous surprenne. Le cadrage, fixe ou en mouvement, doit avoir le don de paraître unique.
On a beau jeu de parler de séduction à propos des photos de Chiara. Or la question est ailleurs. Que retrouve-t-on de Chiara Samugheo dans les visages de ses actrices, toujours sublimes et jamais artificielles ? Ceux qui la connaissent personnellement savent qu'il y a beaucoup d'elle, peut-être même tout. Chiara a insufflé à ses « sujets », souvent en herbe, sa sensibilité inquiète, son magnétisme. La légende *Photo de Chiara Samugheo* n'est pas une marque de fabrique, mais une précieuse dédicace.

FUORI DAL SET, FUORI DAL CORO

MAURO RAFFINI

È un afoso mezzogiorno romano a metà degli anni sessanta. Henri Cartier-Bresson, l'occhio del secolo scorso, il fotografo che ha fondato la mitica agenzia Magnum con Robert Capa, bussa alla porta di uno splendido casale sull'Aurelia. È la casa di Chiara Samugheo. Esordisce dicendo: "Sono un fotografo, mi interessa il suo lavoro, vorrei conoscerla meglio..." Chiara è sorpresa e, leggermente raffreddata com'è, quel giorno non è ancora uscita. Il frigo è semivuoto. Lui, sobrio ed elegante come sempre, esce e ritorna con un fiasco di vino e un pollo arrosto. Mangiano, poi si accomodano nella splendida sala arredata con grande gusto tra il moderno e il decadente. Cartier-Bresson seduto sul divano con grande nonchalance si toglie le scarpe, è più a suo agio. Si fotografano a vicenda, l'abusato ma sempre affascinante gioco di specchi tra uomini (e donne) d'immagine. Uno di questi ritratti realizzati quel giorno da Chiara campeggia ora in copertina nell'edizione italiana del bel libro di Pierre Assouline *Henri Cartier-Bresson. Biografia di uno sguardo*, pubblicata da Photology. Henri chiede a Chiara di entrare nella Magnum: è il sogno di tutti i fotografi, un traguardo che li trasforma in mito e li consegna alla storia della fotografia. Chiara tentenna, ci pensa, rifiuta. Il suo lavoro la impegna in modo totale, inventa immagini memorabili per le copertine delle riviste di tutto il mondo, realizza anche tre o quattro servizi alla settimana. Non ha tempo per pensare ad altro, non ha bisogno di agenti e poi un mito lei lo è già: da almeno dieci anni è, per definizione, la più apprezzata fotografa dei divi, la più affidabile, la più fantasiosa e professionale. La sua professione attiva si spinge fino agli inizi degli anni settanta, poi l'imperiosa presenza della televisione e il cambiamento di fare informazione dei giornali riducono drasticamente lo spazio di questo genere di immagini. Chiara Samugheo non abbandona la fotografia, ne è troppo coinvolta, si dedica ai libri, al suo primo grande amore, il reportage, all'organizzazione di mostre sempre di grande successo. Ma il tempo è tiranno e a poco a poco, non più al centro della scena, lascia Roma e si trasferisce a Nizza. La incontro a Torino nel 2005, in occasione di una mostra sul fotogiornalismo in Italia curata da Uliano Lucas. Mi dice, un po' desolata, guardandomi con quegli straordinari occhi verdi e con l'approccio diretto che la contraddistingue: "qui ormai non mi conosce più nessuno". Naturalmente sa che non è vero, ma...

La storia della fotografia italiana, scritta e riscritta numerose volte in questi ultimi anni, ha citato solo in modo frettoloso il nome di Chiara Samugheo. Con questa mostra il Museo Nazionale del Cinema di Torino rende finalmente giustizia al suo lavoro e la colloca tra gli autori più importanti e significativi del dopoguerra. Forse perché donna, in un mestiere fortemente frequentato dagli uomini, forse perché fotografa delle 'dive', e quindi attenta a un mondo che ai più sembra superficiale e frivolo, la presenza di Chiara appare negli anni indebolita e sfumata. Presentarla qui a Torino, nuova mecca del cinema italiano e non, è un atto dovuto, un riconoscimento imprescindibile. Chiara Paparella diventa Chiara Samugheo nel 1953, nome d'arte voluto dal suo compagno di vita e di lavoro Pasquale Prunas. Sardo di origine, Prunas era non solo un grafico talentuoso, inventore di nuove testate, ma anche un brillante intellettuale sodale di numerosi scrittori come Compagnone, La Capria, Rea, Bianciardi, Ortese e molti altri. Incontra Chiara a Milano, una Chiara scappata dalla sua città natale, Bari, una adolescente ribelle a un destino già segnato, fiera e indipendente, in cerca di una sua vita professionale e di una libertà a cui nel tempo non ha mai rinunciato. E l'incontro funziona, eccome. Prunas dirige il settimanale "Le ore", conosce i colleghi di "Tempo" e di "Cinema Nuovo", introduce Chiara Samugheo nel mondo della fotografia di allora. Dopo un breve apprendistato presso Federico Patellani, Chiara si dedica, in pieno stile neorealista e sensibile alla ricerca antropologica, alla documentazione dei baraccati di Napoli, alle zingare detenute, al racconto per immagini delle 'tarantolate' del Salento. Poi, quasi per caso, la sua giovane carriera ha una svolta decisiva. La rivista "Cinema Nuovo" diretta da Guido Aristarco le chiede un servizio fotogiornalistico sulla Mostra del Cinema di Venezia (quanto costa, chi ha il vero potere e ne tira le fila etc). È in quell'humus favorevole che, tra un'inchiesta e l'altra, scatta alcune immagini di attrici. Un intenso bianconero di Maria Shell compare in copertina su "Cinema Nuovo" e la tiratura della rivista si esaurisce in pochi giorni. Giornali come "Tempo Illustrato" diretto da Arturo Tofanelli, "L'Europeo" di Tommaso Giglio e "La settimana Incom" di Lamberto Sechi le richiedono fotografie dei divi del momento: è l'inizio di una carriera ininterrotta. Le riviste che si occupano dello star system se la contendono e ne fanno un'icona del fotogiornalismo italiano almeno fino a tutti gli anni sessanta. Samugheo affronta le attrici e gli attori da par suo, non ha complessi d'inferiorità, è più colta e raffinata di molti di loro. I divi la cercano perché spesso sono a inizio carriera e hanno un gran bisogno di apparire e farsi conoscere al grande pubblico. Qui sta il paradosso: la fotografa non li cerca, ma il mondo del cinema cerca lei, e insistentemente, sempre fuori dal set. Chiara Samugheo non ama la fotografia di scena, lì comandano altri, i registi, i direttori della fotografia, persino gli attrezzisti. Lei ha le sue regole e reinventa il ritratto; sceglie la location (spesso anche la sua bellissima casa a Roma, dove si è nel frattempo trasferita), dirige con sguardo sapiente il soggetto, lo intrattiene e lo ammalia, lo persuade con gentilezza e fermezza a disvelarsi al meglio dentro quel mirino quadrato 6x6 attraverso il quale osserva il mondo. I colori sono pastosi e saturi, gli esterni ricchi di verdi e di rossi, gli interni eleganti e ricercati. Chiara Samugheo ambienta i suoi personaggi con naturalezza e inventiva rare, coglie al volo il momento più felice, insegue a lungo un'espressione, un sorriso, un movimento. Anche nei primi piani non c'è artificio, la luce è quasi sempre quella naturale, calda e confortevole rispetto alle lampade o ai flash di uno studio e dai suoi soggetti la fotografa ricava il meglio per le sue copertine e anche per sé, con rapporti d'amicizia che spesso durano ben al di là di una seduta di posa. La Samugheo reinventa l'iconografia, in particolare quella declinata al femminile, delle star degli anni trenta innovandola con l'ausilio del colore e della sua strepitosa modernità. Attenta e sensibile ai cambiamenti di gusto, innerva e dinamizza le sue opere alternando al gioco della seduzione, intrinseco in questa fotografia di genere, la ricerca grafica, il rimando degli specchi, il fascino delle sfocature abilmente controllate creando immagini sempre diverse, accattivanti e spesso geniali. E anche quando affronta l'astrazione del bianconero lo fa con grande naturalezza e spontaneità, come è possibile ammirare nella serie dedicata ai registi o in quel balletto fra Fellini e la Masina, così intimo e privato.

Questo lavoro ricco di soddisfazioni, ma anche di fatica e impegno costanti, la porta in giro per il mondo, a Hollywood *of course*, ma anche a Londra, Parigi, in Iran alla corte dello Scià, in Brasile fotografando per grandi gruppi come Alitalia o Piaggio o per riviste del calibro di "Esquire", "Quick", "Vu", "Ciné Revue" e moltissime altre.

La mostra offre uno spaccato quanto mai significativo di come Chiara Samugheo ha interpretato la fotografia in quegli anni, del suo modo innovativo di cogliere l'affascinante mondo del cinema in maniera nuova e coraggiosa, affrontando anche il tema del nudo con uno stile accattivante, sempre sobrio, leggero, felicemente erotico e mai volgare. Il grande scalone nello spazio immaginifico della Mole Antonelliana accoglie non solo, diviso in sezioni, le attrici, i registi, gli attori, le coppie che hanno abitato e fatto grande il cinema degli anni cinquanta e sessanta ma anche le sequenze, le sperimentazioni grafiche, le copertine e i libri della prima e più importante fotografa italiana. Bentornata Chiara.

OFF THE SET, OUT OF THE BOX

MAURO RAFFINI

It was a muggy afternoon in Rome in the middle of the 1960s. Henry Cartier-Bresson, the eye of last century, the photographer who founded the mythic agency Magnum with Robert Capa, knocked on the door of a splendid country house on the Aurelia. It was the home of Chiara Samugheo. He began by saying: "I am a photographer, I am interested in your work and I would like to get to know you better ...". Chiara was taken by surprise and, having a light cold as she did, had not yet left the house that day. The fridge was half-empty. Cartier-Bresson, unostentatious and elegant as always, left and came back with a jug of wine and a roasted chicken. They ate and then retired to a splendid room tastefully decorated in a style between modern and decadent. Cartier-Bresson sat down on the sofa and, with great nonchalance, took of his shoes, feeling more than at ease. They took turns photographing one another, the abused but always fascinating game of mirrors among men (and women) concerned with image. One of the photos that Chiara made that day is now displayed on the cover of the Italian edition of the beautiful book by Pierre Assouline *Henri Cartier-Bresson. A Biography* (Thames and Hudson), published by Photology. Henri asked Chiara to join Magnum: this was every photographer's dream, a goal that if met transformed them into myths and inserted them within the history of photography. Chiara wavered, thought about it, and refused. Her work fully engaged her, she was creating memorable images for the covers of magazines all over the world and also doing three or four features a week. She didn't have time to think about anything else, she had no need for agents and then she was by that time already a myth: for at least ten years she had been, by definition, the most highly appreciated celebrity photographer, the most reliable, the most imaginative and the most professional. And her active career continued up to the beginning of the 1970s, when the imperious presence of television and the change in newspapers way of presenting information drastically reduced the space for that kind of image. Chiara Samugheo did not abandon photography, however, she was too involved with in it, instead dedicating herself to books, to her first great love, reportage, and to the organization of always highly-successful exhibitions. But time is a hard master and little by little, no longer at the centre of the scene, she relocated to Nice. I met her in Turin in 2005, on the occasion of an exhibition on Italian photojournalism curated by Uliano Lucas. She said to me, a little woeful, looking at me with those extraordinary green eyes and her famed direct approach: "By now no one here knows me anymore". Of course she knew that this was not true, but ...

The history of Italian photography, written and rewritten numerous times in recent years, has cited the name of Chiara Samugheo only in haste. With this exhibition, the National Museum of Cinema in Turin is finally doing justice to her work and placing her among the most important and meaningful photographers of the post-war period. Perhaps because she is a woman, in a field predominantly occupied by men, perhaps because she photographed 'stars', and so was attentive to a world that at most seems superficial and frivolous, Chiara's presence appears weakened and faded over the years. Presenting her work in Turin, a new Mecca for Italian and foreign cinema, is necessary, an inescapable recognition. Chiara Paparella became Chiara Samugheo in 1953, taking a 'stage name' on the wish of her life and professional companion, Pasquale Prunas. Prunas, originally from Sardinia, was not only a talented graphic artist and creator of new publications, but also the brilliant intellectual companion of numerous writers, including Compagnone, La Capria, Rea, Bianciardi, Ortese and many more. He met Chiara in Milan, a Chiara who had escaped from her birth city, Bari, a rebellious adolescent with an already sealed destiny, fiery and independent, in search of a career and a freedom that she has never given up. Their encounter worked, and how. Prunas, who edited the weekly *Le ore* and knew the people at *Tempo* and *Cinema Nuovo*, introduced Chiara Samugheo to the world of photography as it was at the time. After a short traineeship with Federico Patellani, Chiara dedicated herself, in full Neorealist style and sensitive to anthropological research, to documenting the shanties of Naples, gypsy detainees and the story, in images, of the 'tarantolate' of Salento. Then, almost by chance, her young career took a decisive turn. The magazine *Cinema Nuovo*, edited by Guido Aristarco, asked her to do a photojournalism feature on the Venice Cinema Exhibition (how much did it cost, who had the real power and pulled the strings ...). It was in that favourable humus that, between one investigation and another, that she took a few photos of actresses. An intense black and white shot of Maria Shell appeared on the cover of *Cinema Nuovo* and the entire run of the magazine was sold out in just a few days. Publications like *Tempo Illustrato* edited by Arturo Tofanelli, *L'Europeo* of Tommaso Giglio and *La settimana Incom* of Lamberto Sechi wanted her photographs of the stars of the moment: this was the beginning of an uninterrupted career. The celebrity magazines competed over her and made her an icon of Italian photojournalism at least until the end of the 1960s. Samugheo dealt with actors and actresses on equal footing, she had no inferiority complex and was for that matter more cultured and refined than many of them. The stars sought her out because often at the beginning of their careers and thus needing to appear before and make themselves known to the larger public. And here lies the paradox: the photographer did not seek them out, it was the world of the cinema to seek her out and, insistently, always off set. Chiara Samugheo did not like set photography, that was a sphere commanded by others, directors, photography directors, even the prop masters. She had her own rules and reinvented the portrait: she chose the locations (often at her own beautiful house in Rome, where she had in the meantime relocated), directed her subjects with an expert eye, entertained them, charming them, persuading them gently but firmly to best reveal themselves within the square, 6 x 6 viewfinder through which she viewed the world. The colours are warm and saturated, the exteriors rich in greens and reds, the interiors elegant and sophisticated. Chiara Samugheo set up her personalities with rare naturalness and inventiveness, capturing the most felicitous moments on the fly, following an expression, a smile, a movement at length. Even the close-ups are absent of artifice, the light is almost always natural, warm and comfortable as compared to the lamps and flashes of a studio and she gleaned the best from her subjects for her covers and also for herself, forming friendships that often lasted well beyond the photo shoot. Samugheo reinvented the iconography of the stars of the 1930s, in particular that of female stars, updating it with the use of colour and her resounding modernity. Attentive and sensitive to changes in taste, she innervated and energized her works, alternating the game of seduction, intrinsic to photographs of this genre, with graphic research, reference to mirrors and the appeal of masterfully controlled blurring, creating images that were always different, alluring and often brilliant. And even when she dealt with the abstraction of black and white photography, she did so with great naturalness and spontaneity, as one can appreciate in the series dedicated to directors or the dance between Fellini and Masina, so intimate and private. This work, full of satisfactions but also constant work and effort, led her all over the world, to Hollywood of course, but also to London, Paris, Iran at the court of the Shah, to Brazil to take photographs for major companies like Alitalia and Piaggio, and for magazines of such calibre as *Esquire*, *Quick*, *Vu*, *Ciné Revue* and countless others.

This exhibition offers an extremely important cutaway view of how Chiara Samugheo interpreted photography in those years, of her innovative ways of capturing the fascinating world of cinema in a new and courageous way, even taking on the theme of the nude with an appealing style, always restrained, light, playfully erotic and never vulgar. The grand staircase in the imaginative space of the Mole Antonelliana gathers together not only, divided in sections, the actresses, the directors, the actors and the couples who made the cinema of the 1950s and 1960s great, but also the sequences, the graphic experiments, the covers and the books of the first and most important female Italian photographer. Welcome back, Chiara.

HORS DU PLATEAU DE TOURNAGE, HORS DU GROUPE

MAURO RAFFINI

Dans la fournaise de l'été romain, au milieu des années soixante. Henri Cartier-Bresson, l'œil du siècle dernier, le photographe qui a fondé la mythique agence Magnum avec Robert Capa, frappe à midi à la porte d'une magnifique villa de la Via Aurelia. C'est la maison de Chiara Samugheo. Il se présente en ces termes : « Je suis photographe, votre travail m'intéresse, j'aimerais mieux vous connaître... » Chiara est surprise. Légèrement enrhumée ce jour-là, elle n'est pas encore sortie de chez elle, et son frigo est à moitié vide. Cartier-Bresson, simple et élégant comme à son habitude, sort et revient avec une bouteille de vin et un poulet rôti. Ils déjeunent, puis s'installent dans le merveilleux salon de Chiara, subtilement décoré dans un style mi-moderne, mi-décadent. Assis avec nonchalance sur le canapé, Cartier-Bresson ôte ses chaussures pour se mettre plus à l'aise. Ils se photographient l'un l'autre en ce jeu de miroirs rebattu, mais toujours fascinant, entre hommes (et femmes) d'image. L'un des portraits réalisés ce jour-là par Chiara habille maintenant la version italienne du beau livre de Pierre Assouline *Henri Cartier-Bresson. L'œil du siècle* publiée par Photology. Henry invite Chiara à rejoindre Magnum : c'est le rêve de tout photographe, un point de mire qui transforme l'heureux élu en légende et lui assure une place dans l'histoire de la photographie. Chiara hésite, réfléchit, puis refuse. Son travail l'accapare totalement, elle compose des images mémorables pour les couvertures des magazines du monde entier, au rythme de trois à quatre séances photo par semaine. Elle n'a pas le temps de penser à autre chose et n'a pas besoin d'une agence. Elle est d'ailleurs déjà une légende : depuis au moins dix ans, Chiara est, par définition, la photographe de célébrités la plus prisée, la plus fiable, la plus créative et la plus professionnelle. Elle mène une carrière active jusqu'au début des années 1970, ensuite, l'irruption impérieuse de la télévision et la révolution de l'information qui s'ensuit réduisent brutalement l'empire de cette presse. Chiara Samugheo n'abandonne pas la photographie car elle y est bien trop attachée. Elle compose des livres et revient à ses premiers amours, la photographie sociale et le reportage. Elle organise également des expositions qui remportent chaque fois un vif succès. Hélas, le temps est impitoyable, et l'étoile de Chiara pâlit peu à peu. La photographe quitte Rome et s'installe à Nice. Je la rencontre à Turin en 2005, à l'occasion d'une exposition sur le photojournalisme en Italie réalisée par Uliano Lucas. Elle me regarde, un peu désolée, de son magnifique regard vert, et lâche, avec la franche spontanéité qui la caractérise : « Plus personne ne me connaît, ici. » Elle sait bien que c'est faux, mais...

L'histoire de la photographie italienne, maintes fois écrite et réécrite au cours de ces dernières années, ne cite que hâtivement le nom de Chiara Samugheo. Avec cette exposition, le Musée National du Cinéma de Turin rend justice à son travail, et la place parmi les auteurs majeurs de l'après-guerre. Au fil du temps, la renommée de Chiara s'est en effet estompée, peut-être parce qu'elle est une femme dans une profession largement dominée par les hommes, à moins que ce ne soit parce qu'elle a tant photographié les « divas », un monde souvent jugé frivole et superficiel. Toujours est-il que présenter Chiara Samugheo à Turin, nouvelle Mecque du cinéma italien et étranger, était un devoir, une reconnaissance nécessaire.

Chiara Paparella devient Chiara Samugheo en 1953, adoptant le pseudonyme choisi pour elle par son compagnon de vie et de travail, Pasquale Prunas. D'origine sarde, Prunas était un graphiste talentueux, créateur de revues nouvelles, mais également un intellectuel brillant, complice de nombreux écrivains tels que Compagnone, La Capria, Rea, Bianciardi, Ortese et bien d'autres. Il rencontre Chiara à Milan, tout juste échappée de sa ville natale, Bari. Adolescente rebelle au destin déjà tracé, Chiara est fière, indépendante et à l'affût d'une vie professionnelle et d'une liberté à laquelle elle ne renoncera jamais. C'est le coup de foudre. Directeur de l'hebdomadaire *Le ore*, Prunas fait jouer ses relations à *Tempo* et à *Cinema Nuovo*, et introduit Chiara Samugheo dans le milieu de la photographie de l'époque. Après un court apprentissage avec Federico Patellani, Chiara décide de se consacrer à la photographie sociale. Sensible à la recherche anthropologique, elle photographie dans un style néoréaliste les baraquements de Naples, les détenues tziganes, et documente en images les « tarantolate » du Salento. Puis, un peu par hasard, sa jeune carrière prend un tournant décisif. Le magazine *Cinema Nuovo*, dirigé par Guido Aristarco, lui commande un reportage sur la Mostra de Venise (combien coûte le festival, qui en tient les fils). C'est dans ce contexte favorable que Chiara, entre deux enquêtes, prend ses premières photos d'actrices. Un noir et blanc intense de Maria Shell fait la Une de *Cinema Nuovo*, et la revue est épuisée en quelques jours. Des magazines comme *Tempo illustrato*, dirigé par Arturo Tofanelli, *L'Europeo* de Tommaso Giglio et *La settimana Incom* de Lamberto Sechi lui proposent de photographier les stars du moment : c'est le début d'une carrière inachevée. Les magazines de mode se la disputent et font d'elle une icône du photojournalisme italien jusqu'à la fin des années 1960. Dans sa relation avec les célébrités, Chiara Samugheo reste égale à elle-même. Elle ne souffre d'aucun complexe d'infériorité, car elle est plus cultivée et raffinée que la plupart d'entre eux. Souvent à l'orée de leurs carrières, les actrices la sollicitent parce qu'elles ont besoin de travailler leur image pour se faire connaître du grand public. Là est le paradoxe : la photographe ne demande rien, c'est le monde du cinéma qui la réclame, à cor et à cri, toujours en dehors des plateaux. Chiara Samugheo n'aime pas la photographie de scène car là, ce sont les autres qui commandent, les réalisateurs, les directeurs de la photographie, voire les accessoiristes. Chiara a ses règles et réinvente le portrait. Elle choisit le cadre (souvent la magnifique villa romaine où elle s'est installée entre-temps), elle dirige ses modèles avec art, les amuse ou les fascine, puis les amène, avec gentillesse et fermeté, à révéler le meilleur d'eux-mêmes au viseur carré de 6 cm x 6 cm à travers lequel elle observe le monde. Ses couleurs sont pâteuses et saturées, ses photos en extérieur riches en vert et en rouge, et ses photos en intérieur toujours élégantes et recherchées. Chiara Samugheo crée une atmosphère pour ses modèles avec un naturel et une inventivité rares. Elle sait cueillir au vol l'instant propice, mais aussi guetter une expression, un sourire, un mouvement. Elle n'use jamais d'artifice, même dans ses premiers plans. La lumière est presque toujours naturelle, chaude et confortable par rapport aux lumières et aux flashs d'un studio. Chiara tire de ses modèles ce qu'il y a de mieux pour ses couvertures, mais aussi pour elle, tissant des liens d'amitié qui vont bien souvent au-delà de la séance de pose. Chiara Samugheo réinvente l'iconographie des stars des années 1930, notamment celle déclinée au féminin, en la renouvelant à travers la couleur et une modernité incroyable. Attentive et sensible aux mouvements de mode, elle innerve et dynamise ses portraits en utilisant, tour à tour, les subtilités de la séduction, inhérentes à la photographie de genre, la recherche graphique, le jeu des miroirs, l'art des flous savamment maîtrisés, créant ainsi des images toujours différentes, fascinantes, et souvent géniales. De même, lorsqu'elle se mesure à l'abstraction du noir et blanc, elle le fait avec naturel et spontanéité, comme en témoigne sa série de portraits consacrée aux réalisateurs ou encore la danse de Fellini avec son épouse Giulietta Masina, moment intime, et privé.

Son métier passionnant autant qu'éprouvant l'emmène aux quatre coins du monde, à Hollywood bien sûr, mais aussi à Londres, à Paris, à la cour du Shah d'Iran, au Brésil, pour le compte de grands groupes tels que Alitalia et Piaggio, ou pour des revues du calibre de *Esquire*, *Quick*, *Vu*, *Ciné Revue* et bien d'autres.

L'exposition raconte avec brio la manière dont Chiara Samugheo a interprété la photographie en ces années, sa capacité à photographier l'univers fascinant du cinéma avec courage et créativité, se mesurant également au thème du nu dans un style envoûtant, toujours sobre, léger, juste ce qu'il faut d'érotique, et jamais vulgaire. Le grand escalier de l'espace suggestif de la Mole Antonelliana accueille, en plusieurs sections, les actrices, les réalisateurs, les acteurs et les couples qui ont habité et fait la grandeur du cinéma des années cinquante et soixante, mais aussi les séquences, les expérimentations graphiques, les couvertures et les livres de la première et plus grande photographe italienne.

Turin salue ton retour, Chiara.

DAL MITO DELLA REALTÀ ALLA REALTÀ DEL MITO SAMUGHEO FOTOGRAFA

PAOLO BARBARO

Se cerchiamo di capire qual è il posto dell'opera di Chiara Samugheo, più o meno sessant'anni di lavoro, nel contesto della fotografia italiana, è facile trovare alcune formule, qualche collocazione lungo gli anni: il neorealismo e la ricerca etnografica, gli anni eroici del fotogiornalismo, poi il cinema e le stelle, le dive, i "personaggi", i luoghi e le persone... Guardando un po' più a fondo ci si accorge che in ognuno di questi passaggi lei trova una chiave originale, una mossa di anticipo, un approccio personale. Poi, un dato che si estende a tutto il materiale del suo archivio – attualmente conservato al Centro Studi e Archivio della Comunicazione dell'Università di Parma – e su cui è bene riflettere: è tutto pensato per essere pubblicato, tutto ha per destinazione un pubblico allargato, è tutto *lavoro*. Se ci si attiene alla distinzione – cara più ai fotoamatori che agli autori veri, però – tra professione e ricerca personale, quest'ultima può apparire sacrificata.

Tale distinzione è sicuramente fuorviante, e lo è ancora di più se applicata a un autore come Chiara Samugheo, che agisce entro nodi rilevanti della comunicazione, dell'immaginario collettivo oltre che della specifica pratica della fotografia.

La storia è nota, più volte raccontata: una ragazza di ottima famiglia barese, un destino tranquillo di ruoli ben definiti, destinata a un buon matrimonio, le lezioni di musica e pianoforte che ogni brava ragazza del suo ceto è giusto che frequenti (non del tutto inutili, forse, queste ultime, per saper intonare, anni dopo, le sue immagini) in un Paese che faticosamente esce dalla guerra, da una cultura apparentemente immobile dove una ragazza, se non si sposa, resta una emarginata zitella. Ma la ragazza, per quanto corteggiatissima a suon di messe cantate che convincono più i genitori che non lei, non si rassegna. Si inventa un'altra vita, parte per una vacanza a Varese dagli zii, e non torna più.

Chi ha avuto la fortuna di sentire da lei stessa raccontare questa storia, e le storie di quello che le succede dopo, percepisce una delle chiavi importanti del suo narrare, poi, con le immagini: le circostanze vissute intensamente come eventi magari casuali e subìti, ma in cui è visibile un significato, una *storia* di cui lei sa (sa di dover essere) regista, responsabile della sostanza e della forma dei *suoi* racconti.

E questi (anche quando sono per immagini) sono sempre testi, tessiture, che intrecciano impressioni e rapporti personali – di cui si intuisce sempre un coinvolgimento profondo, mai superficiale – con consapevolezze generali, sulla storia che sta attraversando e sullo strumento che ha a disposizione; e lo strumento del racconto non è solo, va ricordato, macchina fotografica e pellicola, ma immagine moltiplicata e diffusa attraverso la pagina stampata.

Milano, immagini e parole

Quindi, ecco Chiara Samugheo tra Milano e Roma, nei primi anni cinquanta. Il neorealismo della letteratura, del cinema, appare a una svolta proprio per quanto riguarda l'uso delle immagini.

Il fotografo Federico Patellani ha pubblicato da una decina d'anni, sul fondamentale Annuario delle edizioni Domus dedicato alla situazione della fotografia in Italia, *Il giornalista nuova formula*: rivendicazione del particolare statuto narrativo che la fotografia ha acquisito nel contemporaneo sistema della comunicazione, testo a cui non paiono estranee riflessioni sulla fotografia – rivelatrice per attimi – di Henri Cartier-Bresson, sulla fotografia sociale statunitense, ed esperienze di ambito germanico: si pensi a *Pittura Fotografia Film* pubblicato nel 1925 da Laszlo Moholy-Nagy nella collana dei Bauhausbuch, al catalogo della mostra *Foto/Auge*, 1929, a *Es kommt der neue Fotograf* (Ecco il nuovo fotografo) di Werner Graff, 1927, titolo che tra l'altro sembra echeggiato da quello di Patellani.

È già storia – procedendo per esempi – anche il volume *L'occhio quadrato*, che raccoglie le fotografie di una Milano minore, opera di Alberto Lattuada della fine degli anni trenta, esemplari di un nuovo modello di documentarismo specificamente fotografico, radicalmente differente dalle coeve immagini, spesso "autocensurate", della gran parte dei fotografi d'agenzia. E poi il modello di "Life", di "Paris Match", insomma i più avvertiti fotografi italiani del dopoguerra si servono di uno strumento profondamente integrato alla grafica – come evidente, per esempio, nelle impaginazioni pensate da Albe Steiner per "Il Politecnico" diretto da Elio Vittorini – e di precisa vocazione narrativa, di scrittura o riscrittura di un Paese in veloce trasformazione.

Il cinema, rispetto a questa particolare attitudine narrativa della fotografia, ha ovviamente determinazioni di vario ordine e grado, spesso biunivoche. La cronaca, l'informazione del dopoguerra, liberata dall'obbligo della propaganda, dell'assidua apologia del presente, è luogo in cui sceneggiatori e registi trovano elementi fondanti i loro nuovi racconti, e il cinema, i film, mostrano a grafici, redattori – oltre che ai fotografi – una sintassi che dilata le potenzialità delle immagini ben oltre la mera illustrazione.

Tra i luoghi d'incontro privilegiati in questi territori troviamo le pagine di periodici come "Il Politecnico" che ospita i *fotoracconti* (ricordiamo *L'occhio su Milano*, *Conversazione in Sicilia* con le immagini di Luigi Crocenzi) e in particolare i *fotodocumentari* su "Cinema Nuovo", diretto da Guido Aristarco e "Le Ore", diretto da Salvato Cappelli, fondato e disegnato da Pasquale Prunas. I primi due utilizzano ampiamente fotografie, in quantità notevoli e con grande autonomia; i fotoracconti del "Politecnico" sono sequenze narrative che del cinema riprendono la struttura a parabola e la sintassi per scansione di piani come per i racconti fotografici in "Cinema Nuovo", in un rapporto di stretta integrazione con i testi verbali. Con "Le Ore", che si inizia a pubblicare nel 1953, il rapporto tra testi e fotografie si capovolge: è, come recita l'editoriale del primo numero, "una pubblicazione [...] soprattutto da vedere, è il fratello tascabile e fedele del cinematografo e della televisione". In altri termini è probabilmente la rivista che raccoglie in via più lineare l'eredità dei periodici illustrati degli anni venti, concepiti negli anni delle avanguardie costruttiviste e del Bauhaus, come il "Münchner Illustrierte", il "Berliner Illustrierte". È una rivista che ha fame di immagini: vi troviamo subito servizi di Mario Dondero, Genc Cook, foto sportive e d'agenzia, cronaca nera e rosa, il lavoro (ripreso da "Life") di Eugene Smith sul villaggio spagnolo di Deleitosa, definito "un classico del giornalismo fotografico: ognuna di queste foto vale mille parole". Queste fotografie stampate in un bianco e nero drammatico e reso ancora più sintetico nella rotocalcografia su carta povera chissà quanto hanno inciso su *Scanno* di Mario Giacomelli, e poi sul sud raccontato da Crocenzi o da Nino Migliori. Non manca l'attenzione alla fotografia storica: ecco le immagini del Moulin Rouge che sembrano un calco da Dégas, e c'è un fotomontaggio con Toulouse-Lautrec a cui il ritoccatore ha allungato le gambe. La prima copertina è una bella donna in costume da bagno: *Jane Russell donna felice* e dentro, in tre pagine una dietro l'altra, troviamo immagini anonime con Marilyn Monroe che fa colazione a letto (la immaginiamo vestita di solo Chanel n. 5, e forse Chiara Samugheo ricorderà questa immagine realizzando un sensualissimo servizio su Claudia Cardinale) mantenendosi bella con latte e uova, poi l'ultima casa terrena della Vergine Maria e le notizie della settimana con una mappa dell'Indocina. Verso la fine troviamo scritto: "Si stampa a Novara LE ORE, primo giornale soltanto fotografico del mondo". Ci si è soffermati su "Le Ore" perché è qui che, dopo l'incontro con Pasquale Prunas che gli sarà a fianco per anni, Chiara Samugheo approda, nell'anno di fondazione della rivista. Per un breve periodo affianca Federico Patellani, apprende il minimo della tecnica necessaria e, evidentemente, il massimo su come orientare i racconti nello scenario dell'Italia di quegli anni, su come rendere la realtà, anzi la *verità* delle situazioni. Lei poi racconterà come viene spedita senza troppi riguardi a Predappio a narrare la famiglia Mussolini (*I Mussolinidi* sarà il titolo del suo primo servizio) dove trova subito una chiave particolarmente acuta per risolvere il racconto: l'ironia e il rispetto, il saper mettere comunque un giudizio coinvolto costruito con il rapporto personale con le persone che riprende. La sua cultura raffinata, l'intelligenza e la passione le consentono di confrontarsi con qualsiasi situazione senza sentirsi mai superiore o sprezzante. È un punto di equilibrio molto delicato, in particolare in quel contesto editoriale che chiede storie (e immagini) sensazionali e impressionanti.

Fotografa i baraccati, i bassi di Napoli, nel 1954 va a Galatina e fotografa i riti del tarantismo per un servizio – su indicazione di Guido Aristarco, per "Cinema Nuovo" – intitolato *Le invasate*, pubblicato l'anno seguente. Tra il titolo impressionante (oggi lo diremmo politicamente scorrettissimo, come del resto quello sul primo numero di "Le Ore" del 1953, foto di Mario Dondero, *La rivolta dei pazzi di Reggio*, di fatto tra i primi lavori di denuncia sulla realtà manicomiale in Italia) e le fotografie di Samugheo in Salento pubblicate nel gennaio 1955 con un testo di Emilio Tadini, oggi è possibile leggere meglio il suo particolare approccio al fotogiornalismo. In quella situazione oggettivamente difficile e a lei completamente sconosciuta e per molti aspetti ostile – è la prima volta che vengono eseguite riprese nella chiesa di Galatina durante il rituale coreutico, lei è una donna e la lasciano fare ma con visibile sospetto – riesce ad avvicinarsi, a comporre per ritratto e figura le mosse apparentemente incontrollate, probabilmente vincendone la paura con l'interesse per le persone, per queste donne di un meridione non lontano geograficamente da quello da cui proviene, ma letteralmente di un altro mondo. Le foto poi le vedrà Ernesto de Martino che pubblicherà, su questo argomento, pagine di *Sud e magia* e *La terra del rimorso*, nel 1959 e 1961, con le fotografie di Franco Pinna. Anche per i fotodocumentari su Napoli pubblicati nel 1955 (*I bambini di Napoli*, con testo di Domenico Rea, *Le due Napoli* con testo di Michele Prisco) la denuncia, il mostrare come vive una parte del Paese per lungo tempo invisibile, tutto è affidato a una forma di ritratto che da un lato sembra riprendere modelli delle origini della fotografia sociale (di Rijs, di Hine) che più si allontana dal bozzetto pittoresco, dall'altro si fonda su una visibile simpatia per le persone che non concede nulla al patetico e che non si ferma davanti ai segni terribili della povertà, riuscendo a rivolgerli in sottile fascinazione.

Di questo ci si rende conto poi leggendo il testo di Rea, tutto risolto nella lettura delle immagini, interpretando e scavando dentro queste figure.

La fotografia dell'indagine, del racconto sociale, ha certamente per Chiara Samugheo la valenza della scoperta, dell'esplorazione umana da condividere esplorando anche possibilità di racconto esterne a quelle del protocollo della fotografia d'assalto. Sarà tra le prime fotografe italiane (oltre a Giulia Niccolai) a fare un lavoro su New York, dove realizzerà un reportage sugli *homeless*.

Il cinema fuori dal film

Quando Guido Aristarco – con Pasquale Prunas, in questi anni, il più assiduo interlocutore e committente della fotografa – le chiede, sempre nel 1955, un reportage sul Festival del Cinema di Venezia e sui suoi meccanismi interni, escono sequenze in cui ogni immagine si fonda su un'idea: sotto il titolo *Quanto costa la Mostra* vediamo un operatore e le pile di rulli (le famigerate "pizze") impilate come gigantesche monete, poi spazi vuoti con attrezzi e figure che ricordano le installazioni nelle sale della Biennale Arte, poco lontano, fotografate in quel tempo dall'esordiente Ugo Mulas. Poi, come fanno tutti i fotografi, Chiara Samugheo coglie l'occasione e riprende senza troppa convinzione anche attori e registi di passaggio; tra queste fotografie Aristarco individua il ritratto di una bellissima attrice che sarà l'immagine di copertina. Le vendite dell'impegnatissimo periodico culturale fanno un balzo. In una mossa (di altri) e non per sua scelta da documentarista sociale diviene ritrattista dei personaggi dello spettacolo. In seguito, alla Biennale, sceglie di non sgomitare con gli altri fotografi: avvicina i personaggi, concorda un incontro che di norma avviene negli spazi scelti dal soggetto, l'albergo o la spiaggia del Lido, un bar o un parco. La fotografia come parte del conoscere le persone, a volte come parte di un gioco.

Chiara Samugheo non smetterà più di fotografare dive per copertine. Dirà, un po' scherzando che Aristarco le ha rovinato la vita: sembra rammaricarsi di questo successo e di questa capacità di costruire icone, di essere stata da subito richiesta continuamente come esecutrice dell'immagine del divismo, togliendo spazio all'indagine sociale; ma nell'intera sua opera, nell'intero suo archivio, esistono un'unità e una coerenza forse non ancora messe bene a fuoco.

A questo punto abbiamo capito alcune cose del fotografare di Chiara Samugheo o, in altre parole, della sua scrittura. In un contesto dove la foto di cronaca si pone come fotografia d'assalto, in cui nasce il mito negativo di Paparazzo che insegue e ruba le immagini – ma le figure reali che ispirarono il mito, come Tazio Secchiaroli, non sono certo riducibili a questo schema – Chiara Samugheo non fa una fotografia all'insaputa del suo soggetto: abbiamo visto i bambini napoletani guardare ed essere guardati negli occhi dalla fotografia, e così sarà anche per le dive, per gli attori, gli intellettuali, i potenti e i perdenti, a meno che non si tratti di concordare con loro una recitazione più estraniata. E poi, come vedremo meglio in seguito, Chiara Samugheo non costruisce mai interamente l'immagine: non ha una sala di posa, usa il meno possibile luci artificiali, esclude o limita al massimo gli interventi in fase di stampa o di post produzione delle immagini. Potremmo intendere, la sua, come una terza via tra la fotografia istantanea e "trasparente", dell'invisibilità del fotografo come teorizzata da Henri Cartier-Bresson e la fotografia di controllo totale della ritrattistica d'atelier, della foto industriale e commerciale. Tra questi due poli, entro cui si muove in realtà la gran parte dei fotografi professionali, l'area occupata dalla fotografia del cinema e dalla ritrattistica a questa legata – oggetto della parte più rilevante dell'opera di Chiara Samugheo nonché di questa pubblicazione – occupa uno spazio da definire meglio.

La fotografia, ovviamente, è nodo fondante del linguaggio cinematografico, ma anche aspetto fondante il corredo iconografico che accompagna la produzione, la distribuzione, la promozione dei film anche negli aspetti che si possono definire extratestuali: la cronaca legata al cinema, gli aspetti connotativi della figura e delle vicende di attori e registi, quella delle manifestazioni al cinema dedicate. Esistono applicazioni codificate: la foto di scena che "ferma" le scene del film, le immagini scattate dietro le quinte e del contesto della lavorazione, fino alle immagini per le locandine, per i cartelloni tra fotografia, grafica e pittura spesso affidate ad autori raffinati come Anselmo Ballester – tra l'altro anche l'Archivio Ballester è conservato presso il CSAC dell'Università di Parma – che però attingono a un'eventuale storia dell'*affiche*. La foto di scena consisteva di norma nel riallestimento di scene eminenti del film: il tempo dell'esecuzione di queste foto doveva essere slegato dalla lavorazione del film per poterne precedere la diffusione pubblicitaria, e il lavoro di un fotografo in azione durante la ripresa cinematografica avrebbe intralciato il lavoro della troupe. A un certo punto (questo avviene per la prima volta a opera del fotografo Osvaldo Civirani sul set di *Ossessione* di Visconti) si preferisce riprendere le foto di scena direttamente, durante le riprese del film, come ad applicare alla finzione del cinema le istanze di presa in diretta della realtà del nascente neorealismo. Prima le foto di scena erano fatte con gli attori immobilizzati nel gesto della recitazione, con grandi apparecchi a lastre, gli stessi che si usavano per i ritratti d'atelier fin dall'Ottocento in ambientazioni ricostruite, con abbondanti ritocchi, interventi di ridefinizione su lastra e stampa, illuminazioni e costruzione ex novo di un'aura mitizzante tra persona e personaggio. Tra i campioni di questo ricordiamo Gaetano Pesce, Arturo Ghergo, Ghitta Carell, Elio Luxardo, Pasquale De Antonis, a Roma, e a Hollywood Alfred Stieglitz, Clarence Sinclair Bull, Karl Struss, John Kobal, George Hurrell.

Si è visto che Chiara Samugheo parte dalla fotografia di narrazione diretta, lo si vede anche nell'uso del piccolo formato della Leica, in bianco e nero, servendosi del formato quadrato 6x6 – l'"occhio quadrato" di Lattuada, ma anche dei fotografi-architetti come Giuseppe Pagano, come lo stesso Patellani quando reinventa la fotografia di moda tra le macerie di Milano bombardata – per il colore, per le copertine, avvicinandosi proprio a modalità della fotografia di moda che vedeva allora a Milano figure come quella di Elsa Herter, l'autrice più importante dei primi servizi per "Grazia" nell'immediato dopoguerra.

Nel gioco delle figure

Il sapore della foto diretta, dello "stile documentario" avrebbe detto Walker Evans, lo vediamo in uno dei servizi più dichiaratamente finzionali su personaggi del cinema: Alfred Hitchcock è a Roma, siamo nel 1962 e Samugheo lo incontra. Immaginiamo senza incontrare molta resistenza, dato il noto *sense of humour* del regista, che lei lo metta in condizione di recitare se stesso, in un cortile fatiscente della città storica. Della sequenza è presentata l'intera provinatura, come in una sorta di spezzone filmico da pubblicare integralmente, nella forma di una griglia, soluzione spesso presente in "Le Ore", in "Cinema Nuovo", e utilizzata anche da Samugheo, per un ritratto multiplo di Dario Fo giovanissimo. Vediamo così il servizio costruirsi in forma di passaggio di citazioni, scherzi, soluzioni improvvisate: trovano il carro di un rigattiere e il regista finge di caricare, piccola ma inconfondibile figura che ricorda le sue apparizioni in scene dei film da lui diretti; poi finge di nascondersi e sbirciare da dietro le masserizie sul carro, gioca con una scopa e poi si esibisce in un lunghissimo sbadiglio dilatato in 7 fotogrammi; Samugheo ne ritrae la sagoma in controluce nel vano di una porta, poi mentre gioca con un lenzuolo e, infine, è dietro un gruppo, un po' defilato, posa assieme ad altre persone più vicine all'obiettivo, ma la sua figura composta e sorniona, con l'abito fuori moda e fuori luogo, prevale su tutte le altre: non si riesce a vedere che lui. È un ritratto, questo, davvero pieno di cinema. Si capisce la velocità dell'esecuzione e, viceversa, la durata della costruzione, tale da attingere alla pantomima, al cinema muto dei tempi dell'esordio del grande regista. Del racconto in sequenza, di cui sa benissimo la logica dalle pagine dei periodici di cui si è detto ai suoi esordi, Samugheo darà diverse declinazioni: il variare del volto in una risata di Alberto Sordi che ricorda una bellissima serie di Ugo Mulas su Giacometti alla Biennale Arte di Venezia, uno strampalato defilé di Walter Chiari (e queste sono tra le poche foto della nostra autrice fatte in atelier, con un fondale, ma è un gioco ironico, una citazione della fotografia di moda) e Marcello Mastroianni che somiglia a Pessoa/Tabucchi (quasi una premonizione del suo ultimo film, appunto da Tabucchi) mentre gioca con una scimmietta sul set di *Ciao Maschio* di Ferreri. Siamo agli antipodi, si direbbe, della fotografia per attimi rubati indicata da Cartier-Bresson, a quei tempi particolarmente cara ai fotografi italiani che la interpretavano come tutta appiattita sulla velocità, sul catturare il momento senza quasi inquadrare. Ma il grande autore francese non era certo riducibile a questo, e lo dimostra il fatto che fosse ammiratore dichiarato della fotografia di Chiara Samugheo, della sua capacità di narrazione emozionata quanto raffinata. La andrà a trovare all'inizio degli anni sessanta, portando un pollo allo spiedo e un fiasco di Chianti, da vero signore nella città del neorealismo ormai finito.

Così le vengono chiesti sempre più ritratti, fotografie per copertine, che lei risolve in chiave confidenziale ma mai dimessa, sempre nello spazio variabile tra l'icona divistica, il personaggio occasionalmente esibito nelle sale e la persona reale. Si è scritto che il suo fotografare si colloca nel passaggio dallo *star system*, sistema di icone inavvicinabili e mitiche a un *personality system* fatto di figure che tendono a divenire familiari, di facile identificazione di massa, tanto più che arrivano sempre più massivamente in casa con la televisione. Sicuramente questo è un passaggio che lei intuisce e di cui, tuttavia, non credo sia soltanto interprete. L'accesso all'immagine da raccontare passando per il rapporto personale che spesso diviene simpatia e amicizia è qualcosa che avviene subito, fin dalle prime copertine per "Cinema Nuovo". In seguito ricondurre il personaggio alla dimensione quotidiana, a volte contrapposta a quella del personaggio pubblico, rimane operazione sistematica. Questo è particolarmente visibile quando il soggetto non ha un volto universalmente noto, come nel caso degli scrittori, dei registi. Se la sagoma di Alfred Hitchcock era notissima dalle introduzioni alle serie televisive *Alfred Hitchcock presenta* (trasmesse dal 1955 al 1962) e nella sigla compare il profilo, la sua "autocaricatura", diverso è il caso di altri: Luis Malle, Pasquale Festa Campanile, Luigi Magni vengono ripresi sul set, con gli strumenti del cinema, ma non si tratta di foto di lavorazione quanto di ritratti ambientati che evitano di essere didascalici grazie a piccole invenzioni: vedi le due comparse in costume che guardano da un lato, come nello specchio di *Las Meninas*. Più attinenti allo "stile Samugheo" sono quelle eseguite fuori dal set: l'eleganza di Rossellini, quella differente e curiosamente borghese di Rosi (con la tazzina di porcellana nel salotto damascato) escono nettamente dallo stereotipo dell'artista scapigliato; per altri bastano piccole scelte di regia, un'idea di minima recitazione per rendere il ritratto qualcosa di diverso dalla riproduzione di una figura. Chaplin è colto in una scena turistica e per la raffinata e seriosa figura di Visconti, sottolineata dal gruppo scultoreo sul fondo, basta il raddoppio della statua un po' kitsch del molosso in ceramica a mettere il gioco sul filo dell'affettuosa caricatura. Un giovane Zeffirelli guarda timidamente da un lato, bilanciato da una natura morta forse messa lì da Testori, pensando a Caravaggio.

Basta una farfalla finta tenuta in mano, un po' di vegetazione, a fare della raffigurazione un minimo racconto misterioso. Si sa che Chiara Samugheo spesso porta con sé oggetti, abiti, strumenti di scena e connotazione, e sa usare piccoli accorgimenti di grande efficacia: basta invitare Pietro Germi a uscire da dietro una serranda per fare di una posa un incontro; il gioco – ma è indispensabile una profonda simpatia – sta spesso nel dare voce a un'impressione che esce dall'incontro, mediandone l'immagine con la *Doxa*, con l'iconografia e l'opinione pubblica intorno al personaggio oppure spiazzandola nettamente. A volte è funzionale un contrasto fortemente estraniante, come con l'enigmatico *aperitif sur l'herbe* con Sergio Leone quasi impassibile allo svelarsi della ragazza sotto il mantello. Vi è anche uno slittamento di modalità legato al mutare del panorama dei media: negli anni cinquanta l'apparizione del regista in immagine è rivelazione di qualcosa di occultato, rivelazione del vivere quotidiano legato a quello che era solo un celebre nome; tra gli anni settanta e ottanta questa rivelazione ha i tratti della liberazione del desiderio (ma lo vedremo meglio con le attrici) e procedendo in anni in cui il corpo e il volto degli intellettuali si incontra sugli schermi televisivi è più urgente trattenere lo sguardo, stringere sugli occhi di Scorsese o di Lynch che ci guardano ricambiando la simpatia per la fotografa.

La mediazione tra volto pubblico costruito nei film e volto della persona, in vista dell'ulteriore personaggio che verrà diffuso con la fotografia, quando Chiara Samugheo ha di fronte gli attori, offre possibilità ancora più ampie. Del testo costituito nel volto, nel corpo celebre, si possono individuare dei tratti pertinenti : a sottolineare lo sguardo di Tony Perkins basta il bavero del giubbotto che si alza come per un colpo di vento; a individuare senza possibilità di dubbio il carattere di Richard Burton basta una lama di luce che disegna la spalla, la forma della fronte; il profilo di Adolfo Celi, anche ridotto dal controluce a una linea che si confonde con il fumo di una sigaretta, è un monumento. In alcuni casi la recitazione – o la sua assenza – è imposta dal personaggio come con Yul Brynner che, come il suo sguardo non fosse abbastanza penetrante, lo raddoppia in un ritratto che sembra d'oro massiccio alle sue spalle. Dopo questa seduta l'attore pretese di vedere tutte le diapositive, e distrusse con un punzone tutti gli scatti in cui, a suo giudizio, l'immagine non era all'altezza della fama. È davvero affascinante vedere i vari gradi di consapevolezza e volontà di controllo della propria rappresentazione pubblica da parte di questi uomini-immagine: Nino Manfredi come uno stilita sul capitello gioca con un grande fiore; due esempi: Vittorio Gassman offre un volto saturnino, di inattesa fragilità. Vediamo una grammatica di gesti ricorrenti, di posizioni evidentemente suggerite per permettere a queste persone di abitare tranquillamente nel personaggio di se stessi: basta una sigaretta, la testa appoggiata sul pugno o su una mano, il gesto che sfiora la falda della giacca.

Belle dal vero

Le attrici, le dive, le donne sono certamente, fin dall'inizio, il tema in cui la fotografia di Chiara Samugheo ha goduto di maggior fortuna. Le sue copertine per "Cinema Nuovo", e poi per altri periodici nazionali e internazionali, hanno determinato notevoli incrementi delle tirature, ma soprattutto hanno costruito l'iconografia diffusa (per qualcuno addirittura il mito, nel senso di narrazione condivisa) delle dive, portando a coincidere canoni di bellezza, espressività, sensualità e desiderio con volti e corpi che hanno nome e cognome. Tale capacità, lo si è capito, non è affidata a particolari virtuosismi tecnici, ma alla possibilità e volontà di realizzare un rapporto con chi si fotografa, e di organizzare il contesto formale che ne rende possibile la diffusione. È piuttosto evidente, poi, la diversa qualità tra i ritratti maschili e quelli femminili, l'accesso privilegiato (e preferito) a una dimensione di complicità che ha fatto addirittura suggerire a suo tempo, a qualche collega malevolo e sleale concorrente, una sorta di proterva rapacità sessuale della fotografa verso le altre donne. Forse la chiave di lettura giusta è proprio negli inizi, quando riesce a fotografare le "tarantolate" a Galatina per prima, e probabilmente se non fosse stata una donna non le avrebbero permesso di accedere, e se non avesse avuto tanto interesse per quella dimensione così misteriosamente femminile sarebbe stata vinta dalla paura, non avrebbe affrontato così da vicino quella situazione. Ed è proprio un movimento di avvicinamento, di attrazione a sé, di seduzione che tra le attrici, le donne e Chiara Samugheo avviene. È una seduzione che si può permettere di lasciare fuori dal gioco ogni equivoco di aggressione, di possesso, di sopraffazione, arrivando a un nocciolo del desiderio che sa giocare sottilmente ma con grande forza con lo sguardo maschile. Quasi l'opposto della dinamica che David Hemmings (David Bailey) recitava fotografando Veruschka in *Blow Up*.

In altre parole si ha l'impressione che Samugheo (la bellissima e seducente Chiara Samugheo) d'accordo con Claudia Cardinale, Monica Vitti, Pamela Tiffin, Pascale Petit, Jayne Mansfield, Sylva Koscina, Zeudi Araya, Florinda Bolkan, Brigitte Bardot, e tante altre, allestisca un divertito teatro del desiderio, tale che ogni immagine sia una rivelazione, un'indicazione della possibile realtà di un desiderio. La "messa in forma" di questo si avvale di costruzioni e invenzioni riguardanti la connotazione e il gioco con altri universi di immagini. Usa a volte specchi per prolungare e complicare il gioco degli sguardi tra lei e la Diva, magari citando le avanguardie: ci sorride riflessa come in una celebre foto di Pagano, ma lo sguardo viaggia tra il sorriso riflesso all'incrocio delle gambe e le forme sontuose; la relazione con il mondo dell'Arte è sempre attenta e giocosa: Carroll Baker è allusivamente in compagnia di un Ceroli, poi vediamo corpi – moderni – come inscatolati in un'opera di Mondrian o allestiti in gesti e drappeggi Liberty, o avvicinarsi a un sontuoso Klimt costruito con gioielli. Ogni nome è un'eco del desiderio di *quella* bellezza, i colori accordati immagine per immagine, come sa fare una donna che voleva essere direttrice d'orchestra e si è dovuta accontentare di essere una delle maggiori narratrici della bellezza in immagine del suo tempo, che è il nostro.

FROM THE MYTH OF REALITY TO THE REALITY OF MYTH SAMUGHEO, PHOTOGRAPHER

PAOLO BARBARO

If we try to understand the place of Chiara Samugheo's oeuvre, more or less sixty years of work, in the context of Italian photography, it is easy to find a few formulas, a few labels to apply over the years: neorealism and ethnographic investigation, the heroic years of photojournalism, then the cinema and the stars, the divas, the "personalities", the places and the people... Looking a little deeper one becomes aware that in each of these periods, she found an original interpretation, one step ahead, a personal approach. Then, a fact that extends across all of the material in her archive – now housed in the Centro Studi e Archivo della Communicazione of the University of Parma – and one on which we would do well to reflect: all of it was made for publication, all of it was targeted to a mass audience, all of it was *work*. If one draws on the distinction – more dear to amateur photographers than to real artists – between profession and personal investigation, the latter can appear to have been sacrificed.

Such a distinction is surely misleading, and still more so when applied to an artist like Chiara Samugheo, who works within important nodes of communication and collective imagination as well as the specific practice of photography.

Her story is well-known, having been retold many times: a girl from a good Bari family, a serene future with clearly-defined roles, destined to a good marriage, the music and piano lessons that every good girl from a certain class is wont to have (the latter being perhaps not completely useless, for knowing how to tune, years later, her images) in a nation that was struggling to emerge from the war, from an apparently immobile culture in which a girl, if she didn't marry, would remain a marginalized spinster. But this girl, however much wooed by sung Masses that were more convincing to her parents than to she herself, did not give in. She invented a different life, she left for a vacation at her aunt and uncle's in Varese and never came back.

Anyone who has had the fortune of hearing her tell this story, and those of what happened to her afterward, perceives one of the major keys to her later narration with images: circumstances lived intensely perhaps like chance and experienced events but in which one sees a meaning, a *history* for which she knows herself to be (knows she needs to be) director, responsible for the form and substance of *her* stories.

And these (even when told through images) are always texts, weaves, that interlace impressions and personal relationships – of which one always intuits a deep, never superficial engagement – with general awareness of the history that she is passing through and of the tool she has at her disposal. And the tool of the narrative is not only, it should be remembered, the camera and film, but also the multiplied image, circulated through the printed page.

Milan, images and words

And so, here is Chiara Samugheo between Milan and Rome in the early 1950s. The neorealism of literature, of the cinema, appears at one turn proper as concerns the use of images.

About ten years earlier, the photographer Federico Patellani had published, in the fundamental Domus edizioni Yearbook dedicated to the situation in the world of Italian photography, *Il giornalista nuova formula*. An assertion of the special narrative statute that photography had acquired for itself in the contemporary communication system, this was a text which embraced reflection on such diverse subjects as the photography of Henri Cartier-Bresson – revealer of instants – American social photography and the German sphere: one thinks of *Painting Photography Film* published in 1925 by Laszlo Moholy-Nagy for the Bauhaus series, of the catalogue for the exhibition *Foto/Auge*, 1929, of *Es kommt der neue Fotograf* (This is the new photographer) by Werner Graff, 1927, a title which for that matter seems to be echoed by that of Patellani.

And, proceeding by examples, already a part of history was the volume *L'occhio quadrato*, which gathered the photographs of a lesser Milan, the work of Alberto Lattuada of the late 1930s, exemplars of a new model of specifically photographic documentary, radically different from contemporary images, often "self-censured", for the most part by agency photographers. And then there was the model of *Life*, of *Paris Match*, in short the shrewdest Italian post-war photographers used a tool deeply integrated with graphic design – as is clear,

for example, in the layouts of Albe Steiner for *Il Politecnico* directed by Elio Vittorini – and of precise narrative vocation, for the writing or rewriting of a nation undergoing rapid transformation.
Concerning this special narrative aptitude of photography, the cinema obviously had determinations of various, often bijective, orders and degrees. The news, post-war information, freed from its obligation to produce propaganda and constant praise of the present, is where screenwriters and directors found the basic elements of their new stories, and cinema and film showed graphic designers and writers – as well as photographers – a syntax that expanded the potential of images well beyond mere illustration.
Among the privileged places of encounter between these spheres we find the pages of periodicals like *Il Politecnico*, which presented *photo-stories* (we might recall *L'occhio su Milano*, *Conversazione in Sicilia* with photos by Luigi Crocenzi) and in particular the *photo-documentaries* of *Cinema Nuovo*, edited by Guido Aristarco and *Le Ore*, edited by Salvato Cappelli, founded and designed by Pasquale Prunas. The first two made wide use of photographs, offering them in large quantities and providing them with considerable independence. The photo-stories of "Il Politecnico" are narrative sequences that take the arc structure and syntax for the articulation of planes from cinema, as with the photographic stories in *Cinema Nuovo*, in a relationship of strict integration with verbal texts. With *Le Ore*, which was launched in 1953, the relationship between text and image was reversed: it was, as expressed in the editorial for the first issue, "a publication [...] above all to be seen, the small and faithful brother of the cinema and of television". In other words it was probably the magazine that most directly drew from the inheritance of the illustrated periodicals of the 1920s, conceived in the years of the constructivist avant-gardes and Bauhaus, like *Münchner Illustrierte*, and *Berliner Illustrierte*. It was a magazine hungry for images. There we immediately find features by Mario Dondero and Gene Cook, sport photos and agency photos, black and pink news, Eugene Smith's work (taken from *Life*) in the Spanish village, Deleitosa, defined as "a classic of photo-journalism: each one of these photos is worth a thousand words". These photographs, printed in dramatic black and white and rendered still more synthetic by rotogravure on poor paper, who knows how much they impressed upon Mario Giacomelli's *Scanno* and then on the south told by Crocenzi or Nino Migliori. Attention to historical photography was not lacking: here are the images of the Moulin Rouge that seem to be a mold by Dégas, and there is a photomontage with Toulouse-Lautrec in which the retoucher elongated his legs. The first cover featured a beautiful women in a bathing suit: "Jane Russell, a happy woman" and inside, on three pages one right after the other, we find anonymous images of Marilyn Monroe having breakfast in bed (we imagine she is wearing nothing but Chanel No. 5 and perhaps Chiara Samugheo would later recall this photo for her extremely sensual feature on Claudia Cardinale), keeping herself beautiful with milk and eggs, then the last earthly home of the Virgin Mary and the weekly news with a map of Indochina. Toward the end we find the following note: "Printed in Novara, LE ORE is the first photography-only newspaper in the world". We have lingered over *Le Ore* since it is here that, after meeting Pasquale Prunas, who would be by her side for years, Chiara Samugheo landed, the year the magazine was launched. She assisted Federico Patellani for a brief period, learning the minimum necessary about technique and, evidently, the maximum about how to orient stories in the Italian scene of those years, how to render the reality, or better, the *truth* of situations. She will then tell about how she came to be sent without much consideration to Predappio to narrate the Mussolini family (*I Mussolinidi* would be the title of her first feature), where she immediately found a particularly penetrating key to working out the story: irony and respect, knowing how to put forth an engaged judgment built through personal rapport with the people she portrayed. Her refined culture, intelligence and passion let her handle any situation without ever feeling superior or arrogant. This is a very delicate crossover point, especially in that publishing context, which wanted sensational and shocking stories (and images).
She photographed the shanty dwellers, the down side of Naples, in 1954 she went to

Galatina and photographed the rites of tarantism for a feature – on request by Guido Aristarco for *Cinema Nuovo* – titled *Le invasate* and published the following year. Between the shocking title (today we would say extremely politically incorrect, as for that matter that of the first issue of *Le Ore* in 1953, with photos by Mario Dondero, *The revolt of the Reggio crazies*, in fact one of the first pieces to expose the situation in Italian mental hospitals) and the photos by Samugheo in Salento published in January 1955 with a text by Emilio Tadini, we can now better interpret her special approach to photo-journalism. In that objectively difficult situation, completely unknown to her and in many ways hostile – it was the first time that pictures were taken in the church in Galatina during the ritual dance, she is a woman, and they allowed her to do it but were visibly suspicious – she was able to get up close, to compose their apparently uncontrolled movements into portraits and illustrations, probably overcoming her fear through her interest in the people, these women from a Southern Italy geographically close to the city where she grew up and yet literally a world apart. The photos were then seen by Ernesto de Martino who would publish, on that theme, pages in *Sud e magia* and *La terra del rimorso*, in 1959 and 1961, with photographs by Franco Pinna. For the photo-documentaries on Naples published in 1955 (*I bambini di Napoli*), with a text by Domenico Rea, *Le due Napoli*, with a text by Michele Prisco as well, the denunciation, the exposure of how a long-invisible part of the country lived, everything was entrusted to a form of portraiture that on the one hand seemed to draw its models from the origins of social photography (Rijs, Hine) which further deviated from the picturesque sketch, and on the other hand based itself on a visible fondness for the people portrayed that conceded nothing to the pathetic and that did not come to a standstill before the terrible signs of poverty, succeeding in addressing them with subtle fascination. One becomes aware of this reading while Rea's text, everything resolves in the reading of the images, interpreting and investigating these figures.

For Chiara Samugheo, investigative, social narrative photography without a doubt takes the meaning of discovery, of human exploration to be shared, also exploring narrative possibilities external to those of the protocol of aggressive photography. She would be among the first female Italian photographers (in addition to Giulia Niccolai) to do a project on New York, where she did a reportage on the homeless.

The cinema outside films

When Guido Aristarco – together with Pasquale Prunas, who was in those years the photographer's most constant interlocutor and patron – asked her in 1955 to do a reportage on the Venice Cinema Festival and its internal mechanisms, sequences emerged in which every image is based on an idea: under the title *Quanto costa la Mostra* we see a worker and some stacks of reels (the notorious "pizzas") piled up like giant coins, and then empty spaces with props and figures that recall the installations in the rooms of the Art Biennial, a short distance away, at that time photographed by the novice Ugo Mulas. And then, like all photographers do, Chiara Samugheo seized the opportunity and took photos, without much conviction, of actors and directors in passing. From among these images, Aristarco singled out the portrait of a very beautiful actress and used it for the cover. The sales of that extremely committed cultural magazine shot up. In one move (out of others) and not by choice as a social documentarian, she become a portraitist of entertainment personalities. Later, at the Biennial, she decided to avoid jostling with the other photographers: instead, she approached the celebrities, arranging meetings that would usually take place in locations chosen by her subject, the hotel or the Lido beach, a bar or a park. Photography as part of getting to know people, sometimes as part of a game.

Chiara Samugheo would never stop photographing divas for magazine covers. She would say, a little jokingly, that Aristarco had ruined her life: she seems to regret this success and this capacity for constructing icons, to have been requested without pause from the start to be the creator of the image of celebrity, taking space away from social investigation. But in the whole of her work, in the whole of her archive, there is a unity and a coherence that has perhaps not yet been properly put into focus.

At this point we have come to understand a few things about Chiara Samugheo's photography or, in other words, her 'writing'. In a context in which the news photo positioned itself as aggressive photography, out of which emerged the negative myth of the Paparazzo who chases after and steals images – although the real figures who inspired this myth, like Tazio Secchiaroli, are certainly not reducible to this formula – Chiara Samugheo did not, does not take photos of unwitting subjects. As we have seen, the Neapolitan children look and are looked at in the eyes in the photographs, and so it would also be for the divas, for the actors, the intellectuals, the powerful and the losers. Unless it had been agreed to do a more alienated narration. And then, as we will see more clearly below, Chiara Samugheo never takes entirely constructed photos: she does not have a set, she uses as little artificial light as possible and excludes or limits interventions during the printing or post-production phase of the images as much as possible. We might see her path as a third choice between instantaneous and "transparent" photography, of the invisibility of the photograph as theorized by Henri Cartier-Bresson, and the photography characterized by total control, that of the atelier portraitist, of industrial and commercial photography. Between these two poles, within which the greater part of professional photographers in reality operate, the area occupied by cinema photography and the portrait photography tied to it – the subject of the greater part of Chiara Samugheo's work as well as of the present catalogue – is in need of better definition.

Photography, obviously, is the fundamental node of cinematographic language but another fundamental aspect is the iconographic store that accompanies the production, distribution and promotion of films, even in the aspects one can define extra-textual. Film news, the connotative aspects of the figure and the activities of the actors and directors, that of the events dedicated to films. There are codified applications: the action still that "stops" the scenes in the film, the images taken behind the scenes and in the context of filming, up to the images used for the playbills, for the posters, which fall between photography, graphic design and painting, often entrusted to sophisticated artists like Anselmo Ballester – for that matter the Ballester Archive is also housed at the CSAC of the University of Parma – which draw on a prospective history of the poster. At an early stage, the action still usually consisted of the restaging of the most important scenes in the film: the time for taking these photos had to be detached from the filming to be able to precede the circulation of publicity, and the work of an active photographer during filming would have hindered the work of the cast. At a certain point (and this was done for the first time by the photographer Osvaldo Civirani, on the set of Visconti's *Ossessione*), it came to be preferred to take action stills directly, during the filming of the takes, as if to apply directly to cinema the fiction of the instances – taken straight from reality – of nascent Neorealism. At first action stills were taken with the actors frozen in the gesture of acting, with large plate equipment, the same as the what was used in atelier portraits at the end of the nineteenth century in constructed environments, with a great deal of retouching, redefinition on the plate and print and the lighting and construction from scratch of a mythologizing aura between person and personality. Among the champions of this work we should name Gaetano Pesce, Arturo Ghergo, Ghitta Carell, Elio Luxardo and Pasquale De Antonis, in Rome, and in Hollywood Alfred Stieglitz, Clarence Sinclair Bull, Karl Struss, John Kobal and George Hurrell.

We have seen that Chiara Samugheo started from straight narrative photography, which one also sees in her choice of a small format Leica, in black and white, using the 6x6 square format – the "square eye" of Lattuada but also of photographer-architects like Giuseppe Pagano, and like Patellani when he reinvented fashion photography among the ruins of bombed-out Milan – through colour, through magazine covers, coming closer to precisely the approach to fashion photography that she saw at the time in Milan, like that of Elsa Herter, the most important artist of the first features for *Grazia* just after the war.

Playing the game of characters

We can see the taste of the straight photo, of "documentary style" as Walker Evans would have said, in one of the most declaredly fictional features on film personalities: It is 1962. Alfred Hitchcock is in Rome, and Samugheo meets him. We can imagine, with little effort given the director's well-known sense of humour, that she put him in the mood to portray himself, in a run-down courtyard in this historic city. All of the layers of the sequence are presented, like in a kind of cinematic block to be published as a whole, in the form of a grid, a solution often used in *Le Ore*, in *Cinema Nuovo* and also used, by Samugheo, for a multiple portrait of a very young Dario Fo. So we see the feature constructed in the form of a passage of citations, jokes and improvised solutions. We see the cart of a junk dealer and the director pretending to load it, a small but unmistakable figure that recalls his appearances in scenes of the films he directed. Then he pretends to hide and peep from behind the goods and chattels on the cart, he plays with a broom and then he exhibits himself in a drawn-out yawn expanded over seven frames. Samugheo captured his profile in counter-light in a door opening, then while he played with a sheet and, finally, he is seen behind a group, a little hidden, posing together with the others, who are closer to the lens, but his composed and knowing figure, with his out of fashion, out of place clothing, prevails over all of the others: you cannot see anyone but him. This is a portrait truly saturated in cinema. One understands the speed of execution and, vice versa, the duration of the construction, such as to reach the pantomime, the silent films of the period when the great director debuted. Samugheo would produce varying declinations of the sequential narrative, the logic of which she knew well from the pages of the periodicals in which her work made its first appearances: varying the laughing face of Alberto Sordi, recalling a beautiful series on Giacometti by Ugo Mulas at the Venice Biennial, a bizarre fashion parade of Walter Chiari (and these are among the few photos that our artist made in an atelier, with a backdrop, but it is an ironic game, a citation of fashion photography) and Marcello Mastroianni resembling Pessoa/Tabucchi (almost a premonition of his last film, which was by Tabucchi) while he plays with a little monkey on the set of Ferreri's *Ciao Maschio* (*Bye Bye Monkey*). Here, we are at the opposite pole, one would say, from the photography of stolen moments of Cartier-Bresson, at that time especially dear to Italian photographers who interpreted it as everything flattened to speed, on capturing the moment almost without framing. But the great French artist was certainly not reducible to this, and he demonstrated the fact that he was an open admirer of Chiara Samugheo's photography, of her narrative ability which is as moving as it is refined. He went to meet her at the beginning of the 1960s, bringing along a roast chicken and a jug of Chianti, as a true lord in the city of – by that time finished – Neorealism.

And so an increasing number of portraits were requested, photographs for magazine covers, which she worked out from a friendly but never cast-off point of view, always in the fluctuating space between film star icon, the personality occasionally seen in the theatre and the real person. It has been written that her photography is located in the passage from the star system, a system of remote, mythical icons, to a Personality System made up of figures who tend to become familiar, easily identified by the masses, all the more so because increasingly present in the home through television. This is certainly a transition that she intuited and of which, nevertheless, I would not say she was a mere interpreter. Access to the image to be narrated by passing through a personal relationship that often became fondness and friendship was something that happened from the beginning, from her first covers for *Cinema Nuovo*. Later, her leading of personalities back to the everyday sphere, sometimes in opposition to their public personae, would remain a systematic operation. This is particularly visible when the subject does not have a universally-known face, as in the case of writers and directors. If Alfred Hitchcock's profile was famous due to the introduction to his television series *Alfred Hitchcock presenta* (broadcast from 1955 to 1962) and his profile was used as a signature element, his "self-caricature", it is different in the case of others. Luis Malle, Pasquale Festa Campanile and Luigi Magni were photographed on-set, with the tools of the trade, but these were not set stills but rather set portraits that escape being didactic thanks to small inventions: see the two extras in costume watching from one

side, like in the mirror in *Las Meninas*. More relevant to the "Samugheo style" are the ones taken off set: the elegance of Rossellini, the different, curiously bourgeois one of Rosi (with the porcelain teacup in the damask sitting room) clearly depart from the stereotype of the bohemian artist. For others, small director's choices were enough, a concept of minimal acting to make the portrait something different from the reproduction of a figure. Chaplin was captured in a touristic scene and for the refined, serious figure of Visconti, underlined by a sculpture group in the background, all that was needed was the doubling of the slightly kitsch ceramic statue of the Mastiff to set the game on the theme of the affectionate caricature. A young Zeffirelli looks shyly from one side, balanced by a still life perhaps placed there by Testori, thinking of Caravaggio.
A fake butterfly held in the hand was enough, a little bit of vegetation, to make the representation into a mysterious minimal narrative. One knows that Chiara Samugheo often brings with her objects, outfits, connotative and scene props, and she knows how to use little shortcuts to great effect: it was enough to invite Pietro Germi to come out from behind a shutter to create a pose suggesting encounter. The game - where deep fondness is, however, indispensable - is often in the giving voice to an impression that emerged from the encounter, mediating the image with the *Doxa*, with the iconography and public opinion surrounding the personality or decidedly throwing a curve. Sometimes a powerfully alienating contrast is what works, as in the enigmatic *aperitif sur l'herbe* with Sergio Leone almost unmoved by the exposure of the girl wearing the cape. Here there is also a slippage of procedure tied to the changing of the media panorama: in the 1950s the appearance of the director in an image was the revelation of something hidden, the revelation of the daily life of that which was only a famous name. Between the 1970s and 80s this revelation had the features of the liberation of desire (but we will see it better with the actresses) and proceeding into the years in which the body and face of intellectuals is frequently seen on television screens it is more urgent to restrain the gaze, pressing on the eyes of Scorsese or Lynch who are watching us reciprocating fondness for the photographer. The mediation between the public face constructed in films and the face of the person, in view of the further person who will be circulated with the photograph, when Chiara Samugheo has actors in front of her she offers still broader possibilities. One can identify some 'pertinent features' of the text constituted in the face, in the famous body: to emphasize Tony Perkins gaze, it was enough to raise the lapel of his jacket as if by a gust of wind. To identify beyond the shadow of a doubt the 'character' of Richard Burton, a ray of light was enough, tracing his shoulder, the shape of his forehead. The profile Adolfo Celi, also reduced by counterlight to a line that gets confused with smoke from a cigarette, is a monument. In a few cases, the acting - or its absence - is imposed by the personality, as was the case with Yul Brynner who, as if his gaze were not already penetrating enough, she doubled in a portrait placed behind him that seems like solid gold. After this session the actor demanded to see all of the transparencies and used a punch to destroy all of the shots which he deemed not up to the level of his fame. It is truly fascinating to see the various degrees of awareness and will to control their public representation of these men-images. Two examples: Nino Manfredi as a stylite on a capital plays with a large flower, Vittorio Gassman offering a saturnine face, of unexpected fragility. We see a grammar of repeated gestures, of positions evidently suggested to let these people live serenely in their own personalities: a cigarette is enough, or the head resting on a fist or a hand, the gesture that brushes the edge of a jacket.

Beauties from life

The actresses, divas and women are doubtless, and were from the beginning, the theme for which Chiara Samugheo's photography has enjoyed its greatest fortune. Her covers for *Cinema Nuovo*, and then for other national and international periodicals, were the cause of considerable increases in print runs, but they above all constructed the widespread iconography (for some even the myth, in the sense of shared narration) of the divas, bringing the canons of beauty, expressiveness, sensuality and desire to coincide with faces and bodies that had a first and surname. This skill, one has understood, did not depend on virtuoso technical details but rather on the possibility and will to create a relationship with the person she was photographing and to organize the formal context that made the circulation possible. And then the different quality of the female portraits as compared to the male ones is quite clear, the privileged (and preferred) access to a dimension of complicity that even suggested, in the fullness of time, to some spiteful colleagues and deceitful competitors a kind of arrogant sexual predatoriness of the photographer toward other women. Perhaps the right interpretation is precisely in the beginnings, when she was able to be the first to photograph the "tarantolate" in Galatina. If she had not been a woman they probably would not have given her access, and if she had not had so much interest in that mysteriously female dimension she would have been conquered by fear, she would not have tackled that scenario from so close up. And it is precisely a movement of approach, of distinct attraction, of seduction that takes place between the actresses, the women and Chiara Samugheo. It is a seduction that could allow one to leave outside the game every mistake of aggression, of possession, of imposition, arriving at a kernel of desire that knows how to play subtly but with great force with the male gaze. Almost the opposite of the dynamic that David Hemmings (David Bailey) performed photographing Veruschka in *Blow Up*.

In other words, one has the impression that Samugheo (the beautiful and seductive Chiara Samugheo) in agreement with Claudia Cardinale, Monica Vitti, Pamela Tiffin, Pascale Petit, Jayne Mansfield, Sylva Koscina, Zeudi Araya, Florinda Bolkan, Brigitte Bardot and so many others, staged an entertaining theatre of desire, such that every image is a revelation, an indication of the possible reality of a desire. The "shaping" of this makes use of constructions and inventions concerning the connotation and game with other universes of images. She sometimes uses mirrors to prolong and complicate the game of gazes between herself and the Diva, perhaps citing the avant-garde: she smiles at us reflected as in a celebrated photo by Pagano, but the gaze travels between the smile reflected at the crossing of the legs and the sumptuous forms. The relationship with the world of Art is always attentive and playful: Carroll Baker is allusively in the company of a Ceroli, then we see bodies – modern ones – as if packed in a work by Mondrian or set up in poses and Liberty drapery or close to a sumptuous Klimt made of jewels. Every name is an echo of the desire for *that* beauty, the colours harmonized image by image, as a woman knows how to do who wanted to become an orchestra director and had to content herself with being one of the greatest narrators of beauty in images of her time, which is also our own.

DU MYTHE DE LA RÉALITÉ À LA RÉALITÉ DU MYTHE SAMUGHEO PHOTOGRAPHE

PAOLO BARBARO

Si nous cherchons à comprendre la place de l'œuvre de Chiara Samugheo, qui représente plus ou moins soixante ans de travaux, dans le contexte de la photographie italienne, il est facile de trouver certaines formules, quelques repères au fil du temps : le néoréalisme et la recherche ethnographique, les années héroïques du photojournalisme, puis le cinéma et les vedettes, les stars, les « personnages », les lieux et les personnes... En y regardant d'un peu plus près, on s'aperçoit qu'à chacune de ces périodes, elle trouve un point de vue original, une approche personnelle, et elle anticipe les tendances à venir. Ajoutons un aspect qui couvre toute la matière de ses archives – actuellement conservées au Centre d'Études et d'Archive de la Communication de l'Université de Parme – et sur lequel il est bon de réfléchir : tout a été conçu pour être publié, tout son travail s'adresse à un large public, tout est *travail*. Si l'on s'en tient à la distinction – il est vrai plus chère aux amateurs qu'aux authentiques auteurs – entre la profession et la recherche personnelle, cette dernière peut paraître sacrifiée. Une telle distinction est sûrement trompeuse, et elle l'est plus encore si on l'applique à un auteur tel que Chiara Samugheo, qui agit entre les vastes replis de la communication, de l'imaginaire collectif et de la pratique spécifique de la photographie.

L'histoire est connue et a été racontée de nombreuses fois : une fille de bonne famille de Bari, une existence tranquille où les rôles sont bien définis, destinée à un bon mariage, avec, comme il se doit, les leçons de musique et de piano que prend chaque fille bien sage de son milieu (peut-être pas totalement inutiles pour avoir su, des années après, entonner ses images) dans un pays qui sort difficilement de la guerre, d'une culture apparemment immobile où une fille, si elle ne se marie pas, demeure une vieille fille marginalisée. Mais cette fille, bien que courtisée aux sons de messes chantées qui persuadent plus les parents qu'elle-même, ne se résigne pas. Elle s'invente une autre vie, part en vacances à Varèse, chez ses oncles, et ne reviendra plus.

Les personnes qui ont eu la chance d'entendre cette histoire de sa bouche, ainsi que ses vicissitudes successives, perçoivent l'un des secrets de sa manière de raconter successivement par le biais des images : les circonstances vécues intensément comme des événements parfois accidentels et subis, mais où est visible une signification, une *histoire* dont elle sait devoir être le metteur en scène, la responsable de la substance et de la forme de *ses* récits.

Et ceux-ci (même lorsqu'ils sont destinés à être des images) sont toujours des textes, des textures, qui entrecroisent les impressions et les rapports personnels – dont on devine continuellement une implication profonde qui n'est jamais superficielle – avec une conscience totale sur l'histoire qu'elle parcourt et sur le moyen dont elle dispose ; et le moyen du récit, notons-le, n'est pas seulement celui de l'appareil photo et de la pellicule, mais aussi celui de l'image multipliée et diffusée par le biais de la page imprimée.

Milan, des images et des mots

Ainsi, voici Chiara Samugheo entre Milan et Rome, au début des années cinquante. Le néoréalisme de la littérature et du cinéma semble alors un tournant en ce qui concerne l'utilisation des images.

Le photographe Federico Patellani a publié depuis une dizaine d'années, dans le fondamental annuaire des éditions Domus consacré à la situation de la photographie en Italie, le texte *Il giornalista nuova formula* : revendication du particulier statut narratif que la photographie a gagné dans le système contemporain de la communication, un texte où les réflexions sur la photographie – révélatrice par instants – de Henri Cartier-Bresson, sur la photographie sociale américaine, et les expériences allemandes ne semblent pas étrangères : on pense à *Peinture Photographie Film* publié en 1925 par Laszlo Moholy-Nagy dans la collection des *Bauhausbuch*, au catalogue de l'exposition *Foto/Auge* de 1929, à *Es kommt der neue Fotograf* de Werner Graff de 1927, titre qui semble d'ailleurs un écho de celui de Patellani.

Poursuivant avec des exemples, le volume *L'occhio quadrato* est désormais historique ; il rassemble les photographies d'un Milan marginal, œuvre d'Alberto Lattuada de la fin des années trente, prototypes d'un nouveau modèle de documentarisme

spécifiquement photographique, radicalement différent des images contemporaines, souvent « autocensurées », de la plupart des photographes d'agences. Enfin, le modèle de *Life*, de *Paris Match*, c'est-à-dire les plus perspicaces photographes italiens de l'après-guerre se servent d'un instrument profondément intégré au graphisme – de manière évidente, par exemple, dans la mise en page conçue par Albe Steiner pour *Il Politecnico* dirigé par Elio Vittorini – et aux nettes tendances pour la narration, l'écriture ou la réécriture d'un pays en rapide transformation.
Le cinéma a bien évidemment, par rapport à cet aspect narratif particulier de la photographie, des déterminations d'ordres et de degrés différentes, souvent biunivoques. La vie quotidienne, l'information de l'après-guerre, libérée du devoir de propagande, de la constante apologie du présent, est la source où les scénaristes et les metteurs en scène trouvent les éléments de base de leurs nouveaux récits, et le cinéma, les films, montrent aux graphistes, aux rédacteurs – en plus des photographes – une syntaxe qui élargit les possibilités des images bien au-delà de la pure illustration.
Parmi les lieux de rencontre privilégiés de ces territoires, nous trouvons les pages des périodiques tel que *Il Politecnico* qui accueille les récits photographiques (rappelons *L'occhio su Milano*, *Conversazione in Sicilia* avec les images de Luigi Crocenzi) et en particulier les photodocumentaires dans *Cinema Nuovo*, dirigé par Guido Aristarco et *Le Ore*, dirigé par Salvato Cappelli, fondé et dessiné par Pasquale Prunas. Les deux premiers utilisent largement la photographie, en grande quantité et avec une autonomie importante ; les récits photographiques de *Il Politecnico* sont des séquences narratives qui reprennent du cinéma la structure à parabole et la syntaxe par scansion de plans, tout comme les récits photographiques de *Cinema Nuovo*, qui établissent un rapport d'étroite intégration avec les textes. Avec *Le Ore*, dont la publication débute en 1953, le rapport entre les textes et les photographies s'inverse : il s'agit, ainsi que le proclame l'éditorial du premier numéro, d' « *une publication [...] à voir avant tout, c'est le frère miniature et fidèle du cinéma et de la télévision* ». En d'autres termes, la revue est probablement celle qui recueille de la manière la plus nette l'héritage des périodiques illustrés des années vingt conçus durant les années des avant-gardes constructivistes et du Bauhaus, tel *Münchner Illustrierte*, *Berliner Illustrierte*. Il s'agit d'une revue qui se nourrit d'images : nous y trouvons dés le début des reportages de Mario Dondero, Gene Cook, des photos de sport et d'agences, de faits divers criminels ou passionnels, le travail (repris par *Life*) d'Eugene Smith sur le village espagnol Deleitosa défini « *un classique du journalisme photographique : chacune de ces photos vaut mille mots* ». Qui sait combien ces photographies, imprimées en un noir et blanc dramatique et rendu encore plus synthétique dans l'héliogravure sur papier de basse qualité, auront influé sur *Scanno* de Mario Giacomelli, ainsi que sur le sud raconté par Crocenzi ou par Nino Migliori. L'intérêt pour la photographie historique ne manque pas : voici les images du Moulin Rouge qui semblent des calques de Degas, et il y a le photomontage avec Toulouse-Lautrec auquel le retoucheur a allongé les jambes. La première couverture montre une belle femme en maillot de bain : « *Jane Russell donna felice* » (Jane Russell une femme heureuse) et, à l'intérieur, nous trouvons sur trois pages de suite des images anonymes où Marilyn Monroe prend le petit déjeuner au lit (nous l'imaginons habillée uniquement de Chanel n. 5, et il est possible que Chiara Samugheo se souviendra de ces images en réalisant un reportage très sensuel sur Claudia Cardinale), entretenant sa beauté avec du lait et des œufs, puis la dernière demeure sur terre de la Vierge Marie et les nouvelles de la semaine avec une carte de l'Indochine. Dans les dernières pages, nous pouvons lire « *Imprimé à Novare, LE ORE, premier journal au monde uniquement photographique* ». Nous nous sommes arrêtés plus longuement sur *Le Ore* parce que c'est là que, après la rencontre avec Pasquale Prunas qui sera à ses côtés pendant des années, Chiara Samugheo débute, l'année même de la fondation de la revue. Pendant une brève période, elle côtoie Federico Patellani, apprend le minimum de technique nécessaire et, évidemment, le maximum sur la manière d'orienter les récits dans le panorama de l'Italie de ces années-là, sur la manière de

représenter la réalité, ou plus encore la *vérité* des situations. Elle racontera par la suite comment elle fut envoyée sans trop d'égards à Predappio pour narrer la famille Mussolini (*I Mussolinidi* sera le titre de son premier reportage) où elle trouve immédiatement une solution particulièrement subtile pour résoudre le récit : l'ironie et le respect, savoir présenter d'une manière ou d'une autre un jugement impliqué qui repose sur un rapport personnel avec les personnes photographiées. Sa culture distinguée, son intelligence et sa passion lui permettent de se confronter avec n'importe quelle situation sans jamais se sentir supérieure ou méprisante. C'est un exercice d'équilibre très délicat, en particulier dans ce contexte éditorial qui demande des histoires (et des images) sensationnelles et impressionnantes.

Elle photographie les baraques, les bas-fonds de Naples ; en 1954, elle se rend à Galatina et photographie les rites du tarentisme pour un reportage – sur les indications de Guido Aristarco pour *Cinema Nuovo* – intitulé *Le invasate*, publié l'année suivante. Entre le titre impressionnant (on le qualifierait aujourd'hui de politiquement incorrect, tout comme d'ailleurs celui du premier numéro de *Le Ore* datant de 1953, avec les photos de Mario Dondero, *La rivolta dei pazzi di Reggio*, l'un des premiers travaux dénonçant la réalité des hôpitaux psychiatriques en Italie) et les photos de Samugheo du Salento, publiées en janvier 1955 avec un texte d'Emilio Tadini, on peut aujourd'hui mieux deviner son approche particulière du photojournalisme. Dans cette situation objectivement difficile et pour elle totalement inconnue, ainsi que pour de nombreux aspects hostiles – c'est la première fois que se déroulent des prises de vue dans l'église de Galatina durant le rite des choreutes, elle est une femme et, même si elle est libre de ses mouvements, elle est observée avec suspicion – elle réussit à s'approcher, à composer à travers des portraits et des figures les mouvements apparemment incontrôlés, l'emportant probablement sur leurs peurs grâce à l'attention qu'elle porte pour les personnes, pour ces femmes méridionales pas si éloignées géographiquement du sud dont elle est issue mais littéralement d'un autre monde. Ernesto de Martino verra ensuite les photos et publiera, sur ce sujet, les pages de *Sud e magia* et *La terra del rimorso*, en 1959 et en 1961, avec les photos de Franco Pinna. De même que pour les documentaires photographiques sur Naples, publiés en 1955 (*I bambini di Napoli* avec un texte de Domenico Rea, *Le due Napoli* avec un texte de Michele Prisco), la dénonciation, le signalement de la vie quotidienne d'une partie du pays demeurée longtemps invisible, est entièrement confiée à une forme de portrait. D'un côté, cette forme de portrait semble reprendre les modèles d'origine de la photographie sociale (de Rijs et de Hine) qui s'éloigne le plus de l'ébauche pittoresque ; de l'autre côté, elle se fonde sur une évidente sympathie pour les personnes qui ne concède rien au pathétique et ne s'attarde pas devant les terribles signes de pauvreté, réussissant à les transformer en une subtile fascination. On comprend cela en lisant le texte de Rea, où tout se résout dans la lecture des images, en interprétant et en creusant dans ces figures.

Pour Chiara Samugheo, la photographie d'investigation, du récit social, a certainement la valeur d'une découverte, d'une exploration humaine à partager en explorant aussi les possibilités d'un récit aux règles étrangères à celles de la photographie des paparazzi. Elle sera parmi les premiers photographes italiens (avec Giulia Niccolai) à accomplir un travail sur New York où elle réalisera un reportage sur les *Homeless*.

Le cinéma hors des films

Quand Guido Aristarco – avec Pasquale Prunas, ces années-là le principal interlocuteur et défenseur de la photographe – lui demande, toujours en 1955, un reportage sur le festival de cinéma de Venise et sur ses mécanismes internes, il en ressort des séquences où chaque image se fonde sur une idée : sous le titre *Combien coûte la Mostra*, nous voyons un opérateur et les piles de bobines (les « pizzas » comme diraient les italiens) empilées comme de gigantesques pièces de monnaies, puis des espaces vides avec les accessoires et les figures qui rappellent les installations des salles de la Biennale, tout à côté, photographiées alors par le débutant Ugo Mulas. Ensuite, comme le font tous les photographes, Chiara Samugheo profite de l'occasion et, sans trop de convictions, prend également des clichés des acteurs et des réalisateurs de passage ; parmi ces images, Aristarco distingue le portrait d'une très belle actrice qui finira en couverture. Les ventes du très engagé périodique culturel montent en flèche. Suite à une décision (prise par d'autres) et en aucun cas de par son choix, après avoir été documentariste sociale, elle devient portraitiste des personnalités du monde du spectacle. Par la suite, à la Biennale, elle choisit de ne pas participer à la meute des photographes : elle approche les personnalités, s'accorde pour une rencontre qui habituellement se déroule dans des lieux choisis pour le sujet, l'hôtel ou la plage du Lido, un bar ou un parc. La photographie devient un moyen de connaître les gens, parfois aussi l'élément d'un jeu.

Chiara Samugheo ne s'arrêtera plus de photographier des stars pour les couvertures de magazines. Elle dira en plaisantant qu'Aristarco lui a détruit sa vie : elle semble regretter ce succès et cette capacité de construire des icônes, d'avoir été immédiatement demandée continuellement en tant qu'exécutrice de l'image du vedettariat, supprimant en conséquence tout espace au reportage social ; mais dans son œuvre toute entière, dans la totalité de son archive, il existe une unité et une cohérence qui n'apparaissent peut-être pas encore bien définies.

À ce stade, nous avons compris certaines choses de la photographie de Chiara Samugheo ou, autrement dit, de son écriture. Dans un contexte où la photo de presse s'érige comme la photographie des scoops, un contexte où apparaît le mythe négatif du paparazzo qui poursuit et vole les images – mais les personnes réelles qui suscitent le mythe, tel Tazio Secchiaroli, ne sont certainement pas réductibles à ce schéma –, Chiara Samugheo ne fait pas une seule photo sans l'accord de son sujet : nous avons vu les enfants napolitains regarder et être regardés dans les yeux de la photographe, et il en sera de même pour les stars, les acteurs, les intellectuels, les puissants et les perdants, à moins qu'il ne s'agisse de mettre au point avec eux un dispositif distancié. En outre, comme nous l'observerons plus attentivement par la suite, Chiara Samugheo ne construit jamais entièrement l'image : elle ne possède pas de studio de pose, elle utilise le moins possible les lumières artificielles, exclut ou limite au maximum les interventions en phase d'impression ou de post-production des images. Nous pourrions définir sa photographie comme une troisième voie entre la photographie instantanée et « transparente », celle du photographe invisible théorisée par Henri Cartier-Bresson et la photographie du contrôle total du portrait de studio, de la photo industrielle et commerciale. Entre ces deux pôles, où se trouvent en réalité la plupart des photographes professionnels, le champ couvert par la photographie de cinéma et de portrait – thème le plus caractéristique de l'œuvre de Chiara Samugheo, et de cette publication également – occupe un espace encore à mieux définir.

La photographie, évidemment, est une articulation fondamentale du langage cinématographique, mais, pareillement, elle est aussi un élément essentiel du matériel iconographique qui accompagne la production, la distribution et la promotion des films dans les aspects que l'on peut définir comme extratextuels : les nouvelles liées au cinéma, les apparences connotatives de la figure et des vicissitudes des acteurs et des réalisateurs, celle des manifestations consacrées au cinéma. Il existe des applications codifiées : la photo de plateau qui « immobilise » les scènes des films, les images prises depuis les coulisses et où l'on voit le contexte du tournage, et même les images conçues pour les affiches et les posters où s'agencent photographie, graphisme et peinture et dont la composition est souvent confiée à des auteurs remarquables tel qu'Anselmo Ballester – l'Archive Ballester est d'ailleurs conservée au CSAC de l'université de Parme –, mais ces images concernent une possible histoire de l'affiche. La photo de plateau consistait normalement à la reconstitution des scènes essentielles du film : le moment des prises de vue de ces photos était distinct du tournage du film afin de pouvoir anticiper la diffusion publicitaire, et le travail d'un photographe durant les prises de vue du film aurait gêné celui de la troupe. À un certain point (cela se produit pour la première fois avec le travail du photographe Osvaldo Civirani sur le tournage d'*Ossessione* de Visconti), on préfère prendre les photos de plateau directement, durant les prises de vue du film, une manière d'appliquer à la fiction du cinéma les exigences de la prise directe de la réalité du néoréalisme naissant. Les photos de plateau étaient auparavant faites avec les acteurs immobilisés dans les gestes de la diction, avec de grands appareils à plaques, les mêmes que l'on utilisait pour les portraits de studio dès le XIXe siècle dans les reconstitutions d'environnements, avec de nombreuses retouches, des interventions de redéfinition sur plaque et de tirage, des éclairages et des constructions ex novo d'une aura légendaire entre la personne et le personnage. Parmi les maîtres de cette catégorie, citons Gaetano Pesce, Arturo Ghergo, Ghitta Carell, Elio Luxardo, Pasquale De Antonis, à Rome, et à Hollywood Alfred Stieglitz, Clarence Sinclair Bull, Karl Struss, John Kobal, George Hurrell.

On a pu constater que Chiara Samugheo se base au départ sur la photographie de narration directe, et on l'observe aussi dans l'utilisation du petit format du Leica, en noir et blanc, se servant du format carré 6x6 – l'« œil carré » de Lattuada mais également des photographes-architectes tel Giuseppe Pagano, ou comme Patellani lui-même lorsqu'il réinvente la photographie de mode parmi les ruines de Milan bombardé – pour la couleur, pour les couvertures, se rapprochant des procédés de la photographie de mode représentée alors à Milan par des figures telles que celle d'Elsa Herter, l'auteur le plus important des premiers reportages pour *Grazia* à peine la guerre finie.

Dans le jeu des figures

La saveur de la photo directe, du « style documentaire » aurait dit Walker Evans, nous la percevons dans l'un des reportages les plus nettement fictionnels sur les personnalités du cinéma : Alfred Hitchcock est à Rome, nous sommes en 1962 et Samugheo le rencontre. Elle le met en condition de jouer son propre rôle, dans une cour vétuste de la vieille ville, et pouvons-nous imaginer, sans rencontrer trop de résistance au regard du célèbre *sense of humour* du réalisateur. De cette séquence, la planche-contact entière est présentée, à l'image d'une sorte de bout de film à publier intégralement, sous la forme d'une grille, une solution que l'on retrouve souvent dans *Le Ore* et dans *Cinema Nuovo*, et utilisée aussi par Samugheo pour un portrait multiple d'un Dario Fo encore tout jeune. Nous voyons ainsi le reportage s'agencer sous une forme de mentions de citations, de plaisanteries et de solutions improvisées : nous trouvons le chariot d'un marchand de bric-à-brac que le metteur en scène feint de charger, petite mais indiscutable figure qui rappelle ses apparitions dans ses propres films ; puis il fait semblant d'espionner et de se cacher derrière le mobilier que contient le chariot, joue avec un balai et s'affiche dans un long bâillement qui se prolonge sur 7 photogrammes ; Samugheo en extrait la silhouette en contrejour dans l'embrasure d'une porte, puis lui, jouant avec un drap et, enfin, alors que derrière un groupe, un peu à l'écart, il pose avec d'autres personnes qui sont situées plus prés de l'objectif, sa figure composée et sournoise, avec des habits démodés et hors contexte, se distingue de toutes les autres : on ne voit que lui. Voilà donc un portrait complètement empli de cinéma. On y perçoit la rapidité d'exécution et, vice versa, la durée de la construction, au point de puiser dans la pantomime et dans le cinéma muet du temps des débuts du grand réalisateur. Du récit en séquences, dont elle connaît très bien la logique à partir des pages des périodiques dont nous avons parlé concernant ses débuts, Samugheo offrira différentes déclinations : le contraste du visage dans un rire d'Alberto Sordi qui rappelle une superbe série d'Ugo Mulas sur Giacometti à la Biennale d'art de Venise, un extravagant défilé de Walter Chiari (et ce sont parmi les rares photos qu'elle ait prises avec une toile de fond dans un atelier, mais il s'agit là d'un jeu ironique, d'une citation de la photographie de mode) et Marcello Mastroianni qui ressemble à Pessoa/Tabucchi (presqu'une prémonition de son dernier film, justement d'après Tabucchi) alors qu'il joue avec un petit singe sur le tournage de *Rêve de singe* de Ferreri. Nous nous trouvons aux antipodes, pourrions-nous dire, de la photographie d'instants volés indiquée par Cartier-Bresson, en ces temps-là particulièrement appréciée par les photographes italiens qui l'interprétaient comme étant uniquement basée sur la rapidité, sur la capture du moment sans presque cadrer. Mais le grand auteur français n'était sûrement pas réductible à ceci, et le fait qu'il fût un admirateur déclaré de la photographie de Chiara Samugheo et de sa capacité de narration émotionnelle autant qu'élégante le démontre. Il ira lui rendre visite au début des années soixante, lui portant un poulet à la broche et une bouteille de Chianti, en vrai gentleman dans la ville du néoréalisme désormais fini.

C'est ainsi que lui sont demandés toujours plus de portraits, de photographies pour des couvertures, qu'elle interprète dans un registre confidentiel mais qui n'est jamais insignifiant, continuellement dans un espace variable entre l'icône de la vedette, le personnage occasionnellement montré dans les salles et la personne réelle. Il a été écrit que sa manière de photographier se situe dans le passage du star système, constitué d'icônes inatteignables et mythiques, à un *personality system* constitué de visages qui tendent à devenir familiers, faciles à identifier par les masses, d'autant plus qu'ils pénètrent considérablement plus dans les foyers avec la télévision. Il est certain que c'est une évolution qu'elle devine et dont, par contre, je ne pense pas qu'elle soit seulement l'interprète. L'approche de l'image à raconter passant par le rapport personnel qui souvent devient sympathie et amitié est quelque chose qui se produit immédiatement, dès les premières couvertures pour *Cinema Nuovo*. Par la suite, reporter la personne dans sa dimension quotidienne, parfois en contraste avec celle du personnage public, devient une opération systématique. C'est particulièrement visible lorsque le sujet n'a pas un visage totalement connu, comme c'est fréquemment le cas des écrivains et des réalisateurs. Si la silhouette d'Alfred Hitchcock était très célèbre grâce aux introductions des séries télévisuelles *Alfred Hitchcock présente* (diffusées de 1955 à 1962) et dans le générique d'ouverture où apparait son profil, son « autocaricature », le cas des autres est différent : Louis Malle, Pasquale Festa Campanile, Luigi Magni sont photographiés sur les tournages, avec les instruments du cinéma, et il ne s'agit pas de photos de tournage mais plutôt de portraits reconstitués qui évitent d'être didactiques grâce à de petites inventions : par exemple, les deux figurants en costume qui regardent d'un côté, comme dans le miroir de *Las Meninas*. Les photos réalisées en dehors des tournages sont plus proches du « style Samugheo » : l'élégance de Rossellini, celle différente et curieusement bourgeoise de Rosi (avec la tasse en porcelaine dans le salon damassé) sont très fortement éloignées des stéréotypes de l'artiste « *scapigliato* » ; pour d'autres il suffit de petits partis pris de mise en scène, d'une idée de jeu minimum pour donner au portrait un résultat différent de la simple reproduction d'une figure. Chaplin est surpris dans une scène touristique ; et, pour l'élégante et sérieuse figure de Visconti, soulignée par le groupe sculptural sur le fond, il suffit du redoublement de la statue un peu kitsch du molosse en céramique pour jouer sur le fil de l'affectueuse caricature. Un jeune Zeffirelli regarde timidement de côté, équilibré par une nature morte peut-être posée là par Testori, pensant au Caravage.

Il suffit d'un faux papillon tenu dans une main, d'un peu de végétation, pour faire de la représentation un petit récit mystérieux. On sait que Chiara Samugheo emmène souvent avec elle des objets, des habits, des accessoires de scène et des attributs connotés, et qu'elle sait utiliser de petits moyens de manière très efficace : il suffit d'inviter Pietro Germi à apparaître derrière un rideau de fer pour transformer une pose en rencontre ; le jeu – mais une profonde sympathie est indispensable – est souvent de donner forme à une impression qui émerge de la rencontre, jouant le rôle de l'intermédiaire de l'image avec la *Doxa*, avec l'iconographie et l'opinion publique autour du personnage ou bien en la biaisant totalement. Parfois un fort contraste fonctionne, comme avec l'énigmatique *apéritif sur l'herbe* où l'on voit un Sergio Leone quasi impassible devant le dévoilement de la fille sous son manteau. Il y a aussi un glissement des modalités lié à la mutation du panorama des médias : durant les années cinquante, l'apparition de l'image du metteur en scène est la révélation de quelque chose d'occulté, la révélation de la manière de vivre au quotidien de celui qui

n'était qu'un nom célèbre ; entre les années soixante-dix et les années quatre-vingt, cette révélation prend les traits de la libération du désir (mais nous le verrons mieux avec les actrices) ; et, dans les années récentes où le corps et le visage des intellectuels sont toujours plus présents sur les écrans de télévision, il devient alors urgent de retenir le regard, de se resserrer sur les yeux de Scorsese ou de Lynch qui nous regardent en échangeant des sentiments de sympathie avec la photographe.
Quand Chiara Samugheo a en face d'elle les acteurs, de nombreuses possibilités s'offrent à elle entre la médiation du personnage public façonné par les films, le vrai visage de la personne et le nouveau personnage qui sera diffusé par la photographie. On peut distinguer des traits appropriés du livre ouvert que constitue le visage ou le corps célèbre : il suffit du col du blouson relevé par un coup de vent pour souligner le regard d'Antony Perkins, un rayon de lumière qui dessine l'épaule et la forme du front suggère sans le moindre doute le caractère de Richard Burton ; le profil d'Adolfo Celi, même réduit par le contrejour à une ligne qui se confond avec la fumée d'une cigarette, est un monument. Dans certains cas, le jeu – ou son absence – est imposé par le personnage. Ainsi Yul Brynner qui, comme si son regard n'était pas déjà assez pénétrant, est redoublé derrière lui par un portrait qui semble en or massif. Après cette séance, l'acteur exigea de voir toutes les diapositives et détruisit avec un poinçon tous les clichés où, à son avis, l'image n'était pas à la hauteur de sa gloire. Il est fascinant de constater les différents degrés de conscience et d'exigence de contrôle de sa propre représentation publique de la part de ces hommes-images : Nino Manfredi, comme un stylite sur un chapiteau, joue avec une grande fleur ; deuxième exemple : Vittorio Gassman offre un visage triste, d'une fragilité inattendue. Nous constatons une grammaire de gestes récurrents, de positions suggérées de manière évidente afin de permettre à ces personnes d'incarner tranquillement leur propre personnage : une cigarette, une tête appuyée sur un poing, sur une main ou un geste qui effleure le pan d'une veste peut suffire.

Naturellement belles

Dès le début, les actrices, les divas, les femmes sont certainement le thème pour lequel la photographie de Chiara Samugheo a connu le plus de reconnaissance. Ses couvertures pour *Cinema Nuovo* et pour d'autres revues nationales et internationales ont provoqué d'importantes hausses des tirages. Elles ont surtout constitué l'iconographie diffuse (pour certains même le mythe, entendu dans le sens de récit partagé) des stars, menant à faire coïncider les canons de beauté, d'expressivité, de sensualité et de désir avec des visages et des corps qui ont un nom et un prénom. De telles capacités, on le comprend, ne sont pas confiées à des prodiges techniques particuliers mais plutôt à la possibilité et à la volonté de réaliser un rapport avec le sujet photographié, et d'organiser le contexte formel qui en rend possible la diffusion. La différence de qualité entre les portraits masculins et les portraits féminins est plutôt évidente, l'approche privilégiée (et préférée) d'une attitude de complicité qui a même amené à suggérer, en son temps, par quelques collègues malveillants et concurrents déloyaux, une sorte d'arrogante rapacité sexuelle de la photographe envers les autres femmes. La bonne clé de lecture est peut-être à chercher dans ses débuts, quand elle est la première à réussir à photographier les « tarantolate » (NdT. les femmes atteintes de tarentisme) à Galatina, et où il est probable que si elle n'avait pas été une femme l'accès lui aurait été interdit, et si elle n'avait pas eu tant d'intérêt pour cette dimension si mystérieusement féminine, elle aurait été dominée par la peur et n'aurait pas affronté cette situation de si près. Et c'est justement un mouvement de rapprochement, d'attraction vers elle-même, de séduction qui se produit entre les actrices, les femmes et Chiara Samugheo. Il s'agit d'une séduction qui peut se permettre de laisser en dehors du jeu toute équivoque d'agression, de possession, de vexation, aboutissant au cœur d'un désir qui sait jouer subtilement mais avec force avec le regard masculin. Presque le contraire de la dynamique que David Hemmings (David Bailey) joue en photographiant Veruschka dans *Blow up*.
Autrement dit, on a l'impression que Samugheo (la très belle et séduisante

Chiara Samugheo) en accord avec Claudia Cardinale, Monica Vitti, Pamela Tiffin, Pascale Petit, Jayne Mansfield, Sylva Koscina, Zeudi Araya, Florinda Bolkan, Brigitte Bardot, et tant d'autres, met en scène un amusant théâtre du désir, de telle manière que chaque image en soit une révélation, une indication de la possible réalité d'un désir. Sa « mise en forme » tire parti de constructions et d'inventions qui concernent la connotation et le jeu avec d'autres domaines de l'image. Elle utilise parfois des miroirs pour prolonger et compliquer le jeu des regards entre elle et la star, citant même les avant-gardes : elle nous sourit, réfléchie comme sur une célèbre photo de Pagano, mais le regard voyage entre le sourire reflété sur le croisement des jambes et les formes somptueuses ; la relation avec le monde de l'art est toujours attentive et joueuse : Carroll Baker est, de manière allusive, en compagnie d'un Ceroli, puis nous voyons des corps – modernes – comme emboités dans une œuvre de Mondrian ou mis en scène avec des gestes et des drapés art nouveau, ou encore s'approcher d'un somptueux Klimt élaboré avec des bijoux. Chaque nom est un écho du désir de *cette* beauté, les couleurs accordées image après image, comme sait le faire une femme qui voulait être chef d'orchestre et qui a dû se contenter d'être l'une des plus importantes chroniqueuses de la beauté des images de son temps, un temps qui est aussi le nôtre.

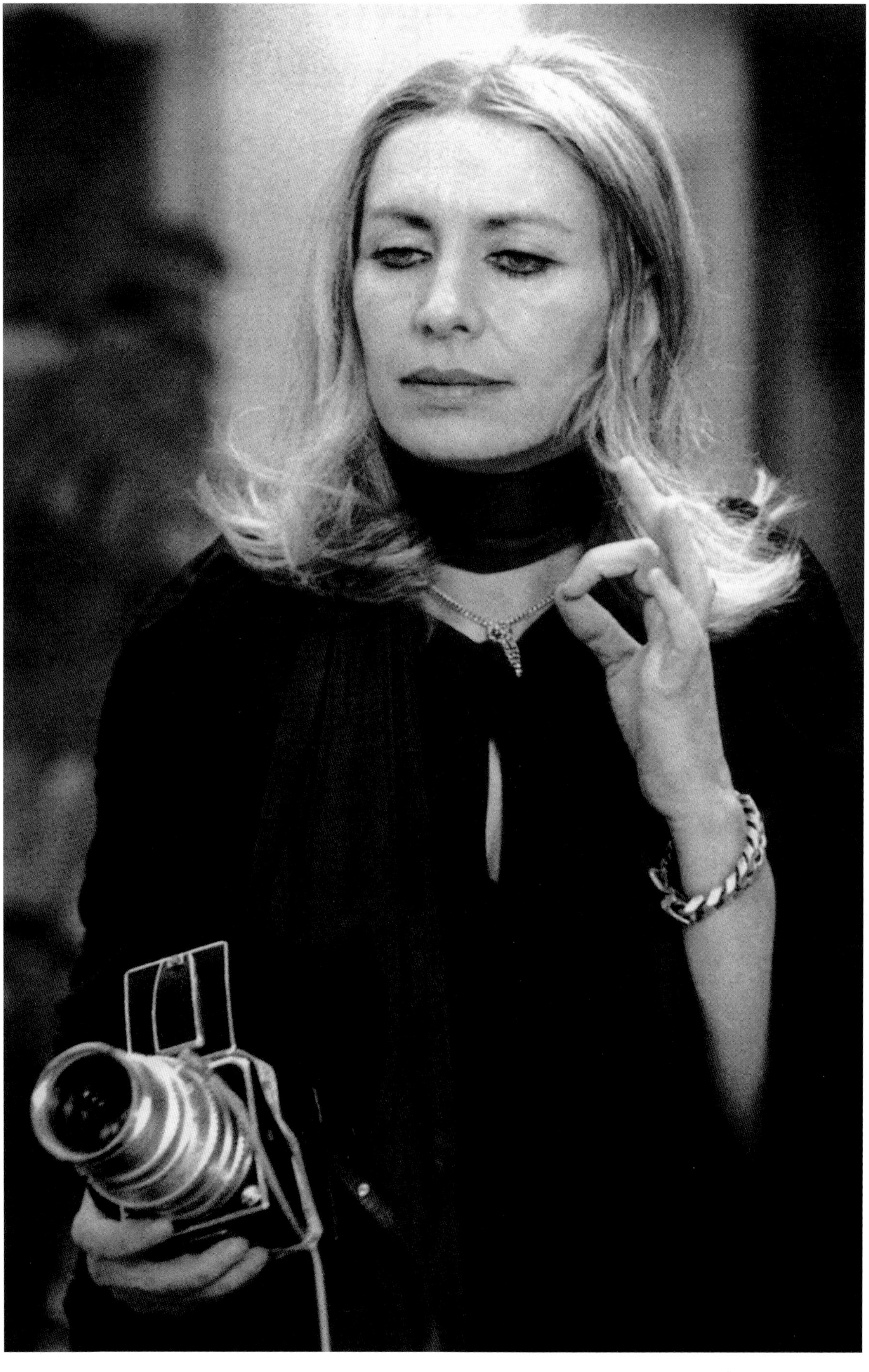

Chiara Samugheo

FOTOGRAFA MIO MALGRADO

CHIARA SAMUGHEO

Quando cominciai a fare la fotografa erano gli anni cinquanta. Erano tempi duri ma anche, in un certo senso, lieti. C'era la guerra fredda ma circolava la speranza che le cose sarebbero cambiate e che tutti coloro che lo volessero potevano rompere – con le immagini, le parole, i gesti – quel muro che li separava da un mondo migliore.
Diciamo che quello era un tempo nel quale ci si poteva illudere.
E io mi illusi di poter contribuire con le mie fotografie a rivelare mali e contraddizioni del paese, raccontarne usi e costumi. Qualcosa riuscii a fare, ma ben presto dovetti constatare che lo spazio professionale che mi era concesso si andava restringendo non tanto perché diminuissero mali e contraddizioni del paese o fossero migliorati gli usi e costumi della gente ma semplicemente perché via via scomparivano quei giornali (pochi) che si interessavano ai problemi reali della società italiana. Come molti ricorderanno è proprio alla fine degli anni cinquanta che riemerge prepotentemente quel tipo di editoria che, con l'alibi di soddisfare la richiesta dei lettori, stimola l'evasione e altera la realtà.
Ecco quindi diventare trainanti divi e divismo, principi e reali, papi e suore, maghi e sciocchi.
Devo confessare che anch'io seguii quel che mi si chiedeva. E questa mostra è il memoriale di quegli anni che passai seguendo la Diva. Perché, allora, andava la Diva. Copertine e servizi dovevano documentare la nascita, la crescita (e la fine) di quell'oggetto di desiderio che era la donna cinematografica. L'esposizione è dunque soprattutto un documento sull'oggetto-donna dagli anni cinquanta a ieri. Può servire per ricordare, con nostalgia o stizza. Può servire come un catalogo di oggetti smarriti. Può servire a quei sociologi che hanno il vezzo di analizzare il frivolo. Ma può anche servire, e sinceramente me lo auguro, a tutti coloro che, non disprezzando l'altrui lavoro, riescono a considerare le cose che furono fatte, belle o brutte che siano, nel contesto del loro tempo e quindi, liberi da pregiudizi, sono in grado di coglierne le qualità nascoste. Io credo infatti che in questo repertorio "su ordinazione" risulti evidente la cura costante che ebbi nel tentare di "rubare" da questo oggetto-donna qualcosa che riguardava il suo interno. Attraverso uno sguardo, un sorriso, un atteggiamento. Con l'ausilio di un ambiente, un cielo, un fiore. Approfittando della magia che ha sempre e comunque una presenza femminile. Eccole, dunque, cento donne come me, colte in quel trepido momento che è la giovinezza, ritratte nel breve lampo del successo, oggetto e soggetto di tutti i nostri ieri. E oggi, rivedendole, non solo suscitano una riflessione sul tempo che fu ma sono il documento di una storia, privata e pubblica, degna di essere ricordata perché, dietro questo paravento di sorrisi, c'è l'ascesa e la caduta di una generazione di donne, la cui unica colpa fu di essere belle e la sola possibilità di riscatto fu quella di avere talento.

PHOTOGRAPHER AGAINST MY WILL

CHIARA SAMUGHEO

When I started taking photographs it was the 1950s. They were hard times but, in a certain sense, happy times, too. The cold war was on but hope was spreading around that things would change and that anyone who wanted to could break down the wall – with images, words, acts – that separated them from a better world.
Let's say that it was a time when one could hope against hope.
And I flattered myself that I could contribute with my photographs, revealing the country's wrongs and contradictions, telling the story of its customs and traditions. I was able to have some effect but very soon I came to see that the professional space I had to work in was growing smaller, not so much because the wrongs and contradictions were lessening or that people's customs and traditions were improving, but simply because little by little those (few) publications that focused on the problems of Italian society were disappearing. As many will recall, it was right at the end of the 1950s that the kind of publishing that stimulates escapism and distorts reality came back strong, with the alibi of giving readers what they want.
And so it was that celebrities and celebrity culture, princes and royals, popes and nuns, magicians and fools became leading figures.
I must confess that I, too, followed what was being asked of me. And this exhibition is a memorial to the years that I spent following the Star. Because, at that time, the Star was in great demand. Magazine covers and photo shoots needed to document the emergence, the rise (and the fall) of that object of desire, the female film star. This exhibition is therefore above all a document attesting to the object-woman, from the 1950s to yesterday. It can serve for remembering, whether with nostalgia or annoyance. It can serve as a catalogue of lost objects. It can serve those sociologists in the habit of analysing the frivolous. But it can also serve, and I sincerely hope it will, all those who, without looking down on the work of others, are able to consider the things done in the past, good or bad as they might have been, in the context of the times and so, free of prejudice, they are capable of detecting hidden qualities. I, in fact, believe that this "made to order" repertory clearly shows my constant care in trying to "steal" from this object-woman something that revealed her interior. Through a gaze, a smile, a pose. With the help of a setting, a sky, a flower. Taking advantage of the magic that a female presence always carries with it. And so here they are, one hundred women like me, captured in that anxious moment known as youth, portrayed in the brief flash of success, object and subject of all of our yesterdays. And today, seeing them again, they not only elicit reflection on times past but they also document a history, both public and private, worthy of being remembered since behind this screen of smiles there lies the rise and fall of a generation of women, whose only fault was having been beautiful, and whose only possibility for redemption was that of having talent.

PHOTOGRAPHE MALGRÉ MOI

CHIARA SAMUGHEO

Je me suis lancée dans la photographie dans les années cinquante. C'était une époque difficile, mais joyeuse, en un sens, car malgré la guerre froide, nous avions tous l'espoir que les choses allaient changer, et que ceux qui le voulaient pourraient abattre – grâce aux images, aux mots et aux gestes – le mur qui les séparait d'un monde meilleur.

C'était une époque où l'on pouvait avoir des illusions.

Pour ma part, je m'imaginais contribuer, à travers mes photos, à dénoncer les maux et les contradictions de mon pays ; je croyais pouvoir en raconter les habitudes, les traditions. J'y suis en partie parvenue, mais j'ai vite constaté que l'espace professionnel qui m'était accordé se restreignait, non pas parce que les maux et les contradictions de l'Italie avaient diminué, ni parce que les us et coutumes s'étaient améliorés, mais tout simplement parce que les (rares) journaux qui s'intéressaient aux problèmes réels de la société italienne, peu à peu, disparaissaient. Beaucoup se souviennent sans doute qu'à la fin des années cinquante, une nouvelle littérature a déferlé, qui, sous prétexte de répondre à la demande des lecteurs, favorisa l'évasion en maquillant la réalité.

C'est ainsi que le petit monde des divas et des stars, des princes et des rois, des papes et des nones, des devins et des benêts, est devenu le moteur de la presse. J'avoue avoir également suivi cette tendance, me conformant à ce que l'on exigeait de moi. De fait, cette exposition est la mémoire de mes années passées à traquer les célébrités. À l'époque, la diva était à la mode. Couvertures et reportages se devaient de documenter la naissance, l'ascension (et la chute) de cet objet de désir qu'était la star de cinéma. Cette exposition entend avant tout brosser le portrait de la femme-objet, des années cinquante à hier. Elle peut servir à raviver des souvenirs, nostalgiques ou exaspérés, permettre de dresser un catalogue des objets perdus, ou encore être utile aux sociologues qui ont le goût et la manie d'analyser la frivolité. Mais cette exposition peut aussi servir, et je le souhaite de tout cœur, à ceux qui, sans mépriser le travail d'autrui, parviennent à replacer les choses du passé, belles ou laides, dans le contexte de leur époque, et qui, ainsi libérés des préjugés, sont à même d'en saisir les qualités cachées. Je suis en effet persuadée qu'au vu de cet inventaire réalisé « sur commande », une évidence s'imposera, témoignant de mon attention constante à « dérober », au travers d'un regard, d'un sourire ou d'une pose, un peu de l'intimité de ces femmes-objets, profitant d'une atmosphère, d'un ciel ou d'une fleur, ainsi que de l'éternelle magie qui émane d'une présence féminine. Voici donc cent femmes comme moi, cueillies dans l'exaltante fugacité de leur jeunesse, et dans l'éclair fulgurant de la gloire, sujets et objets de toutes nos nostalgies. Aujourd'hui, ces portraits suscitent une réflexion sur le passé et sont le témoignage d'une histoire, privée et publique, digne d'être rappelée car, derrière le masque du sourire, se cachent l'ascension et la chute d'une génération de femmes, dont l'unique faute fut d'être belles et la seule possibilité de rachat, celle d'avoir du talent.

ATTRICI ACTRESSES ACTRICES

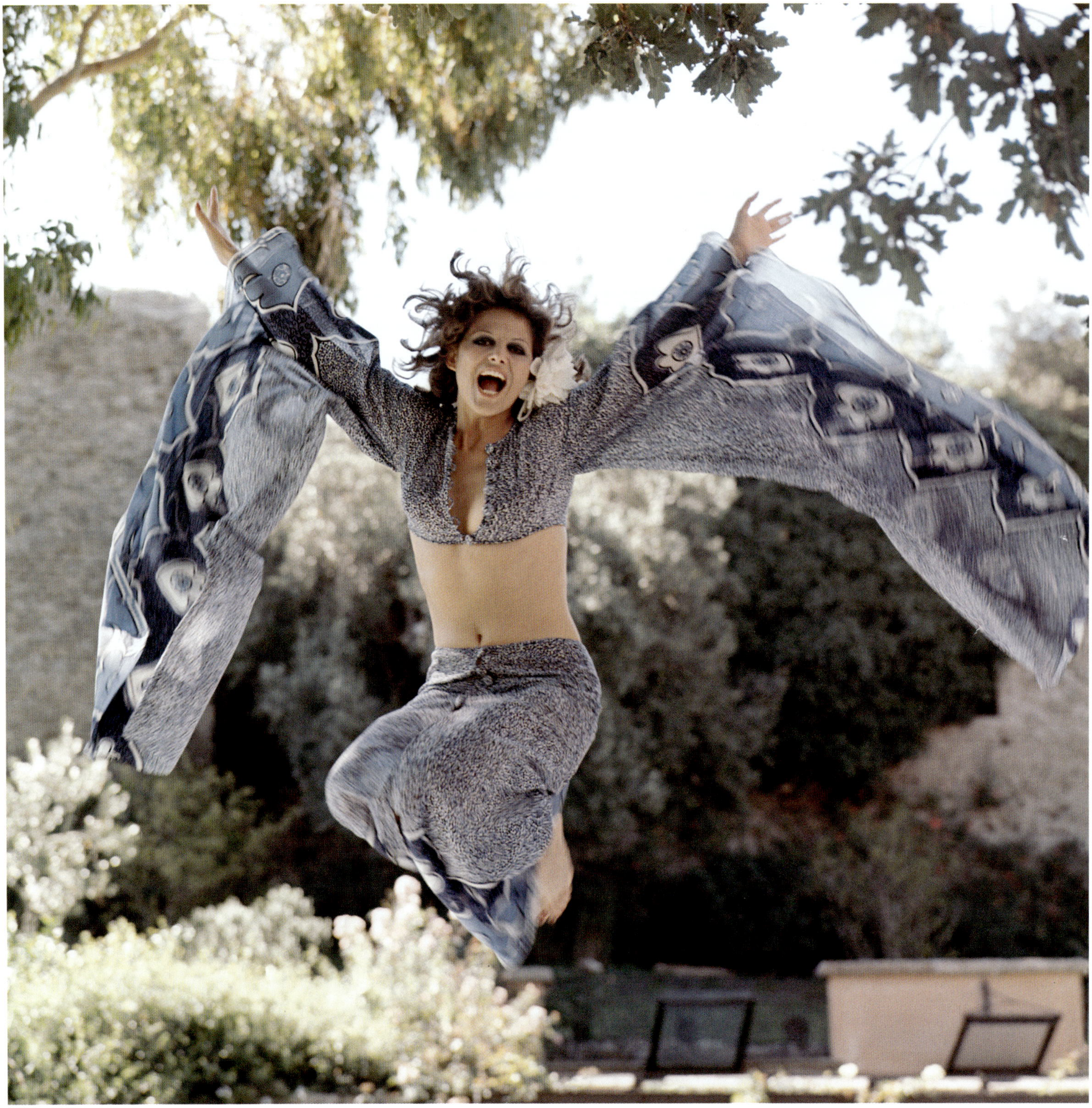

Claudia Cardinale

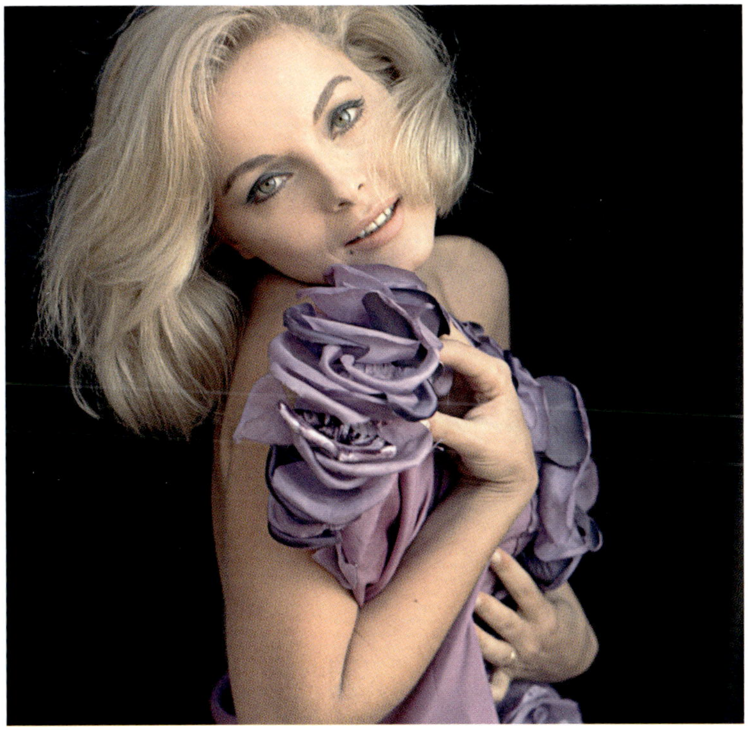

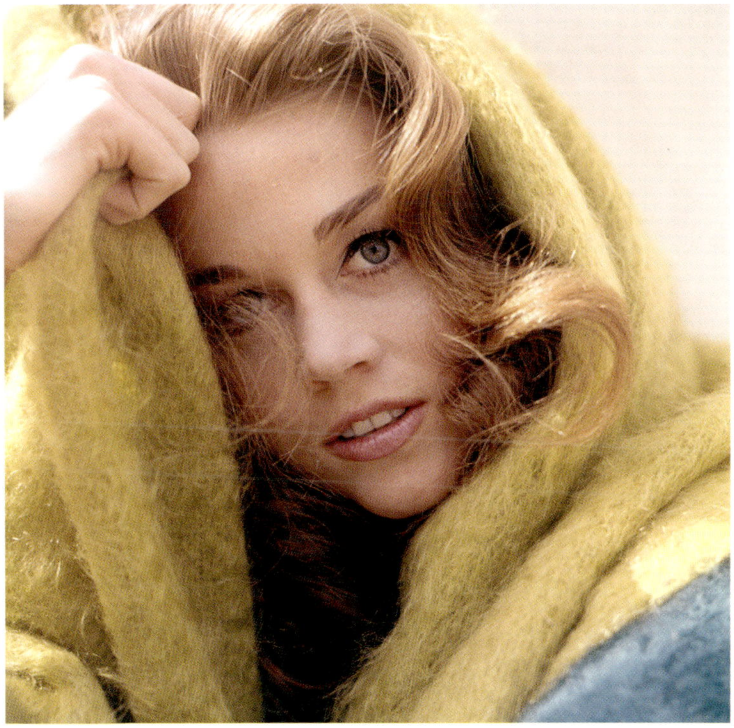

Virna Lisi

Jane Fonda

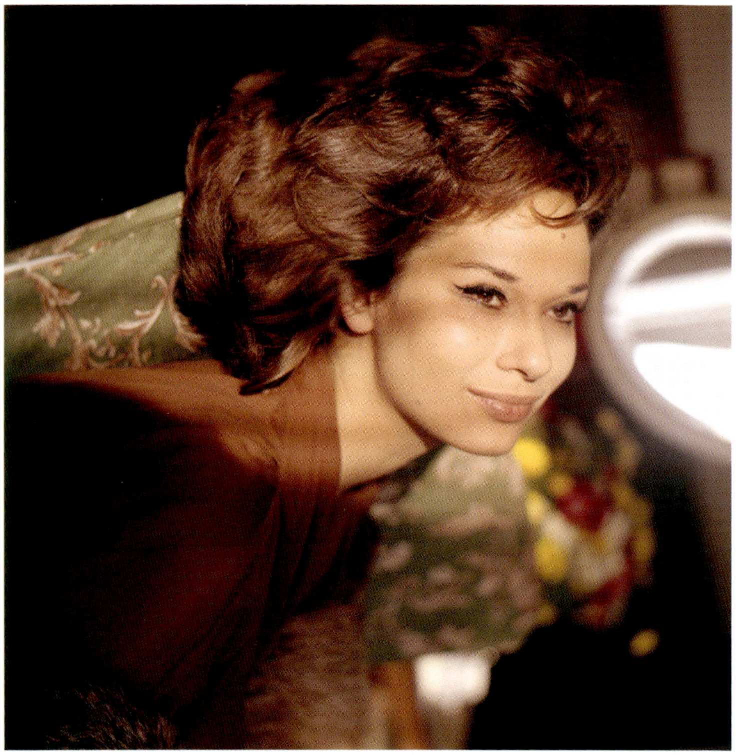
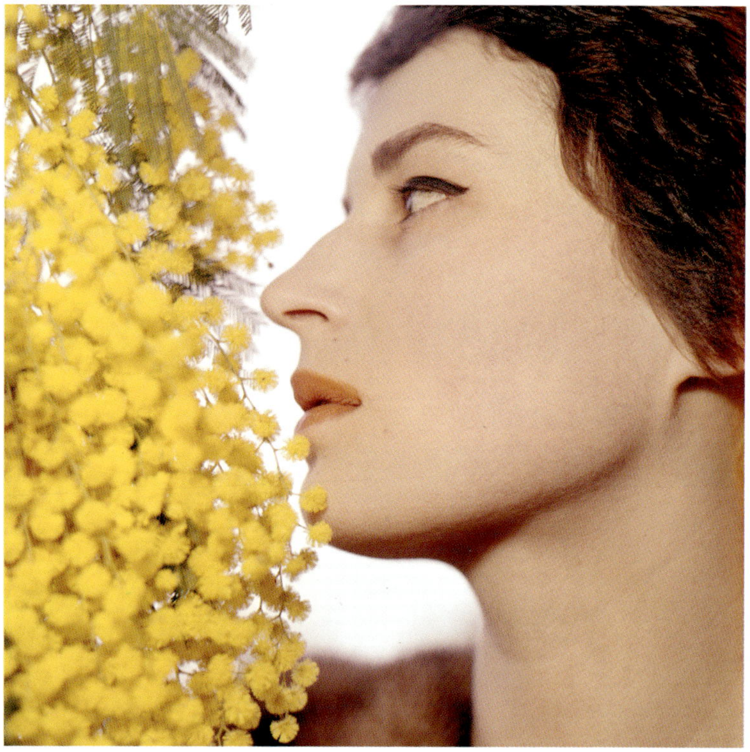
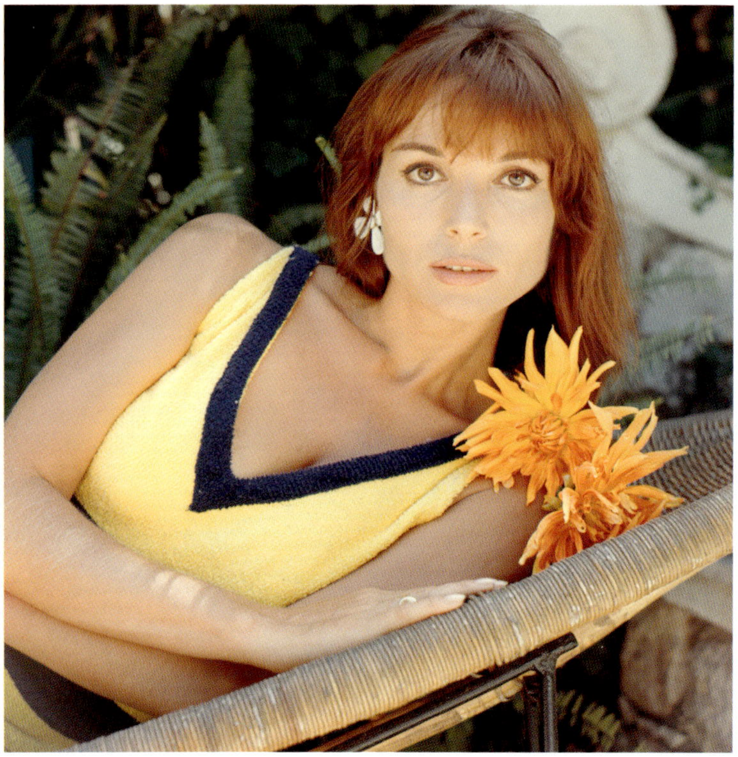
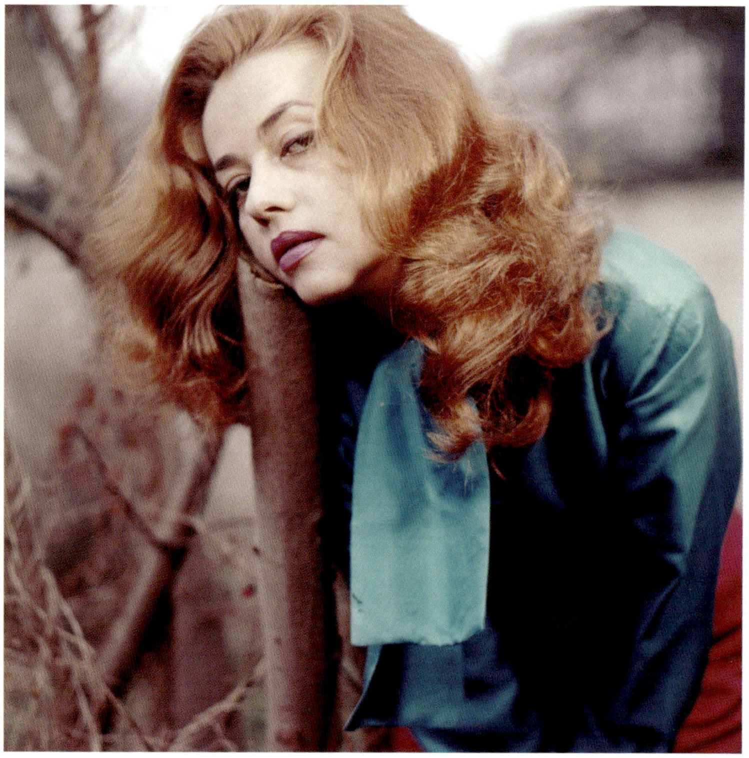

Lea Massari
Elsa Martinelli

Silvana Mangano
Jeanne Moreau

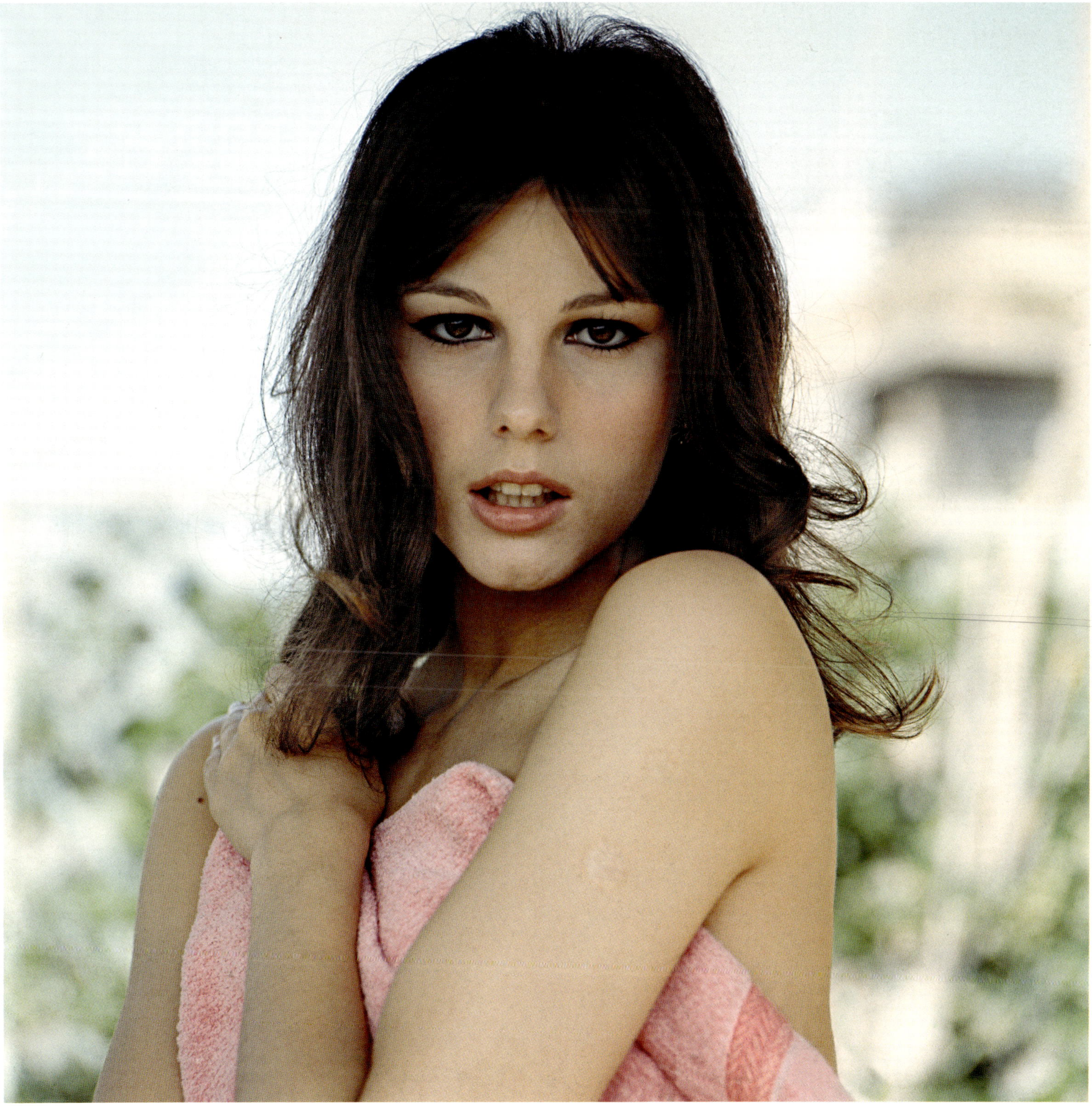

Stefania Sandrelli

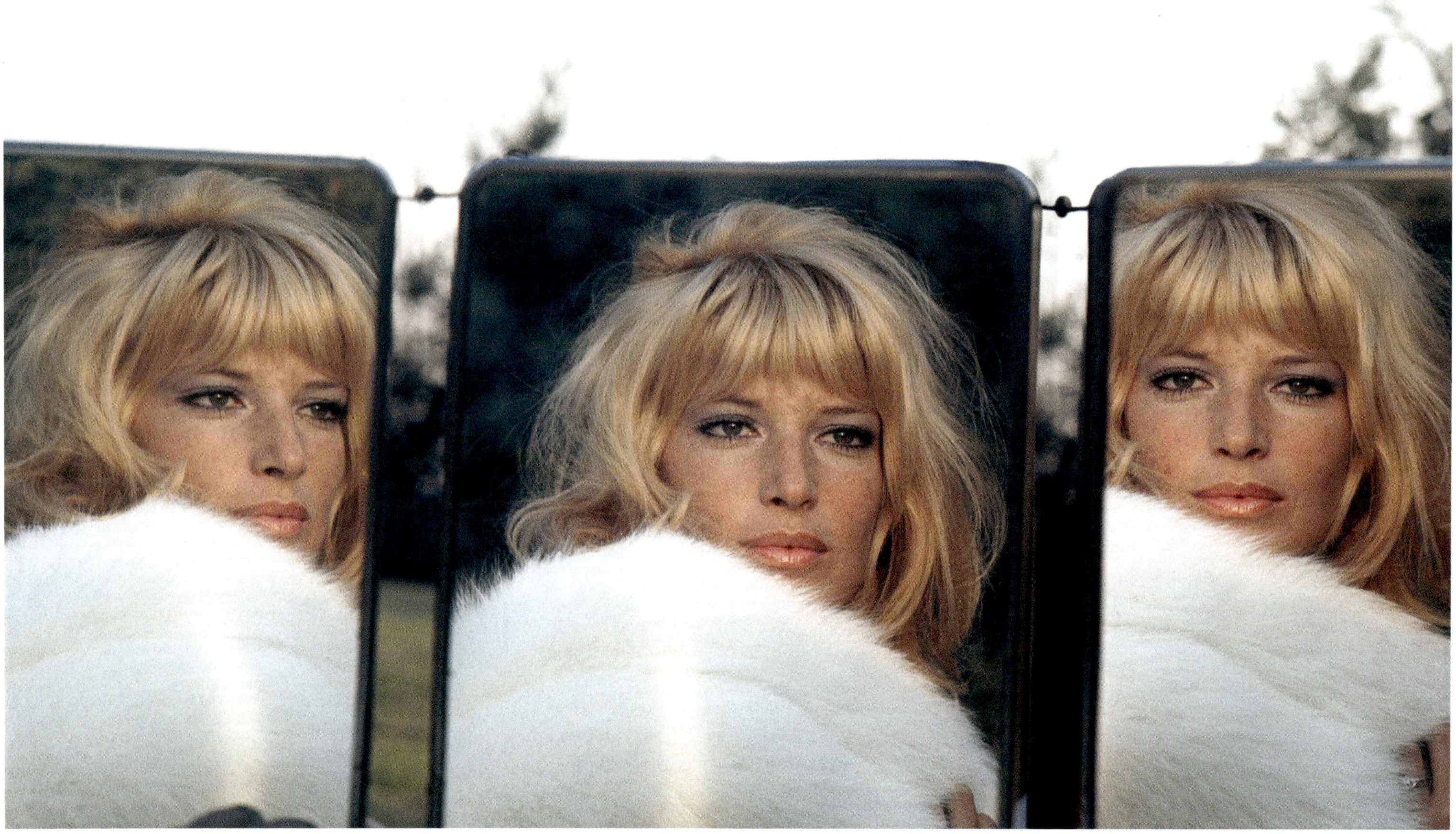

Monica Vitti

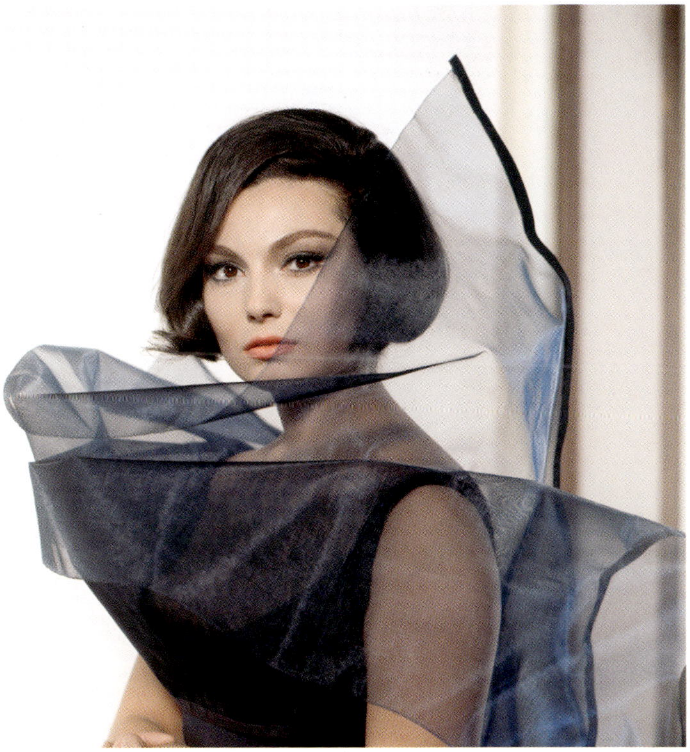

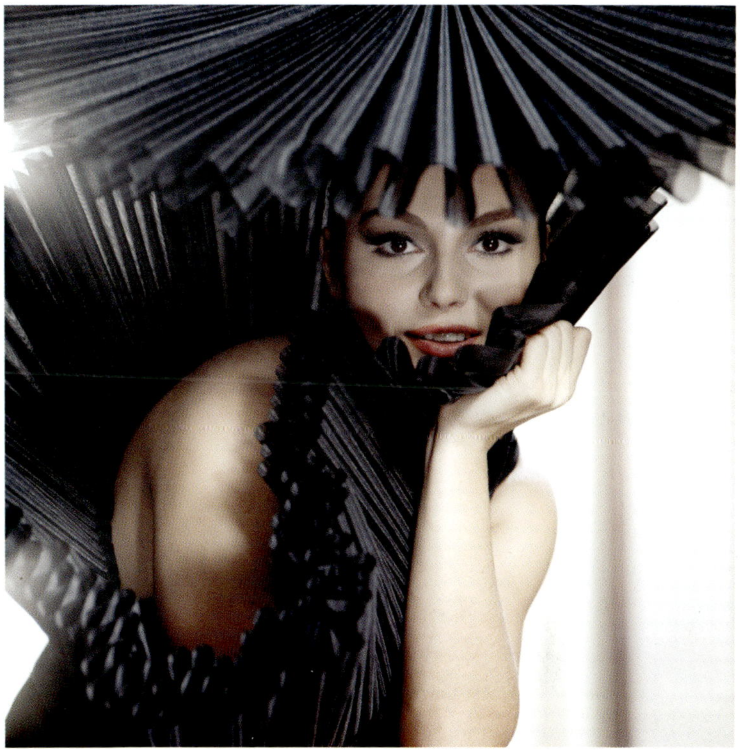

Rosanna Schiaffino

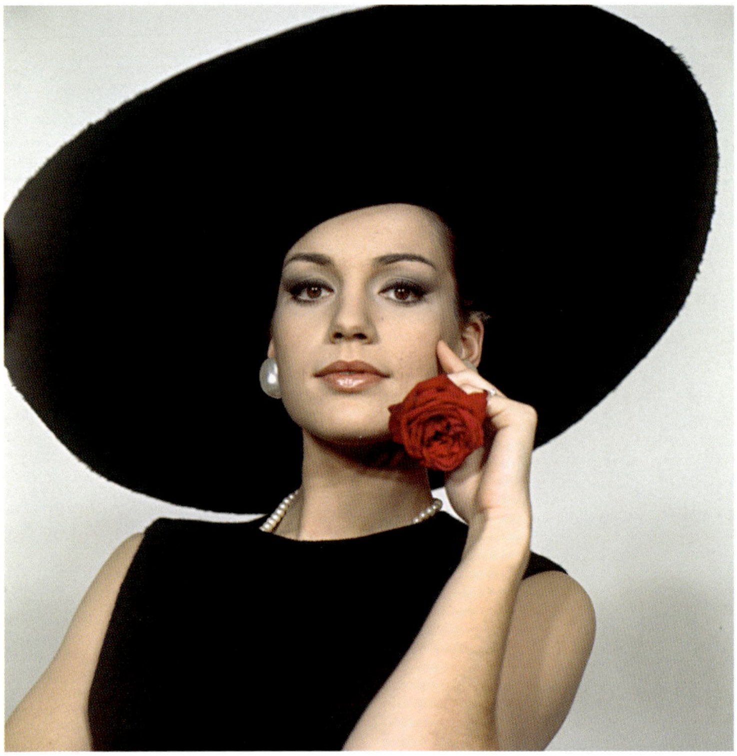

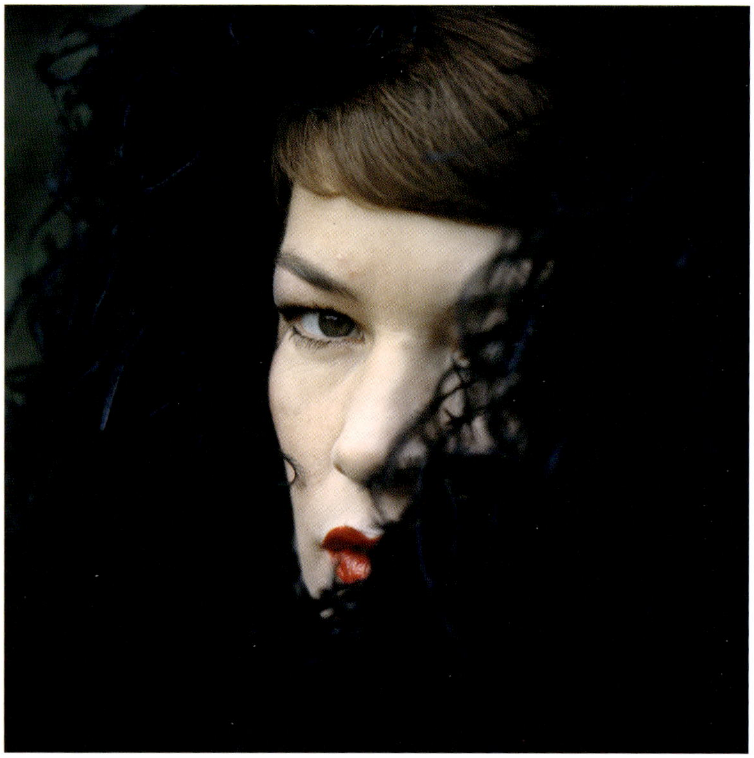

Catherine Spaak

Glenda Jackson

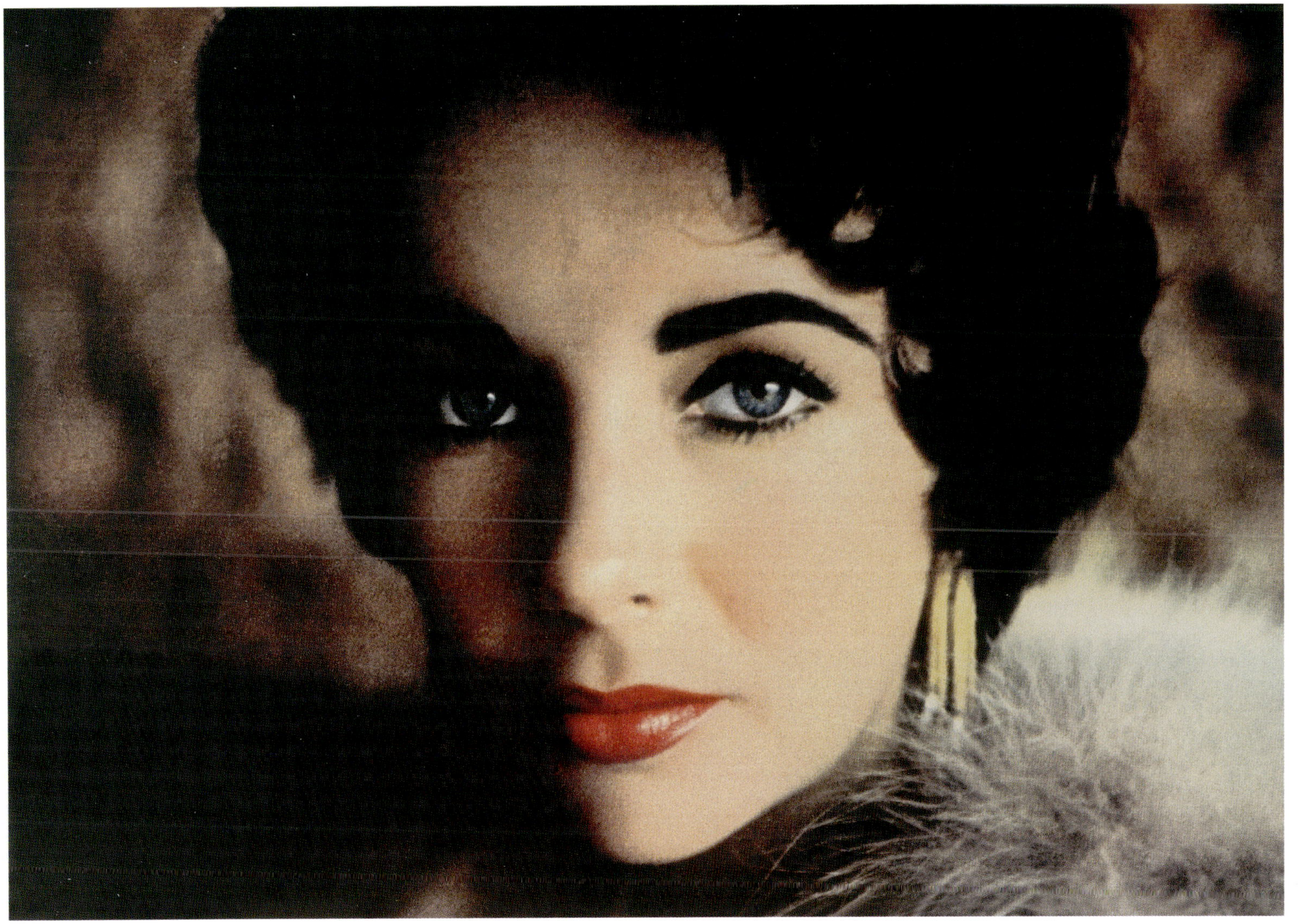

Elizabeth Taylor

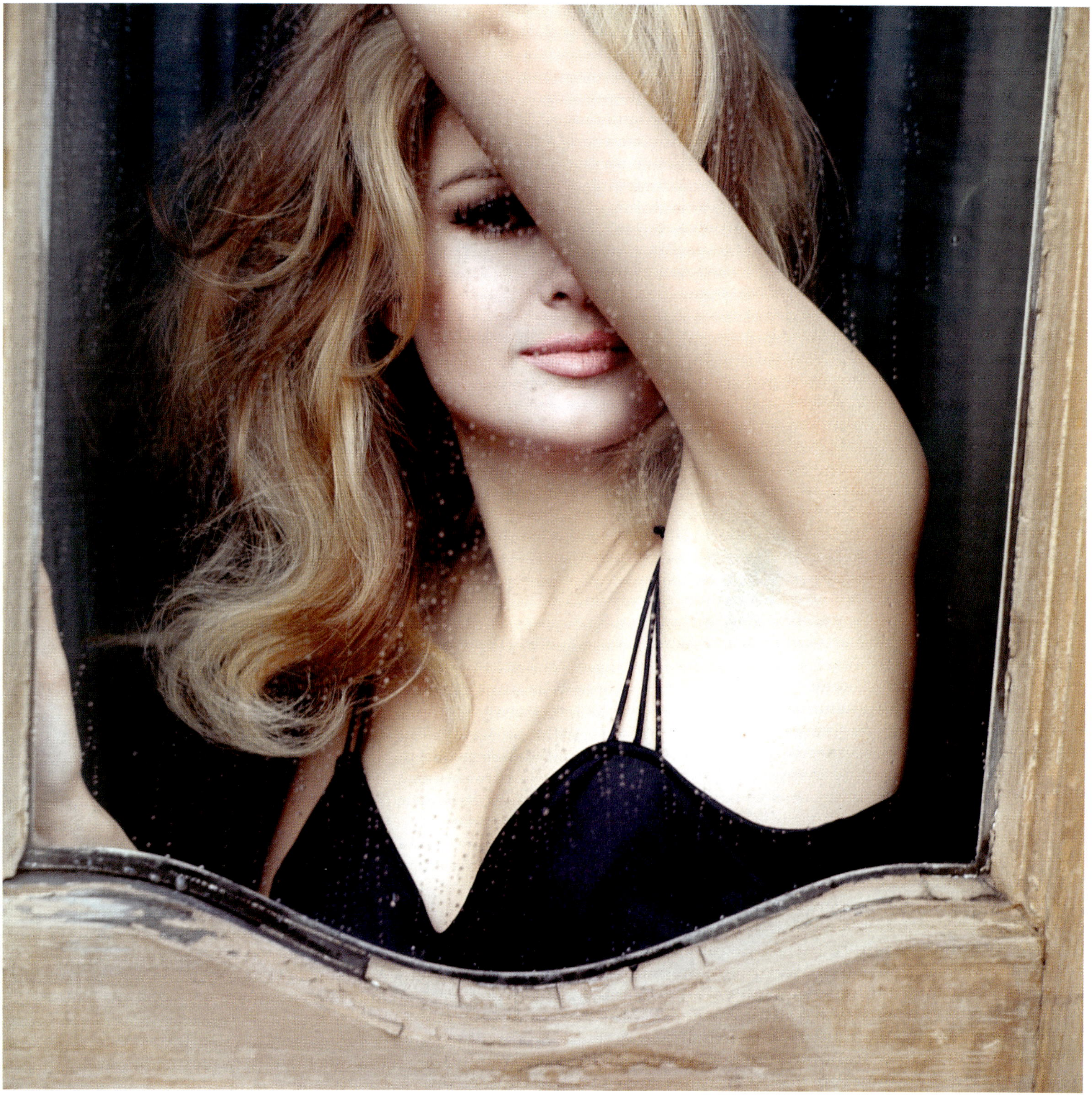

Pamela Tiffin

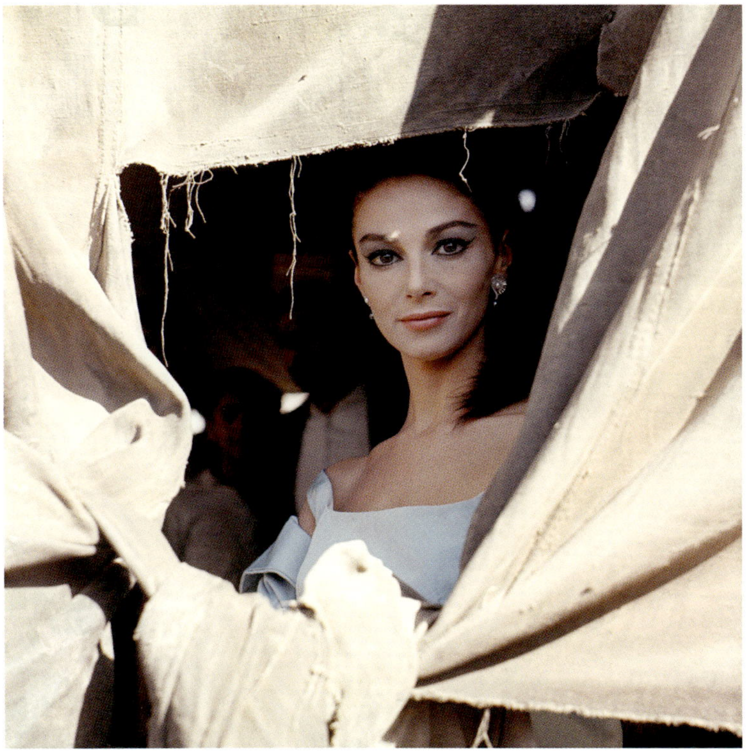

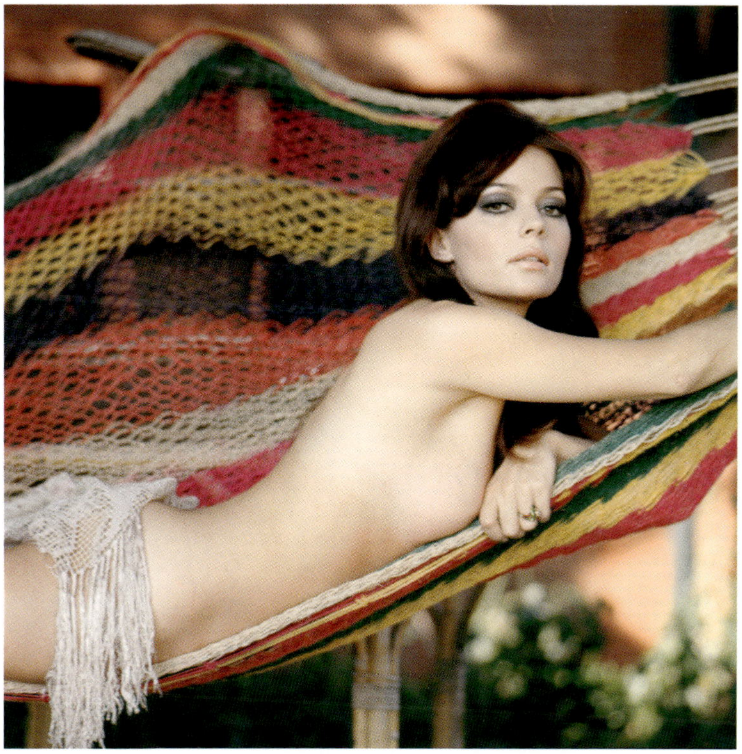

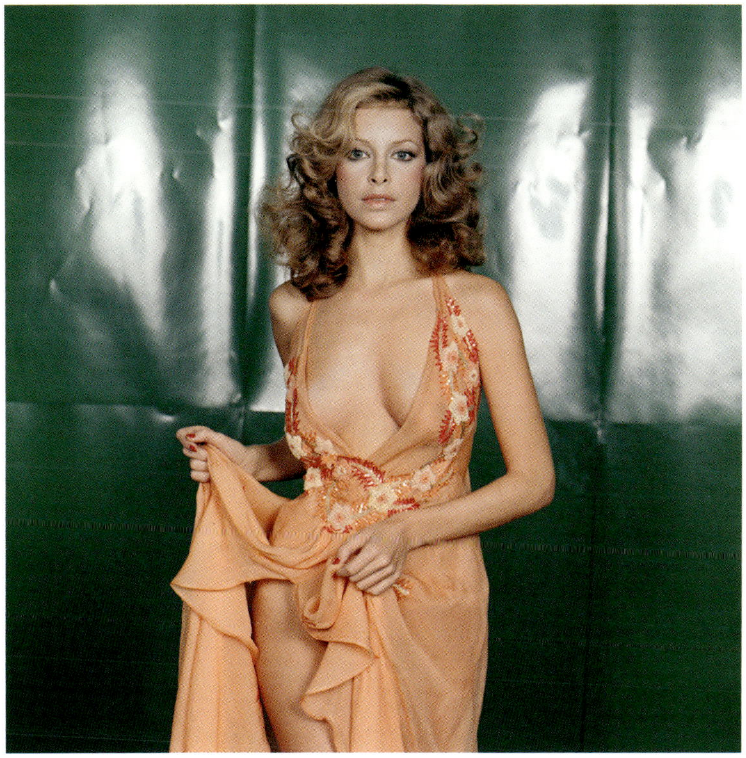

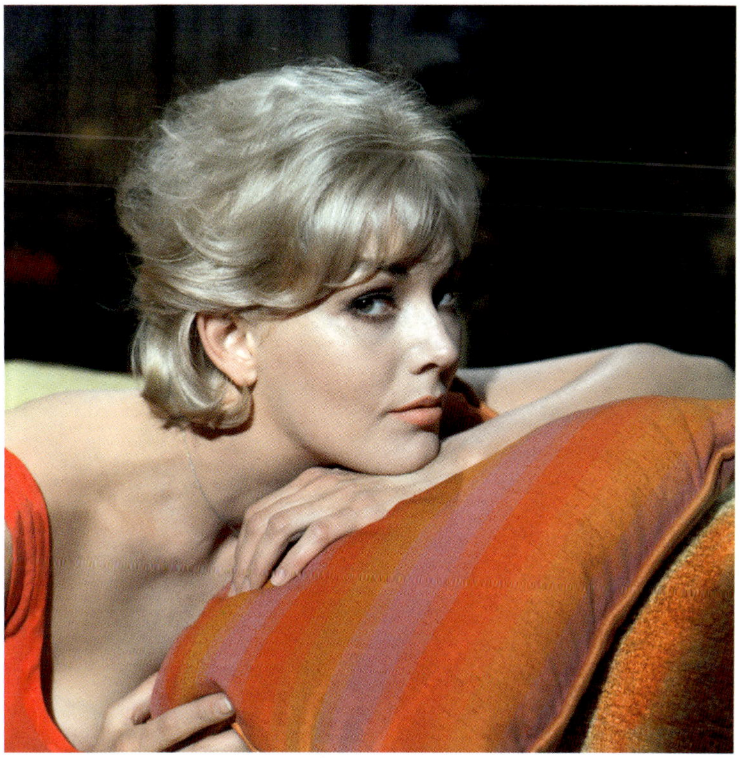

Anna Maria Pierangeli
Sydne Rome

Pascale Petit
Kim Novak

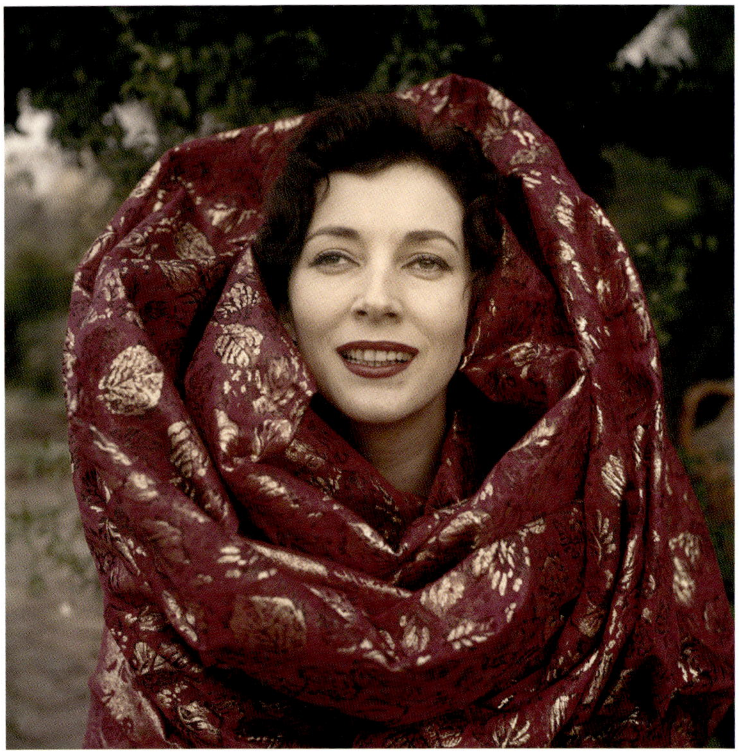
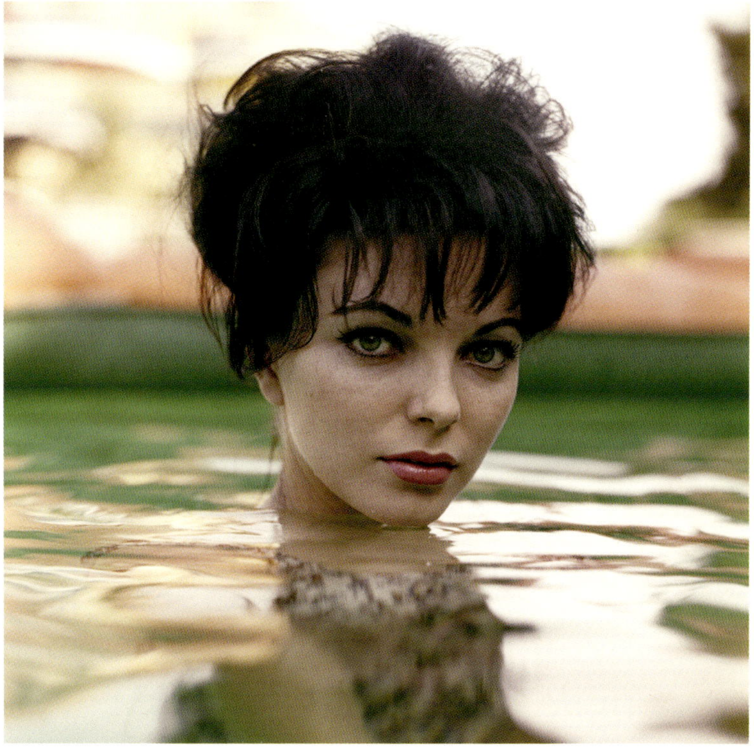
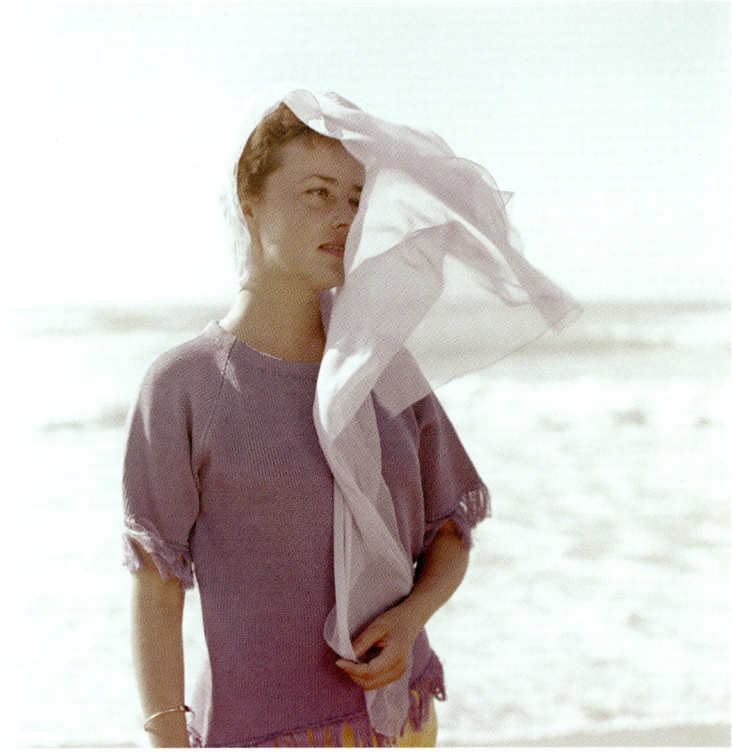
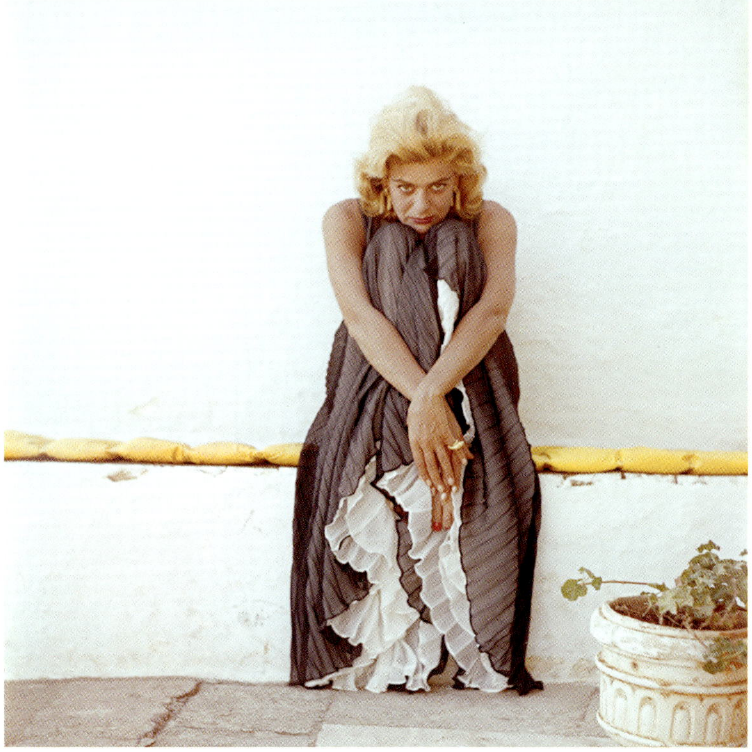

Valentina Cortese
Jeanne Moreau

Joan Collins
Melina Mercouri

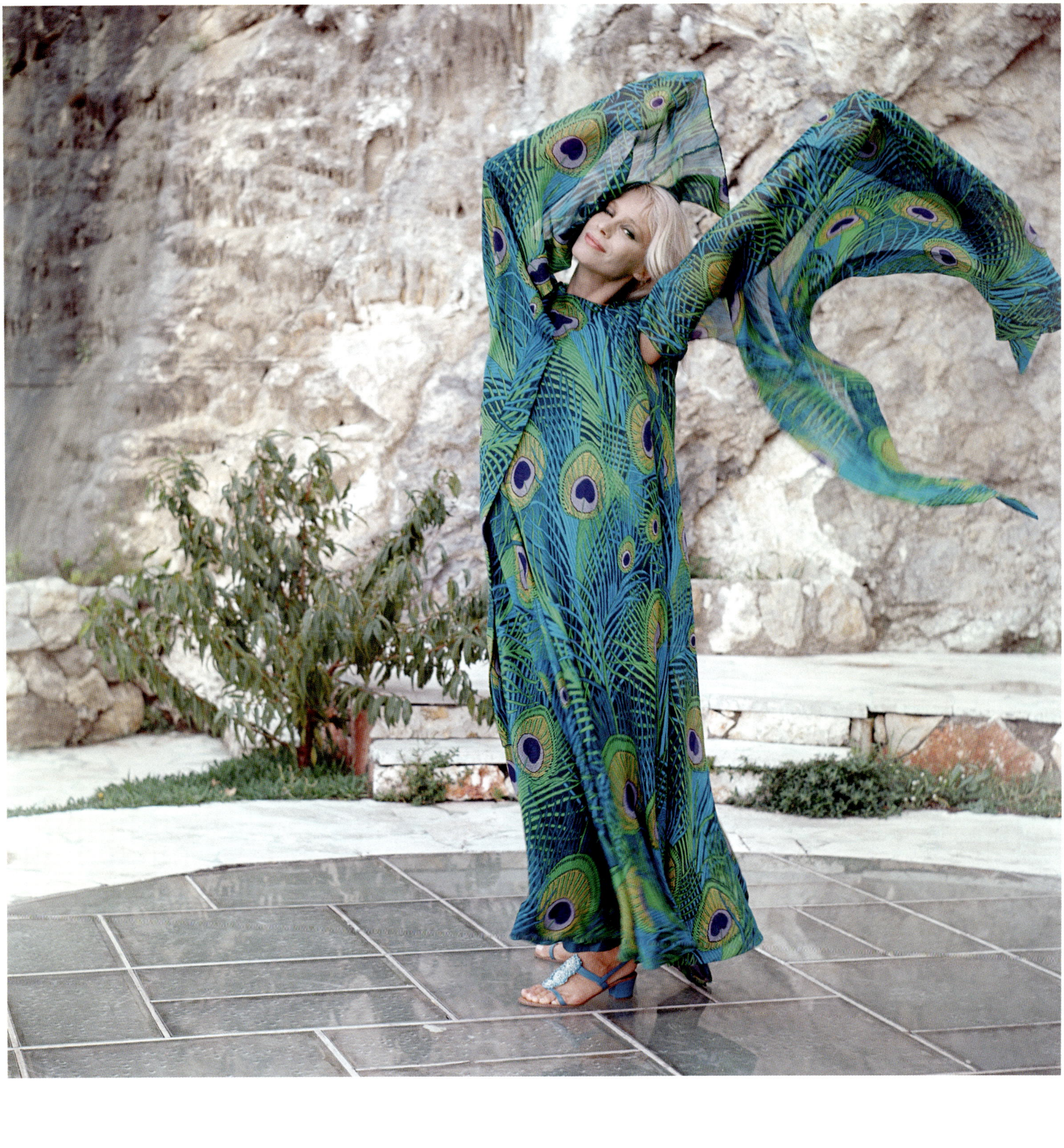

Ingrid Thulin

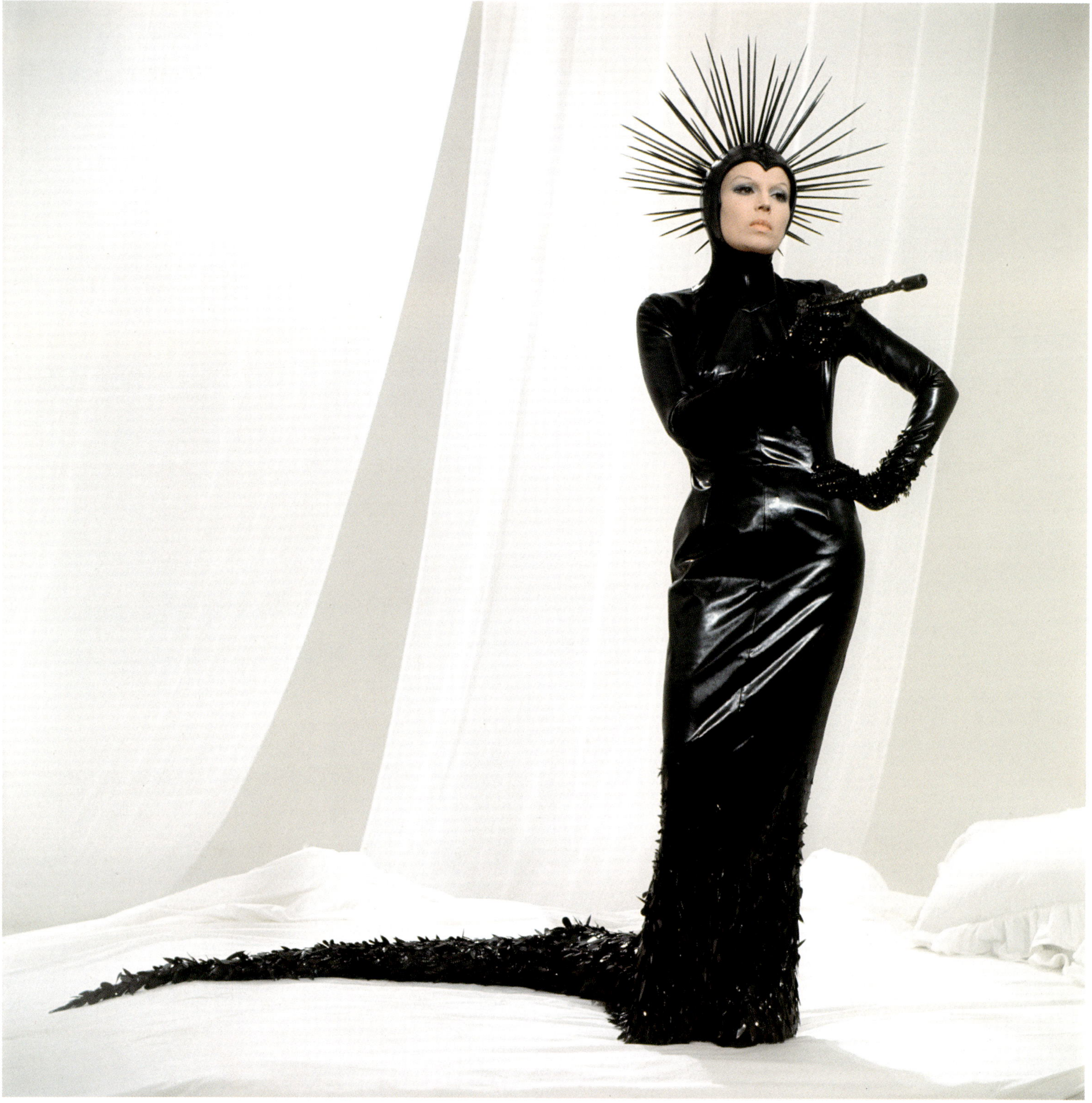

Silvana Mangano

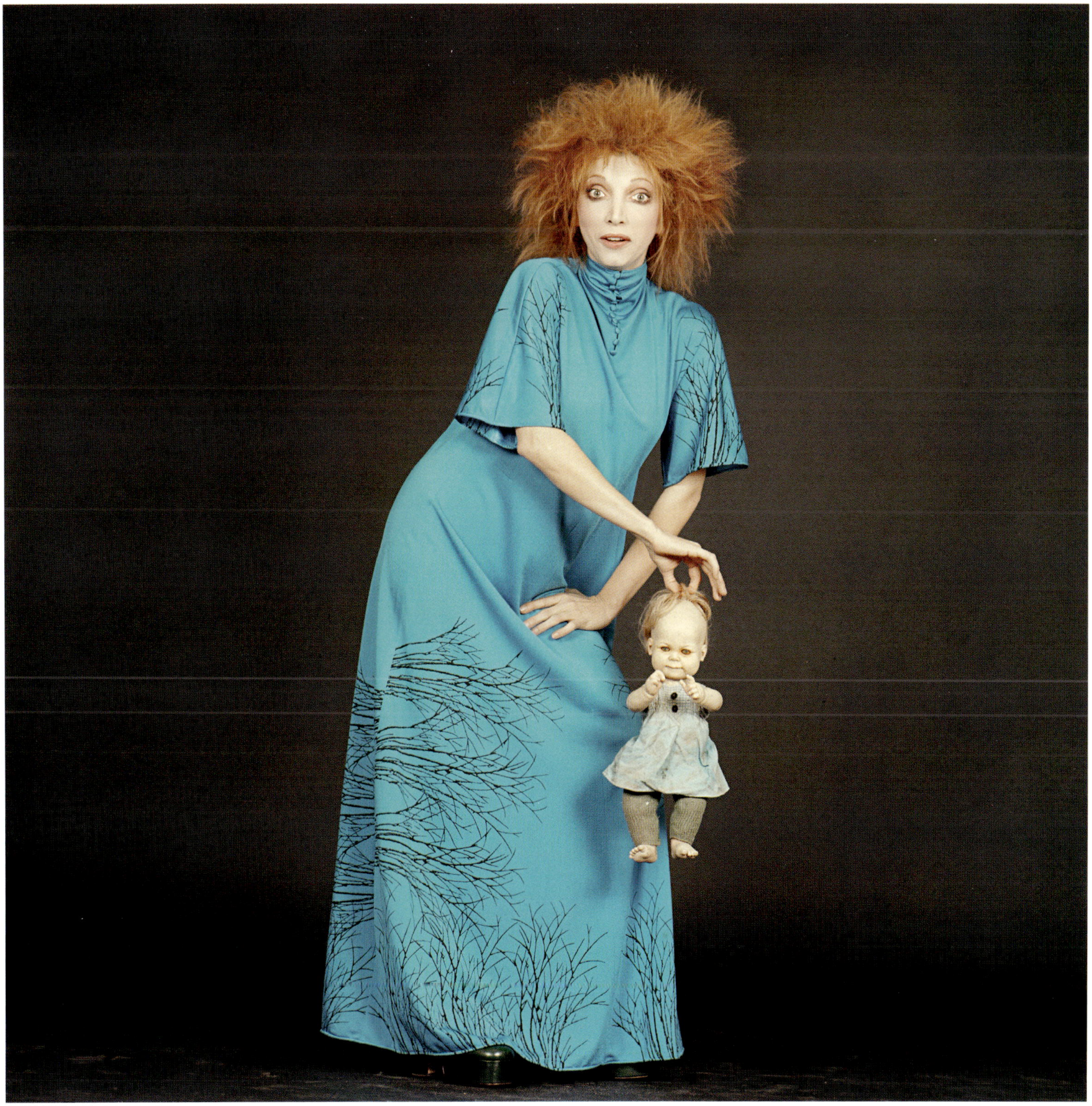

Mariangela Melato

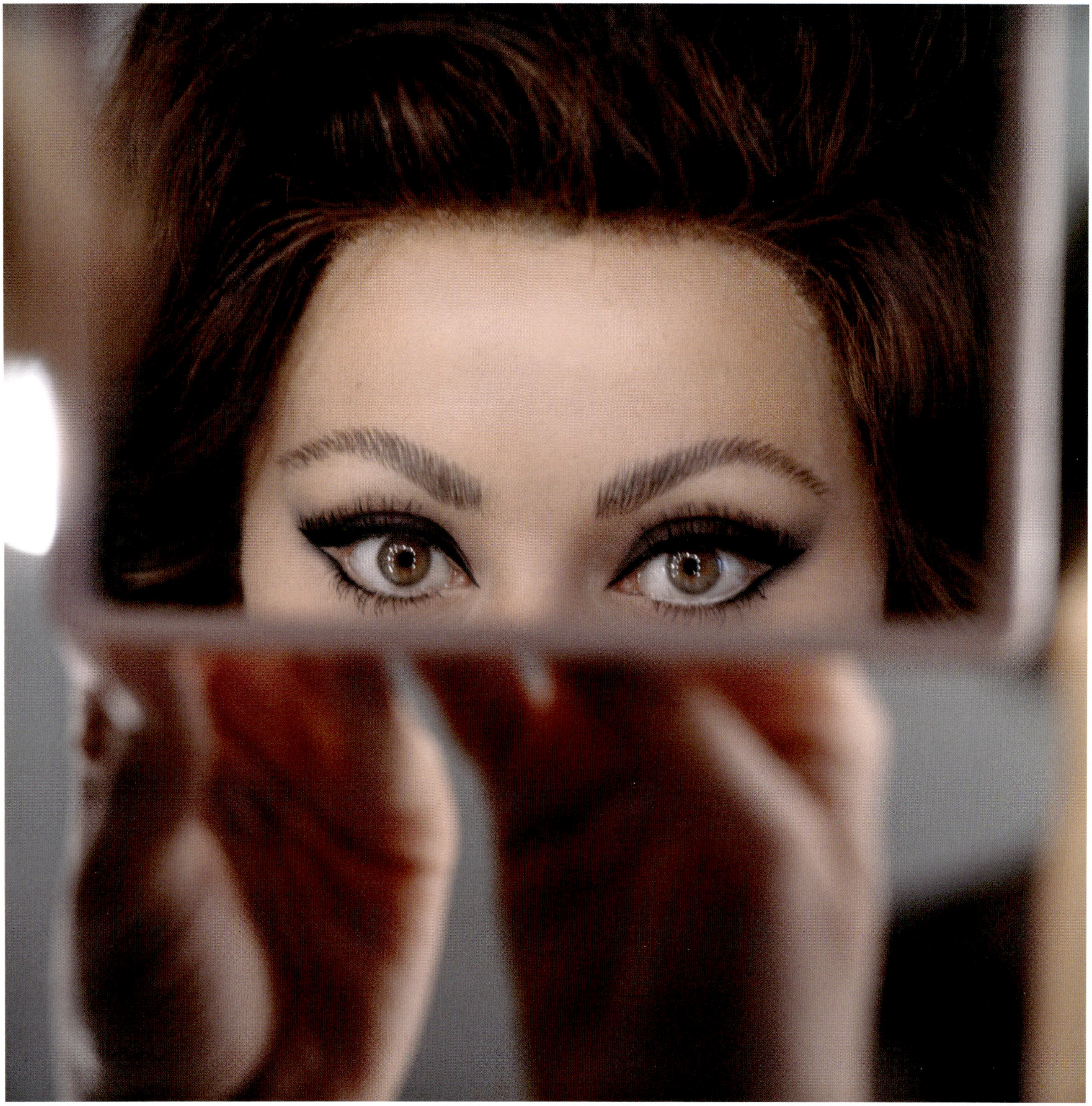

Sophia Loren

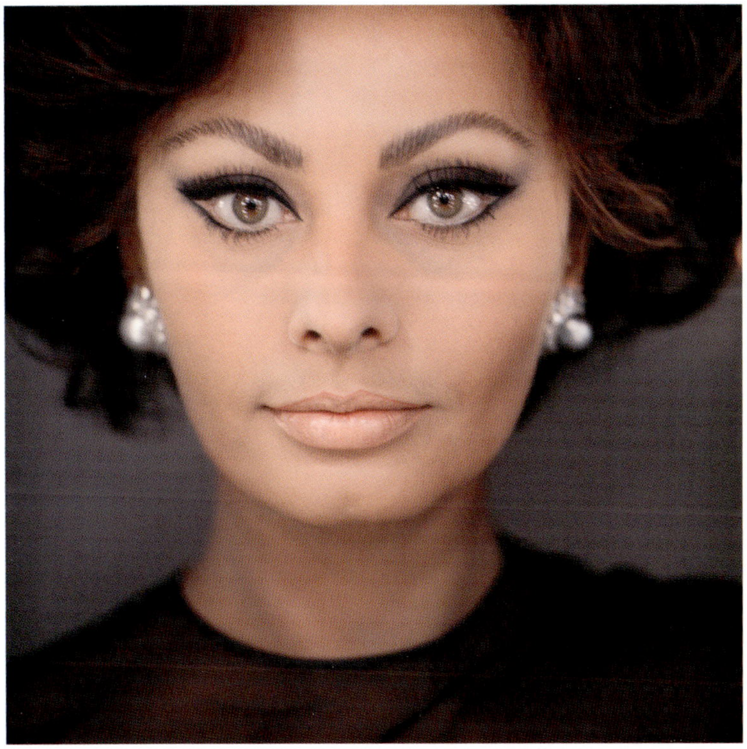

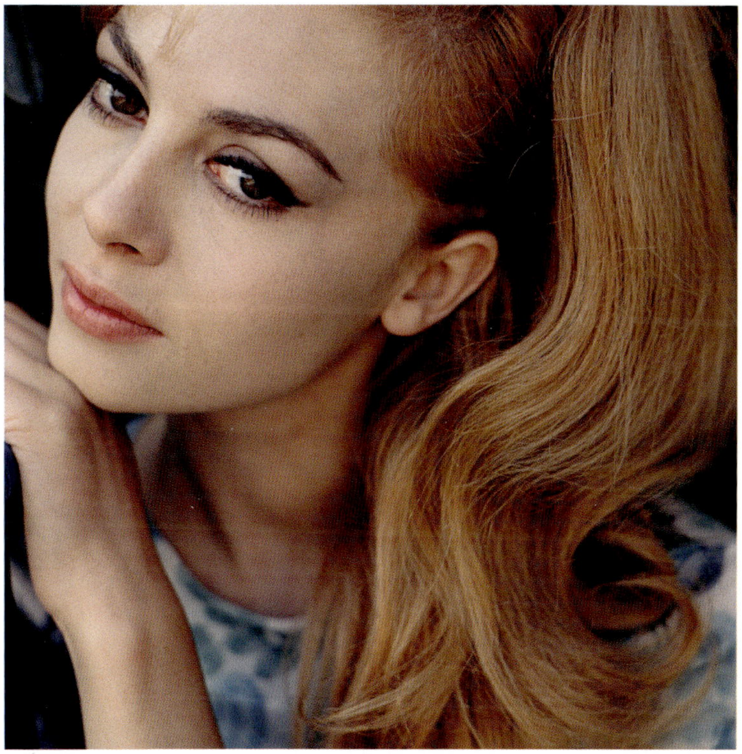

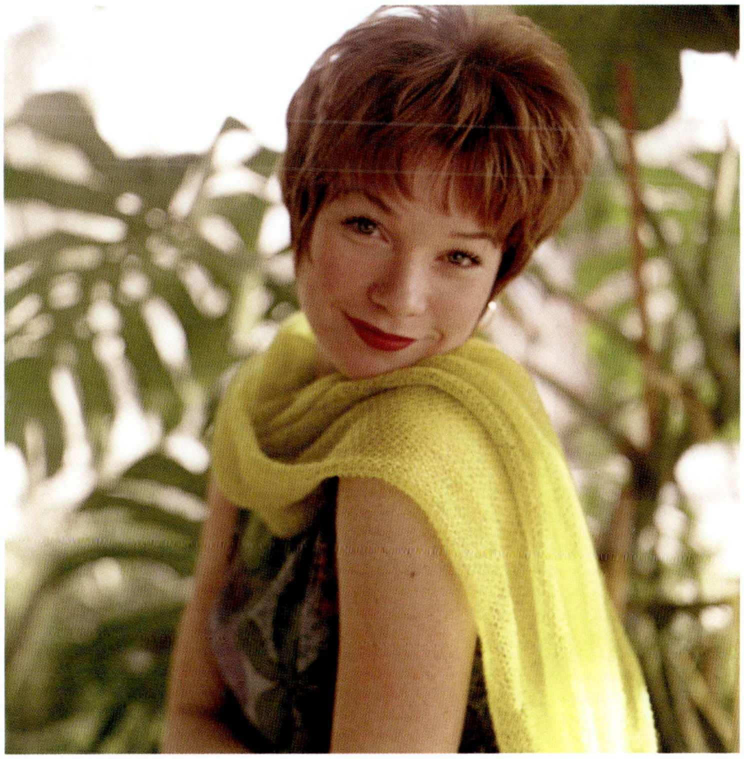

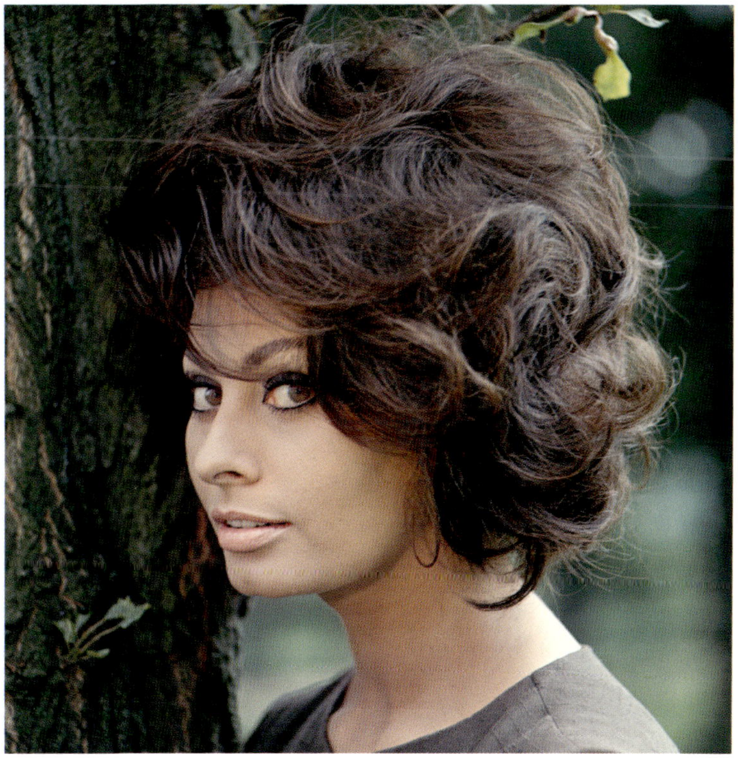

Sophia Loren
Shirley MacLaine

Michèle Mercier
Sophia Loren

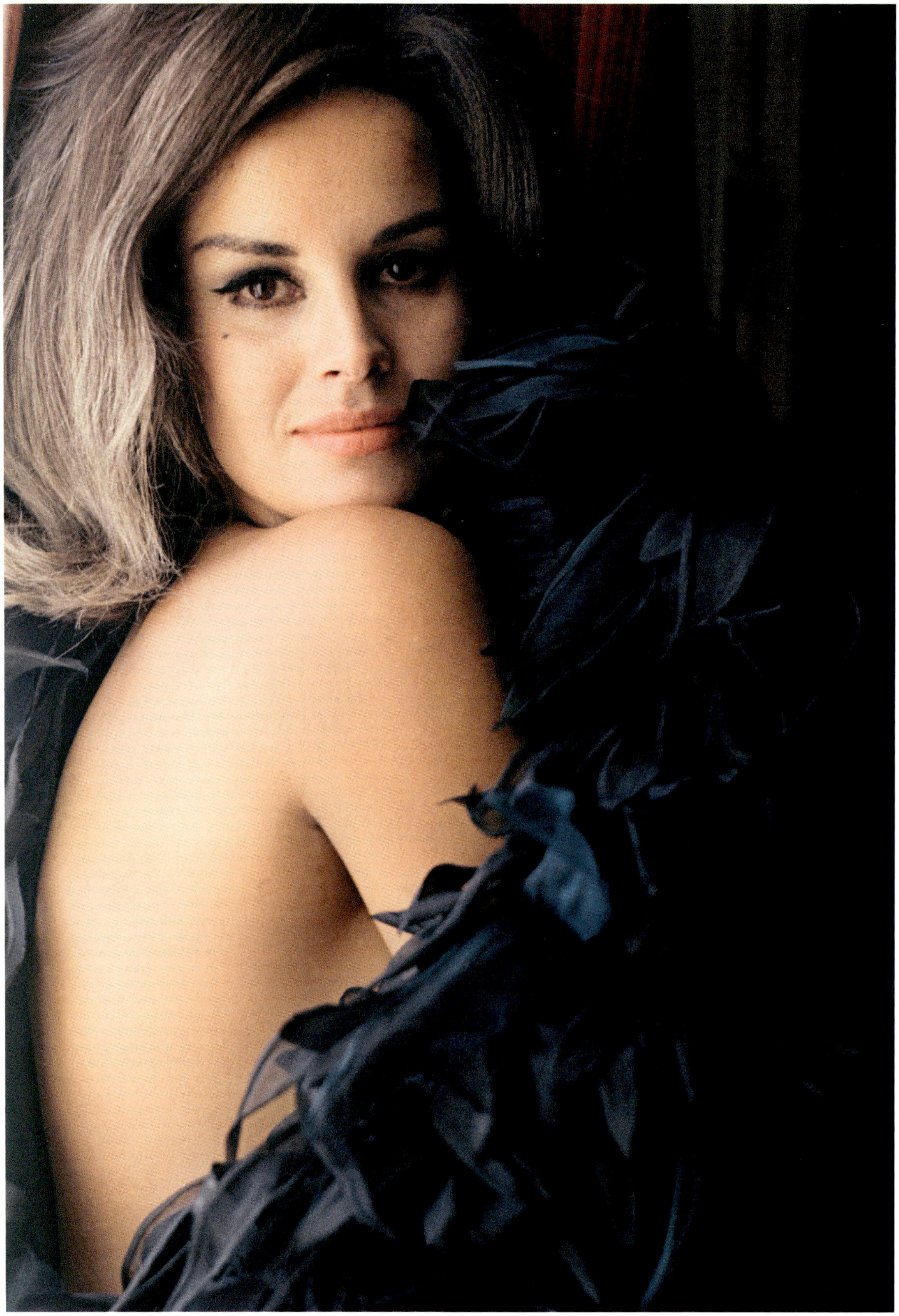

Antonella Lualdi

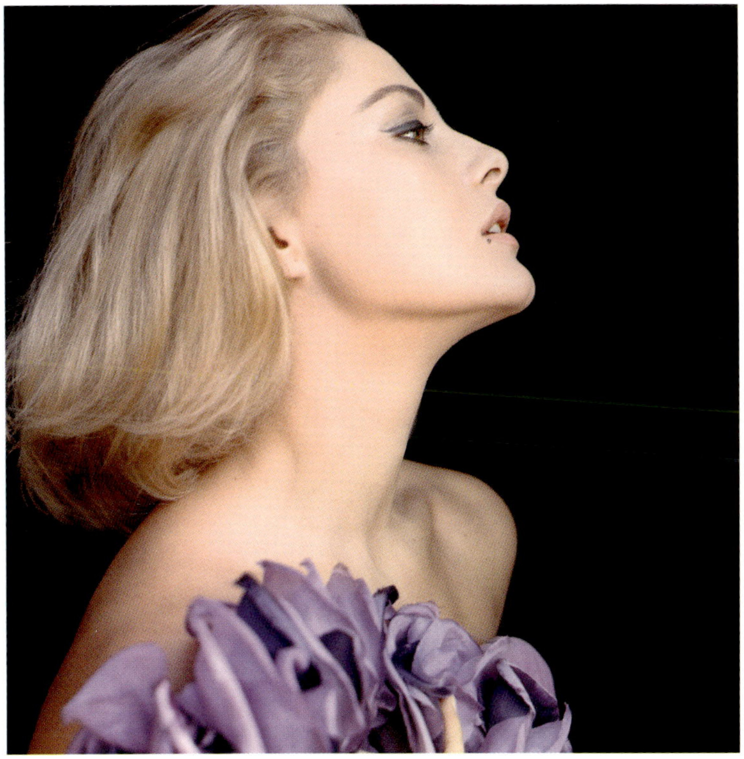

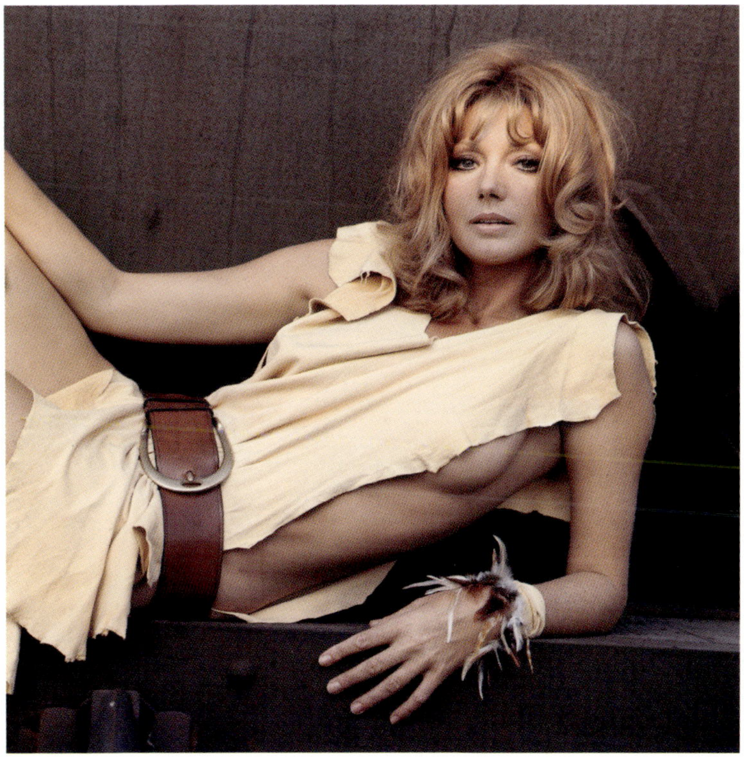

Virna Lisi

Sylva Koscina

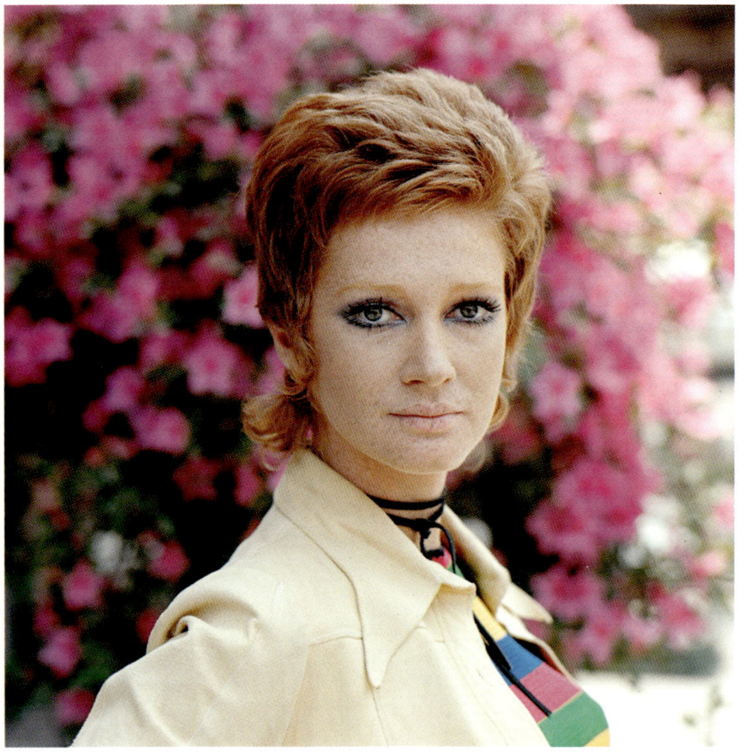
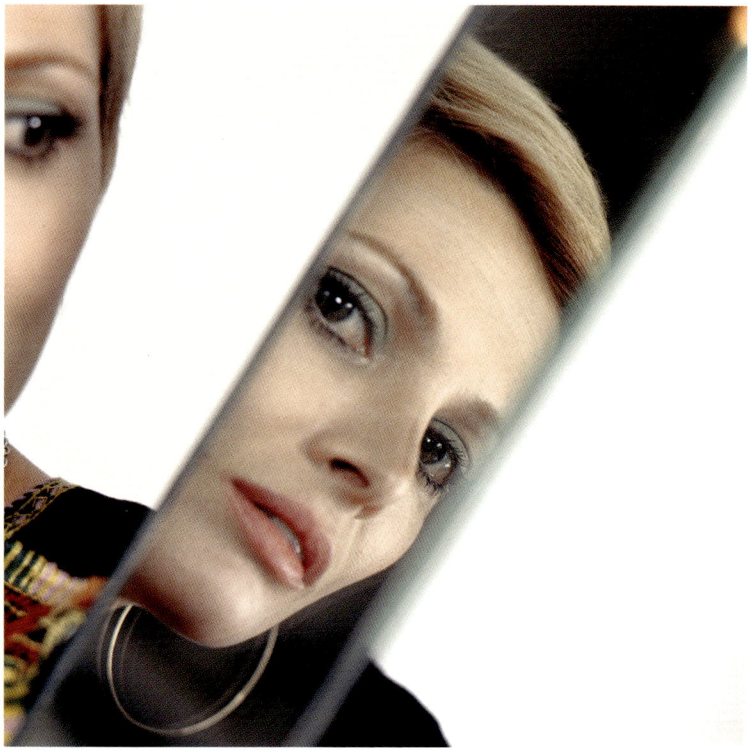
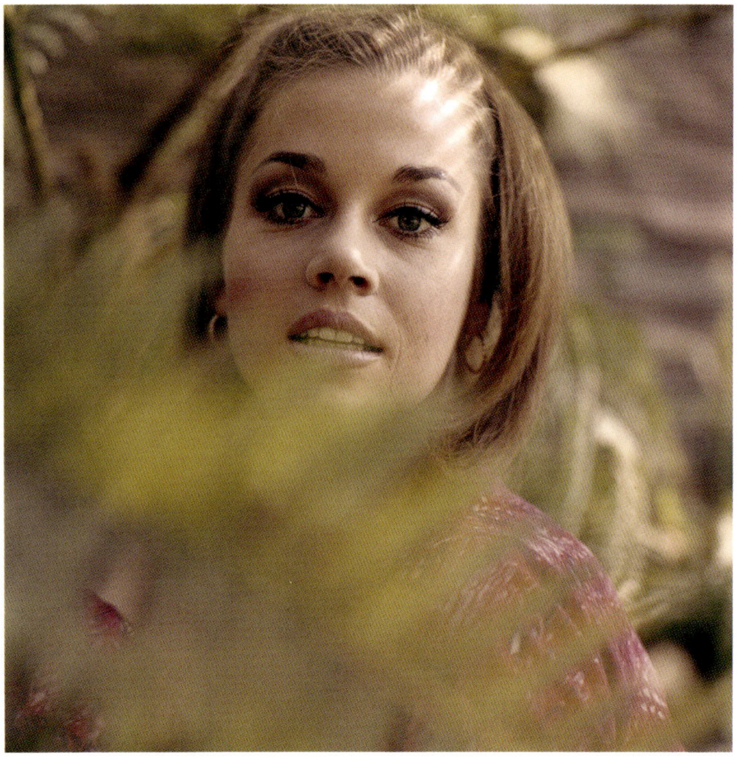
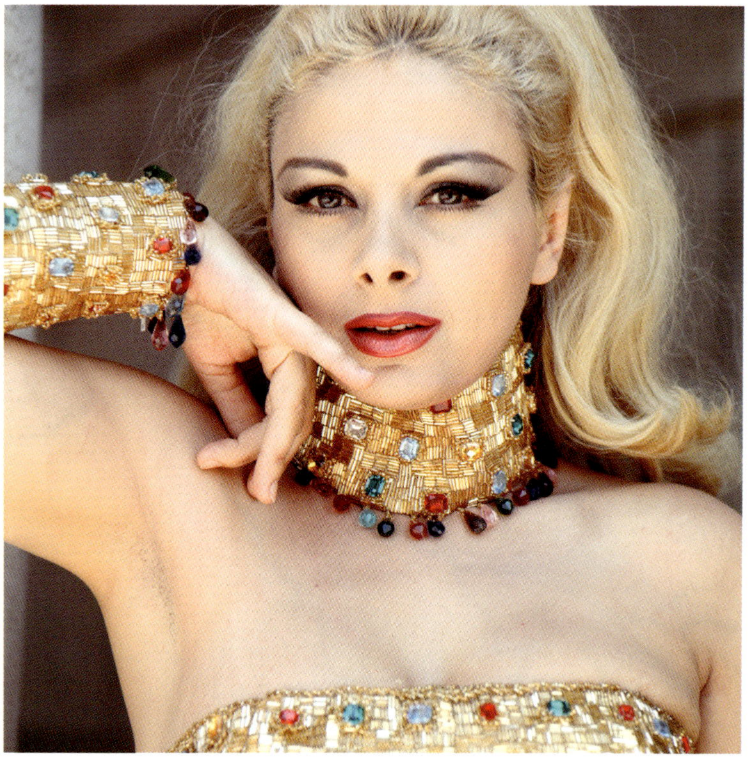

Carla Gravina
Jane Fonda

Scilla Gabel
Sandra Milo

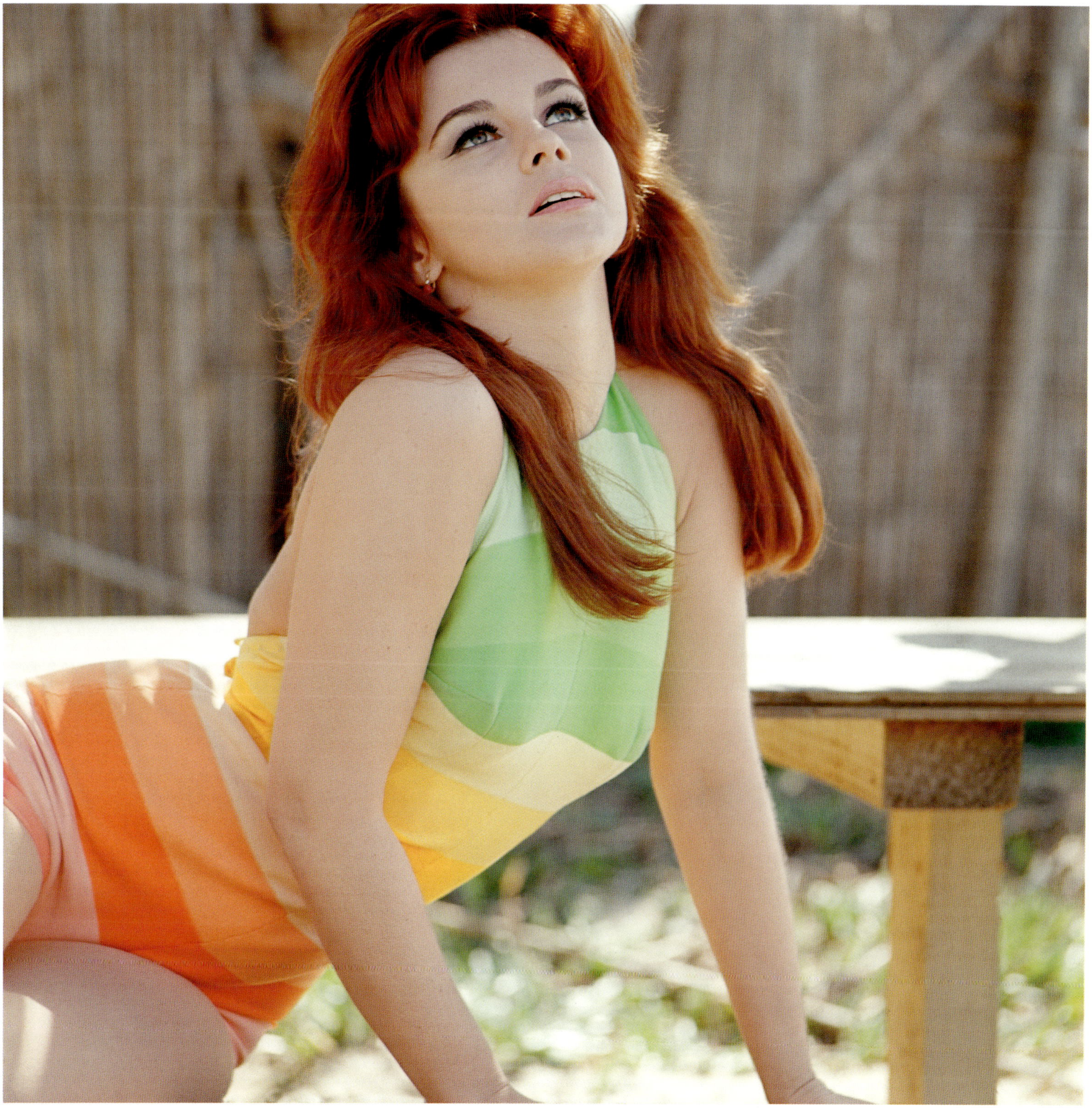

Ann Margret

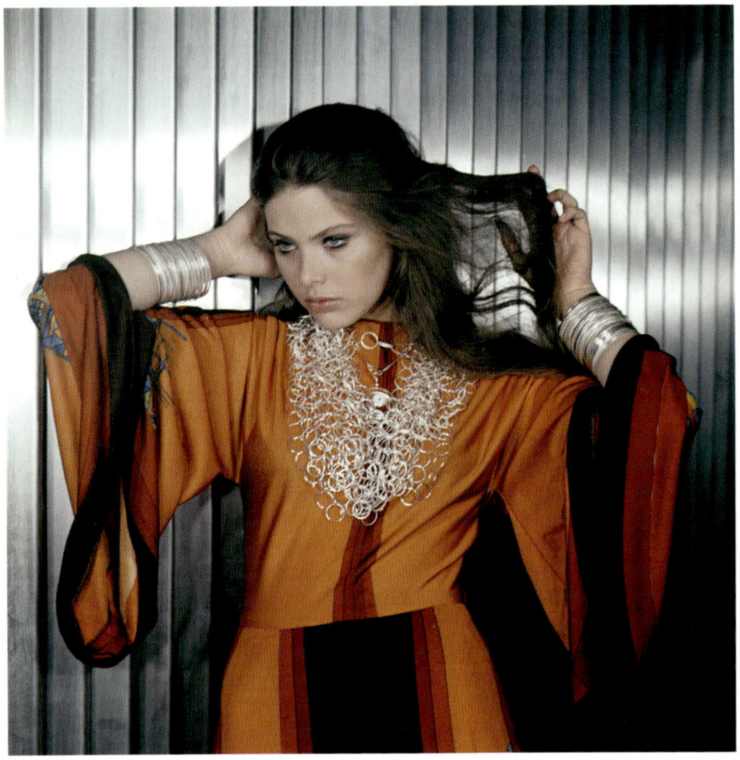

Ornella Muti

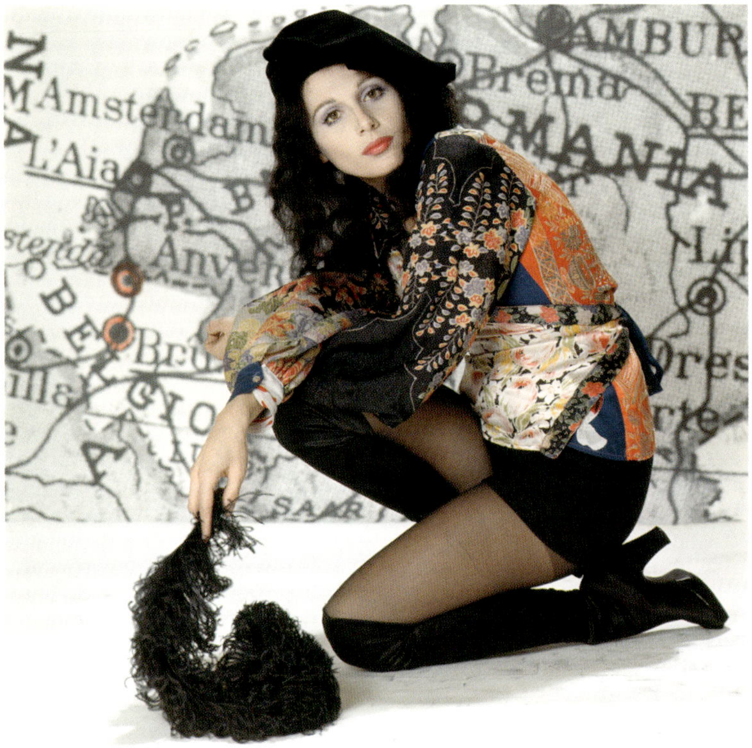

Paola Pitagora

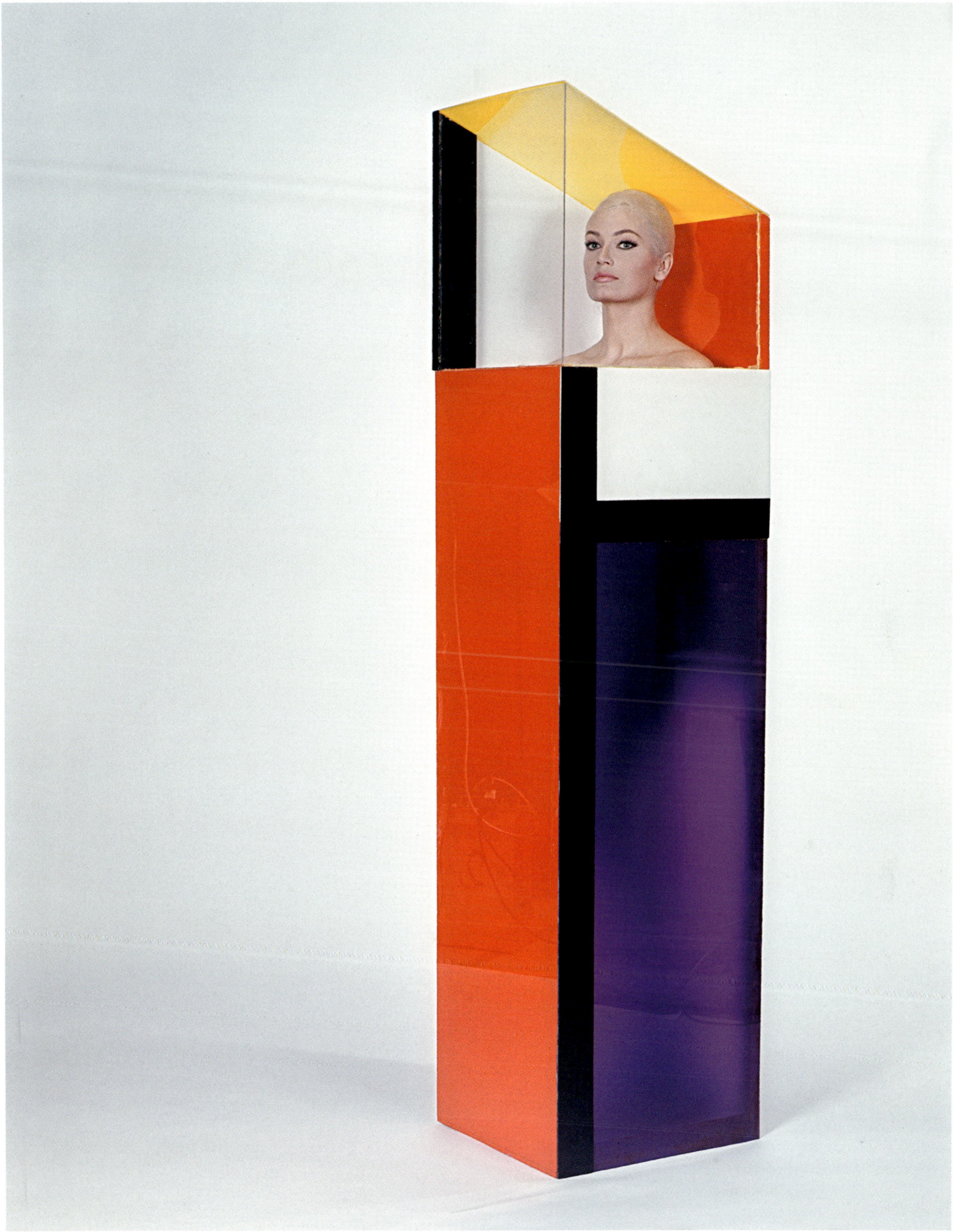

Marisa Mell

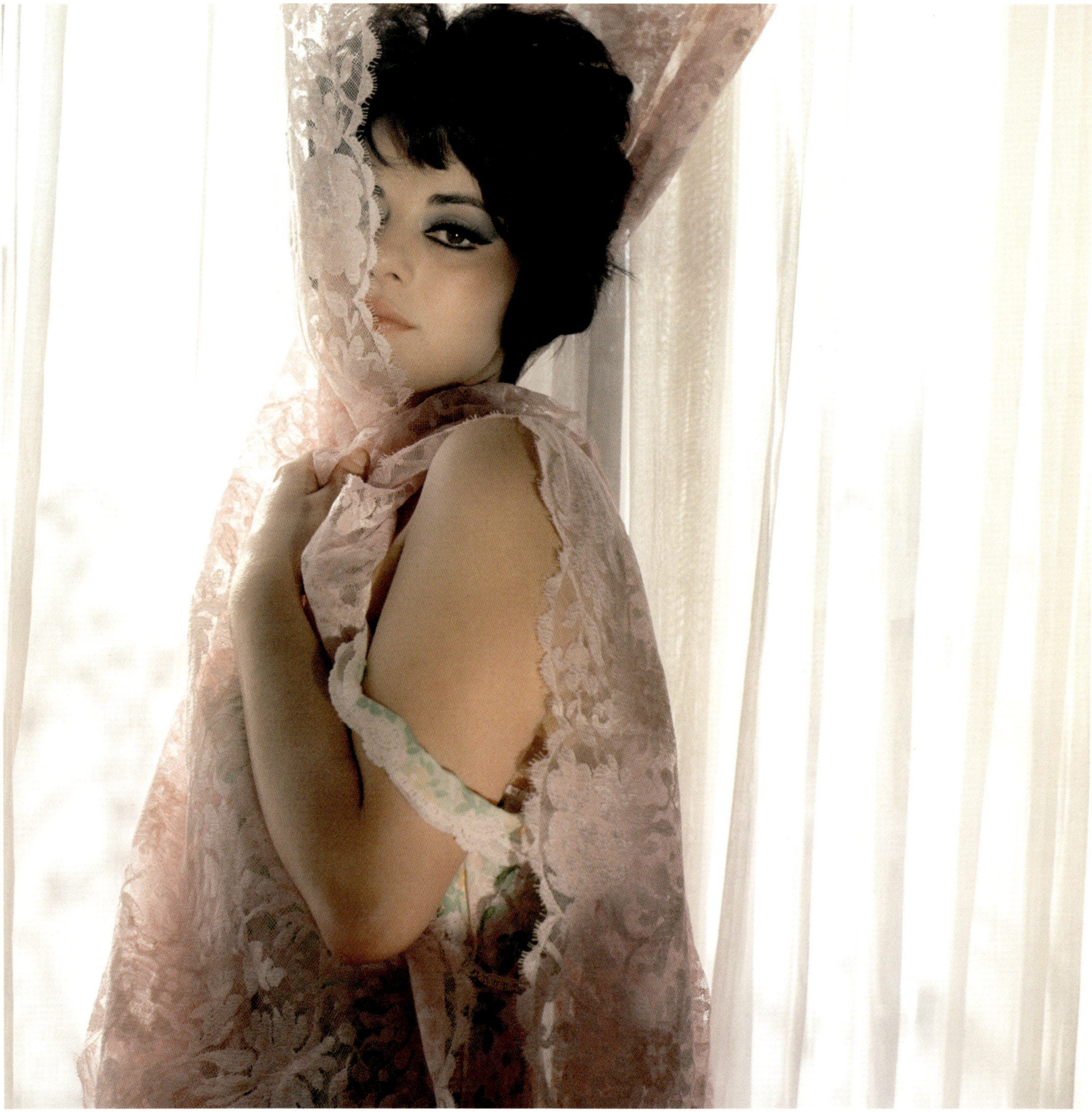

Giovanna Ralli

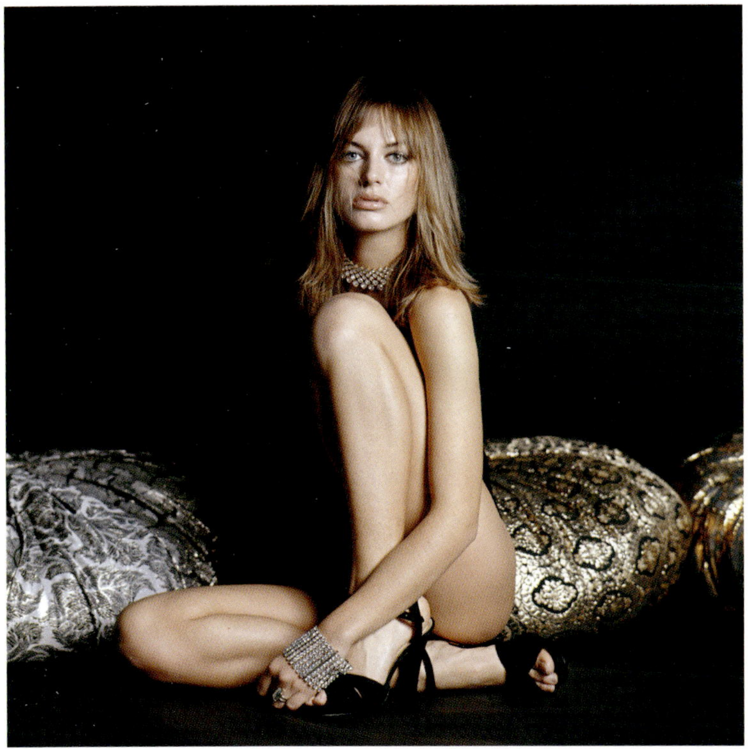

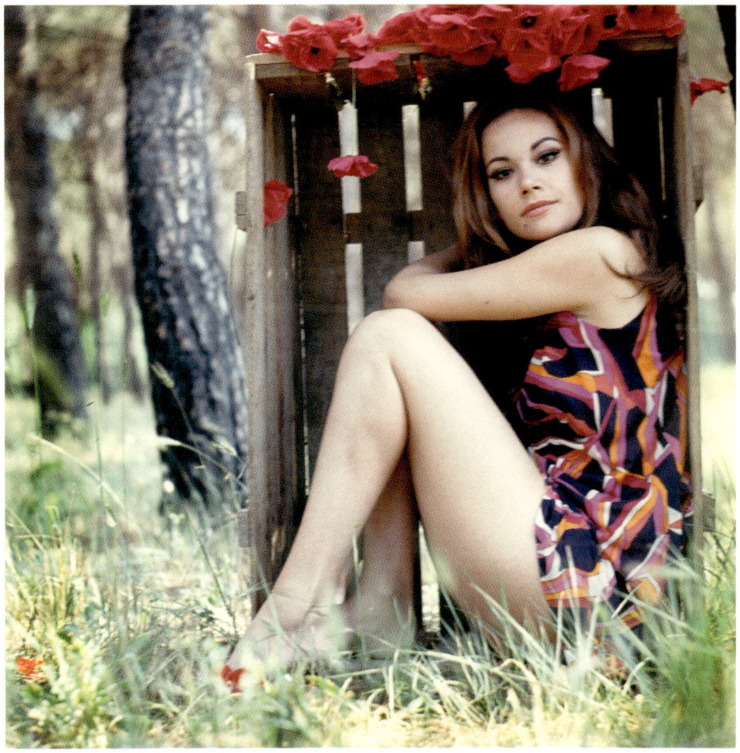

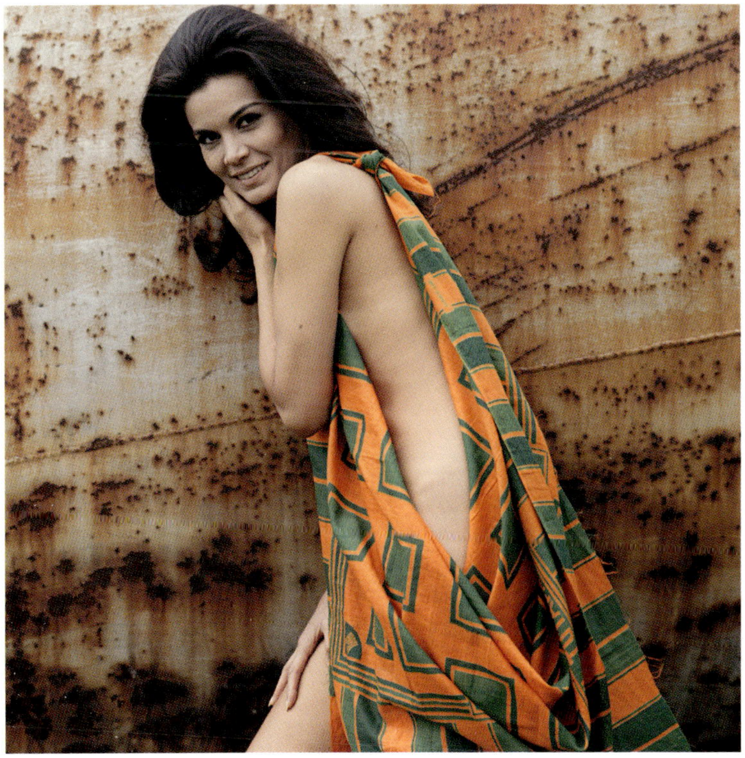

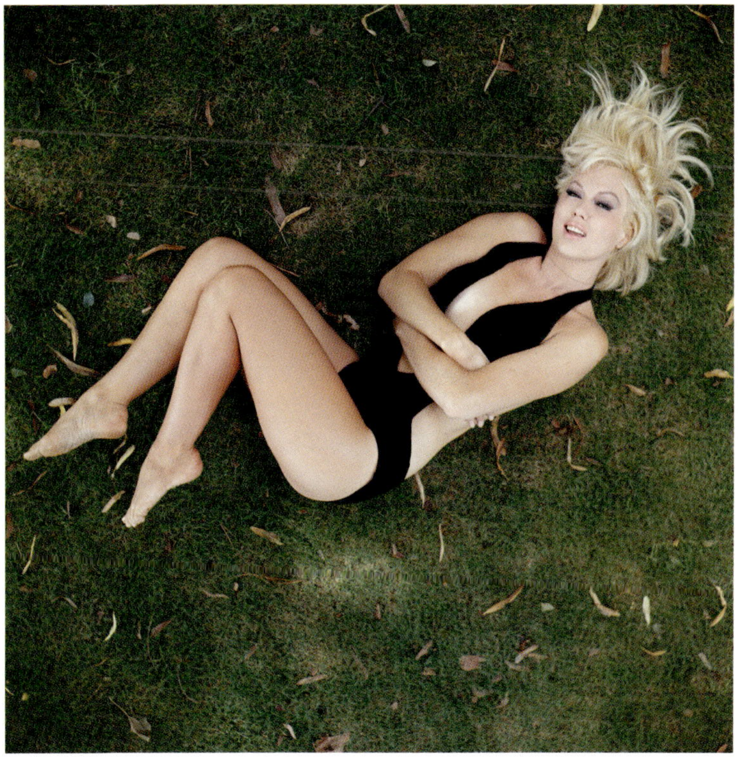

Dalila Di Lazzaro
Florinda Bolkan

Claudine Auger
Mylène Demongeot

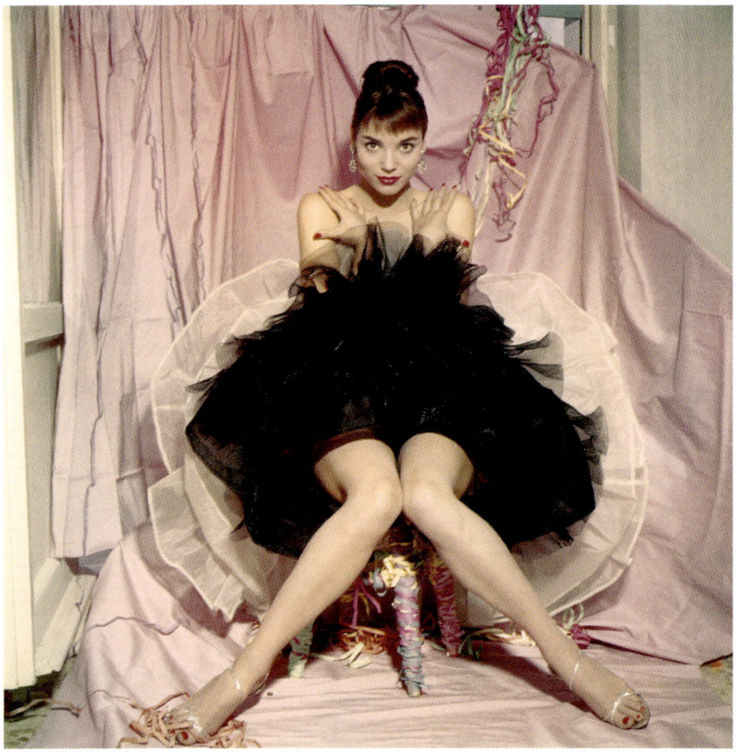

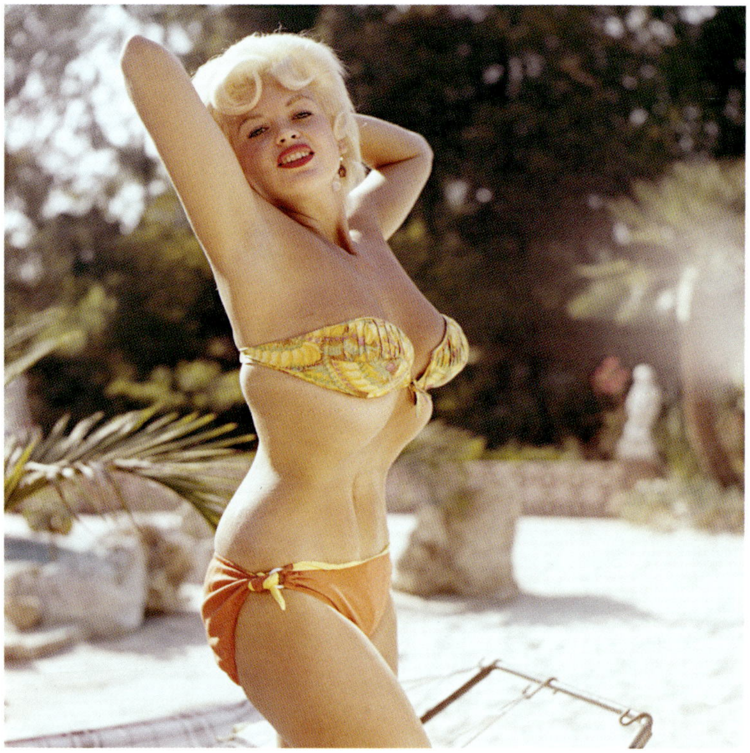

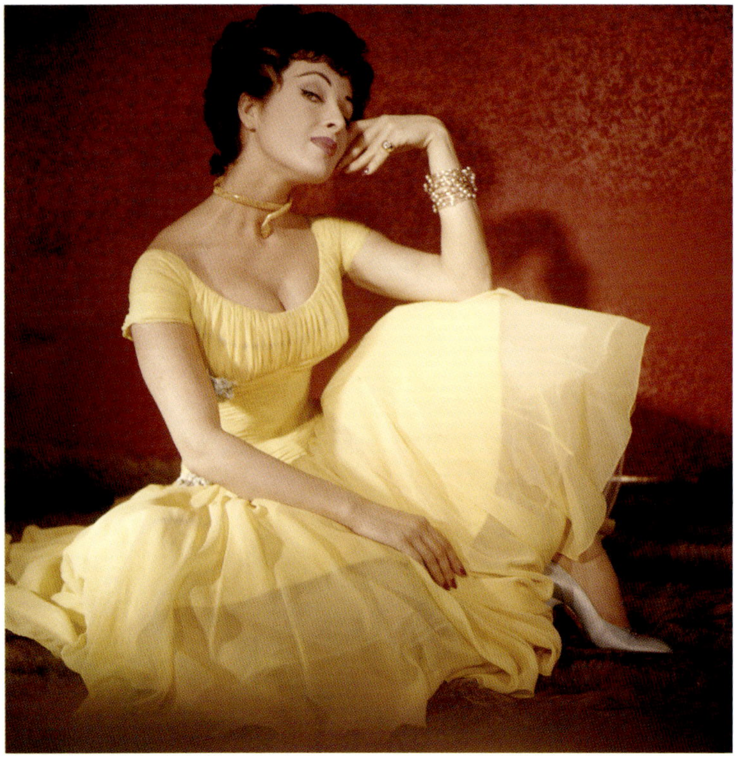

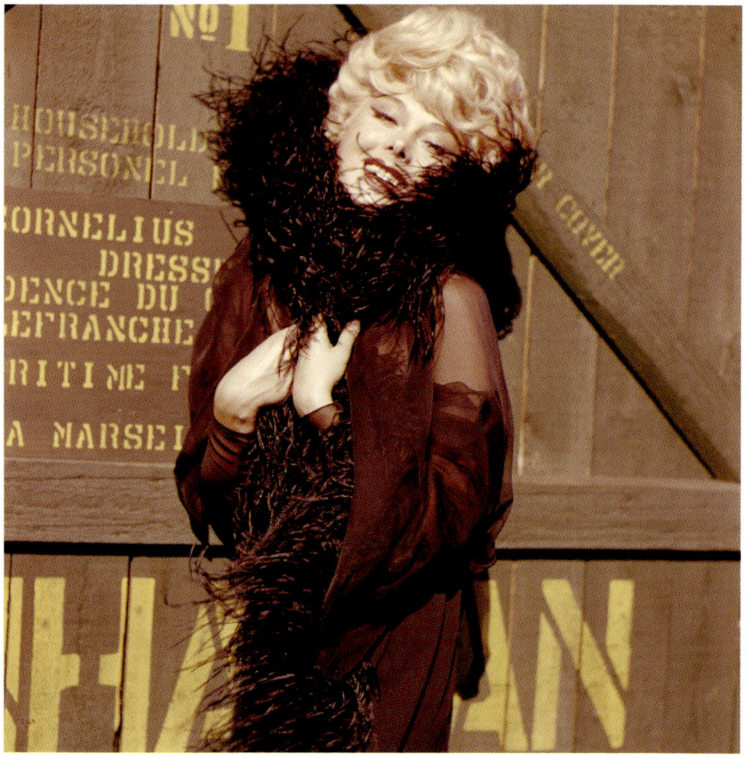

Elsa Martinelli
Silvana Pampanini

Jayne Mansfield
Dorian Gray

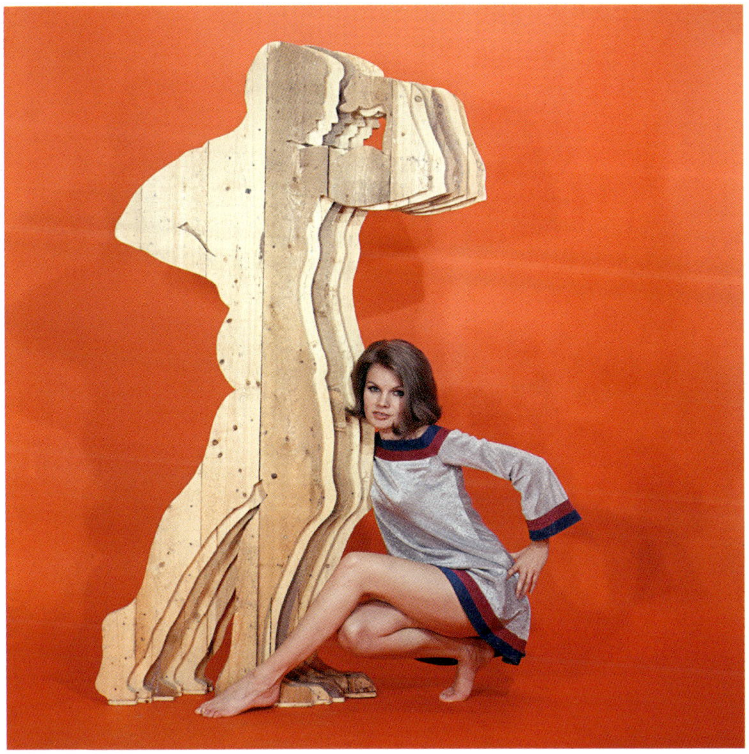

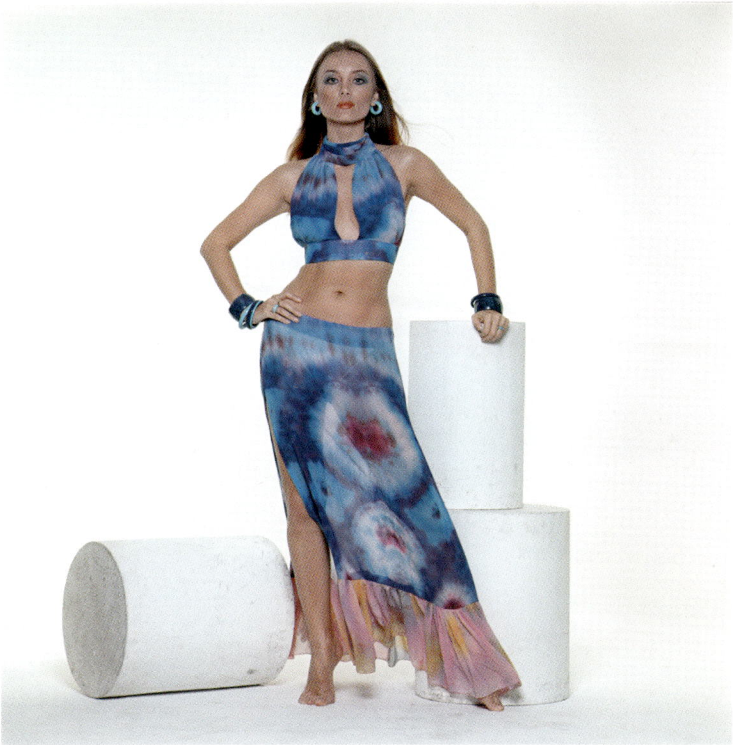

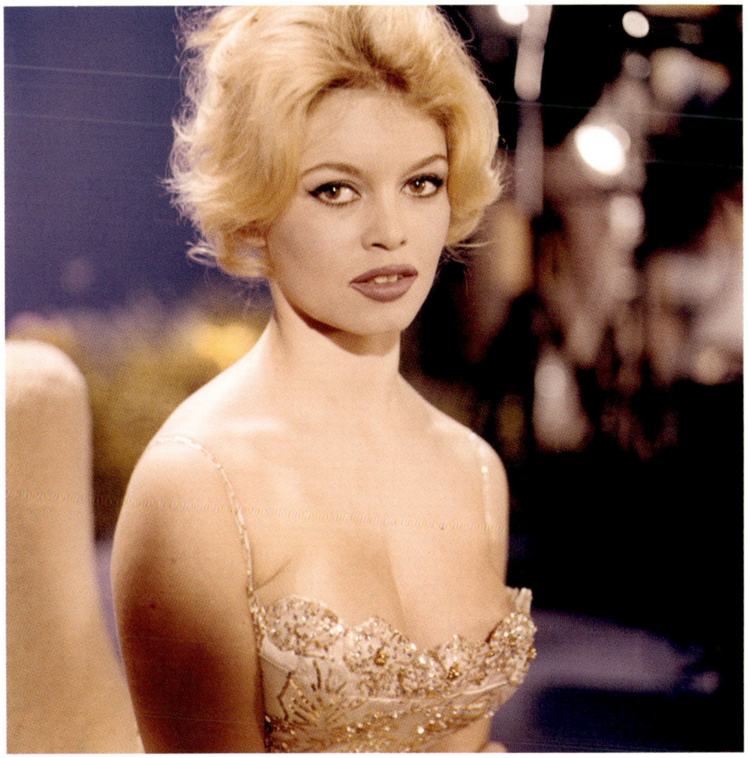

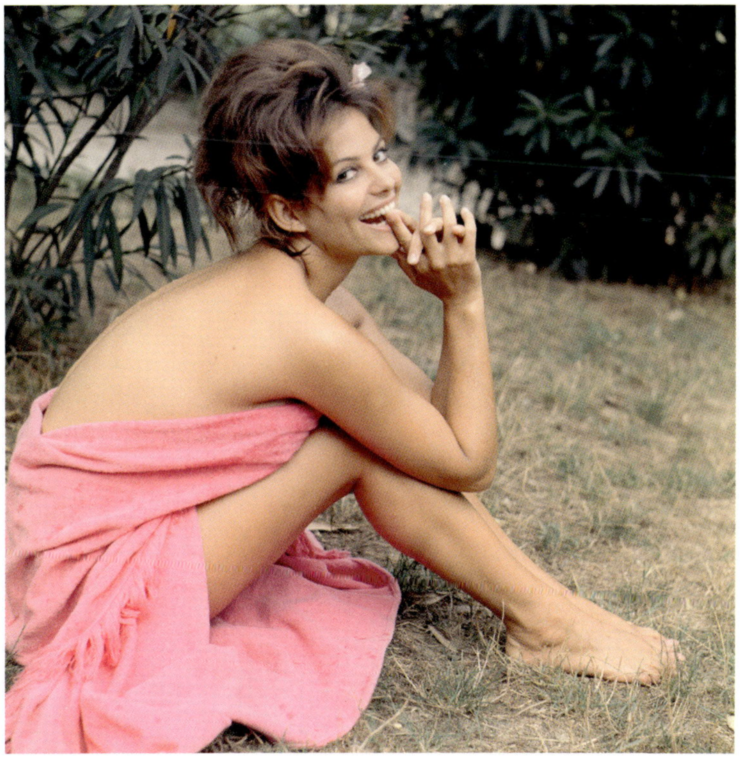

Carroll Baker
Brigitte Bardot

Barbara Bouchet
Claudia Cardinale

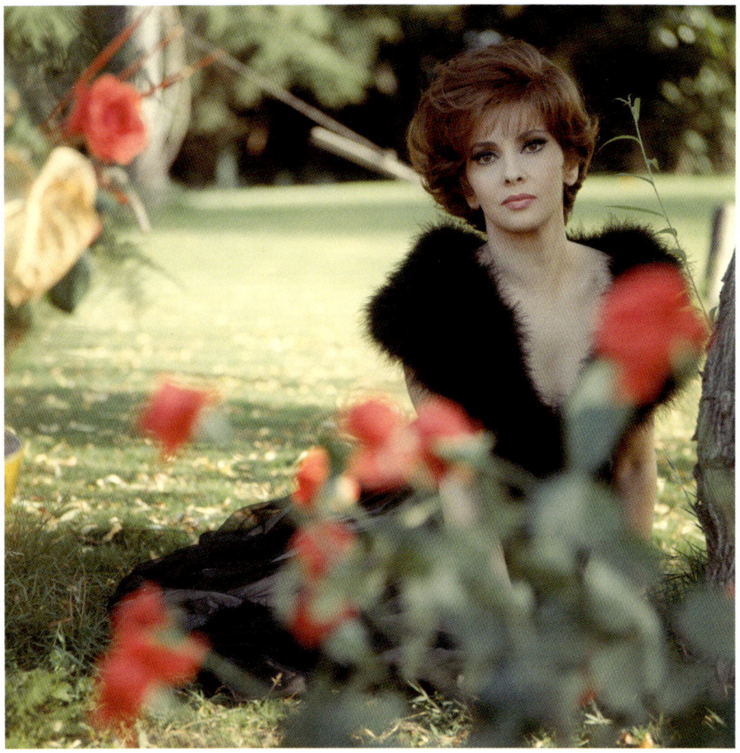

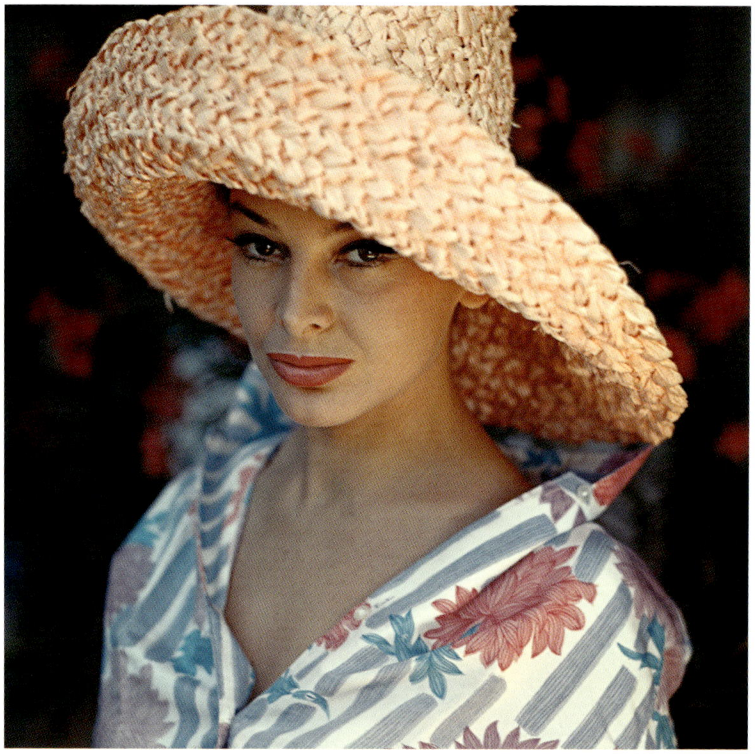

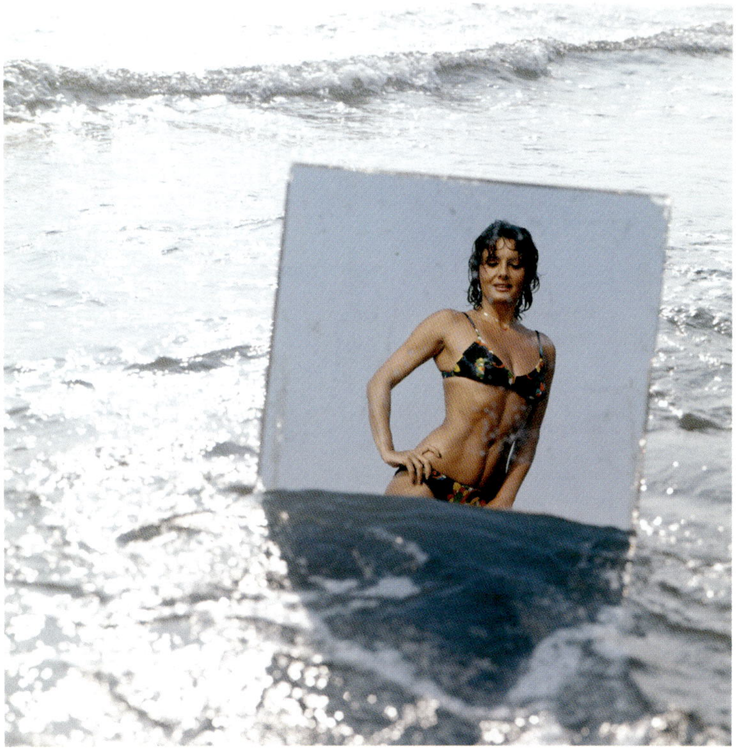

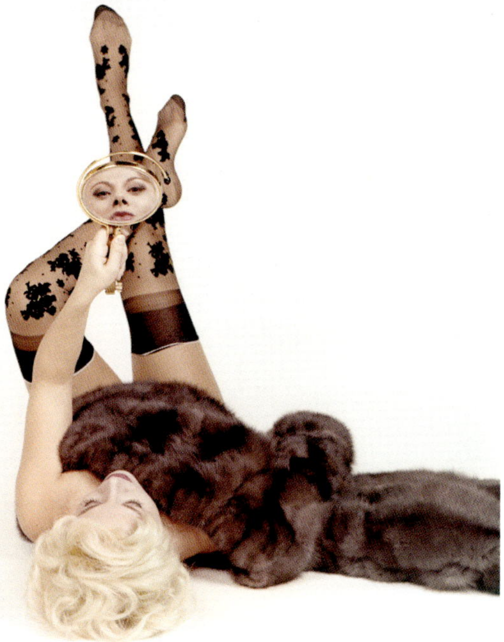

Gina Lollobrigida
Rossana Podestà

Eleonora Rossi Drago
Sandra Milo

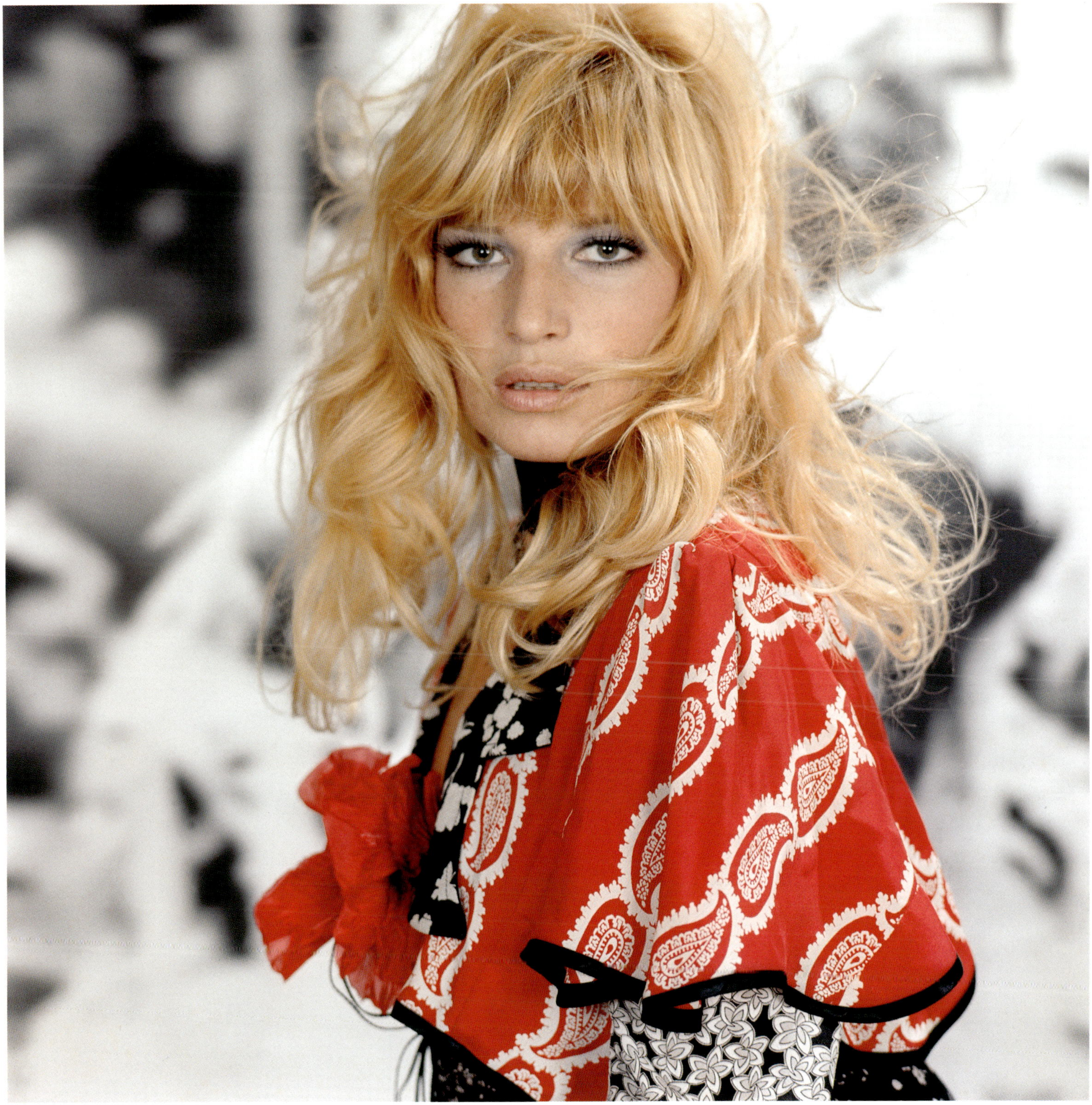

Monica Vitti

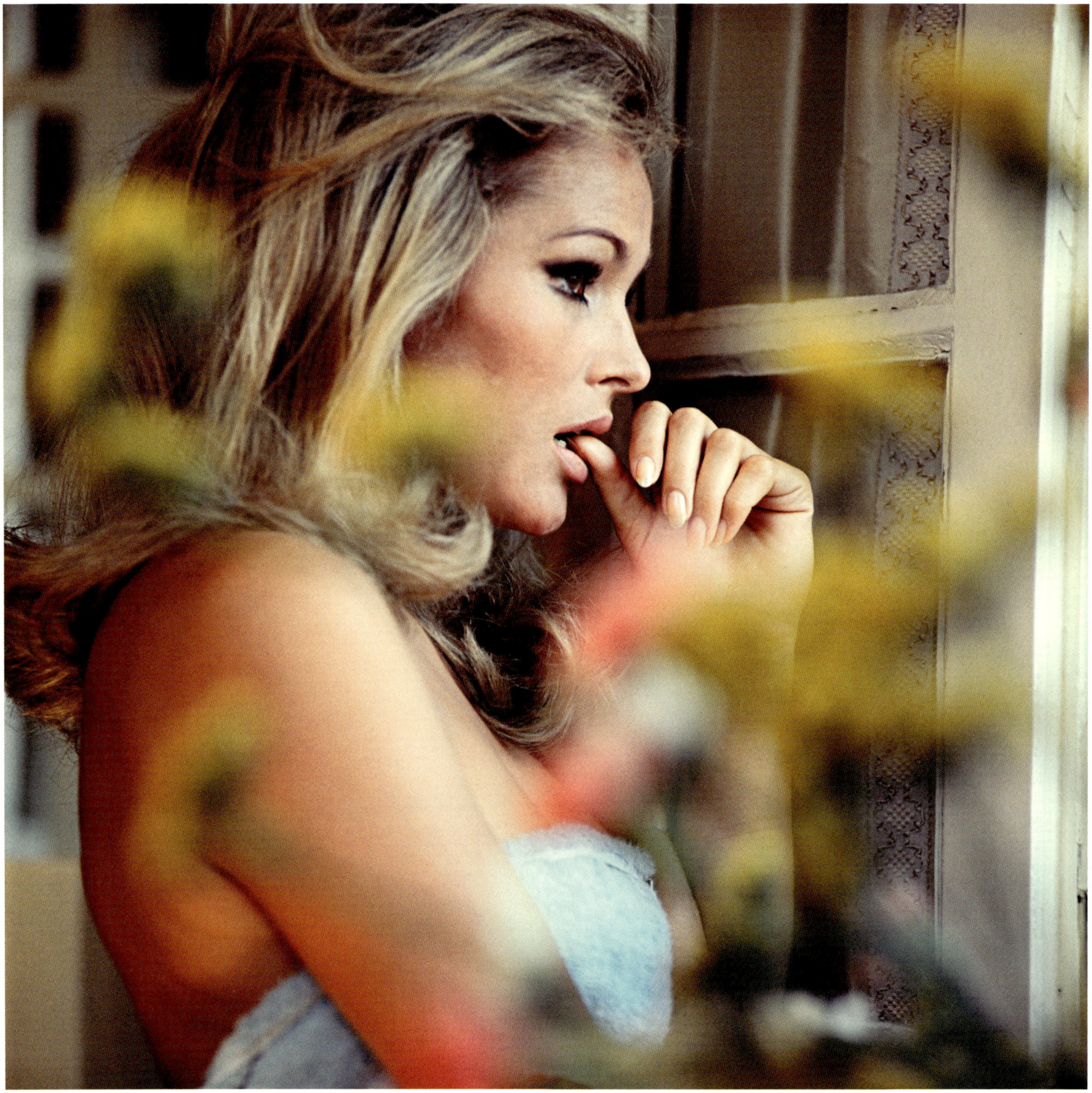

Ursula Andress

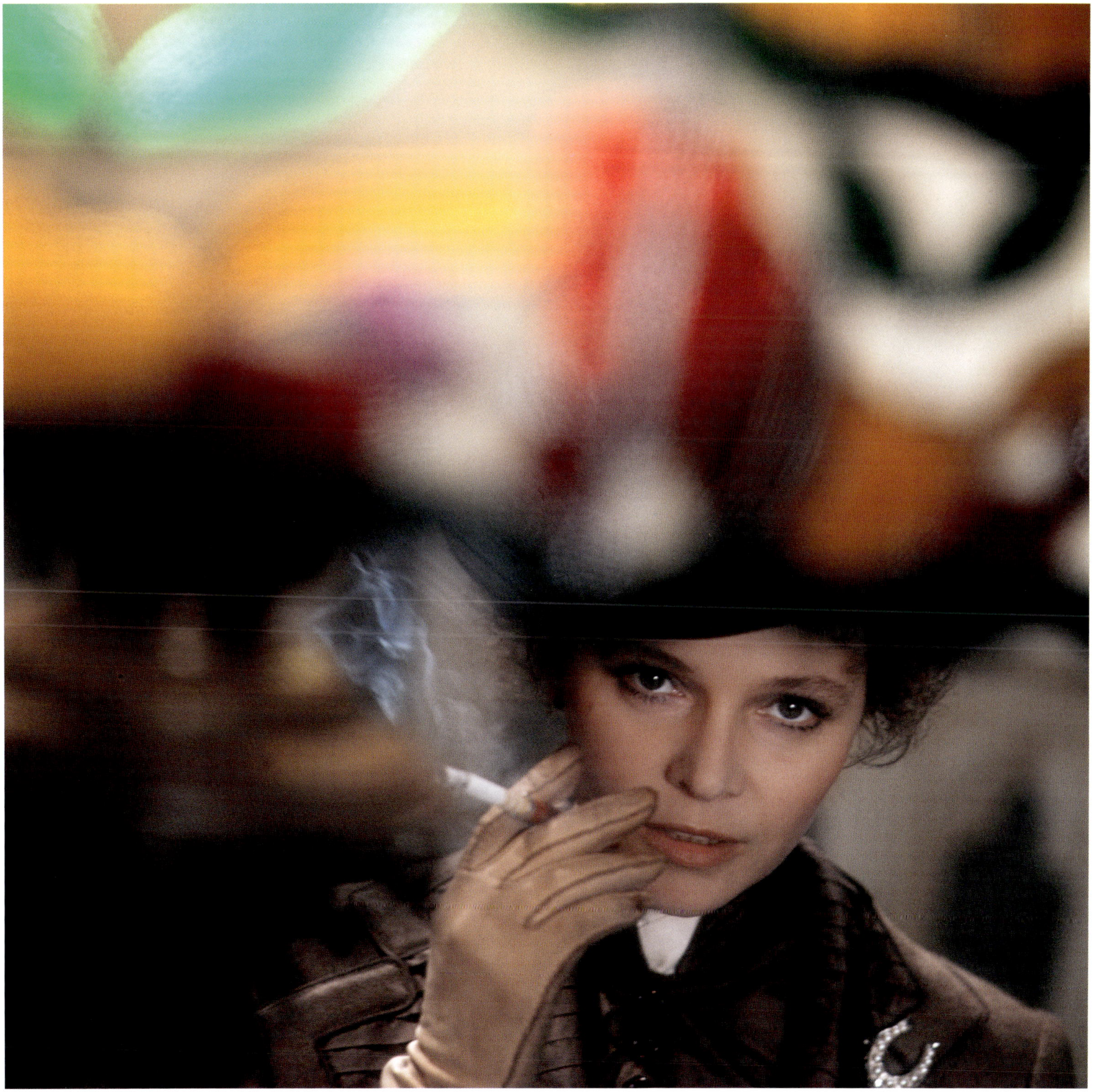

Laura Antonelli

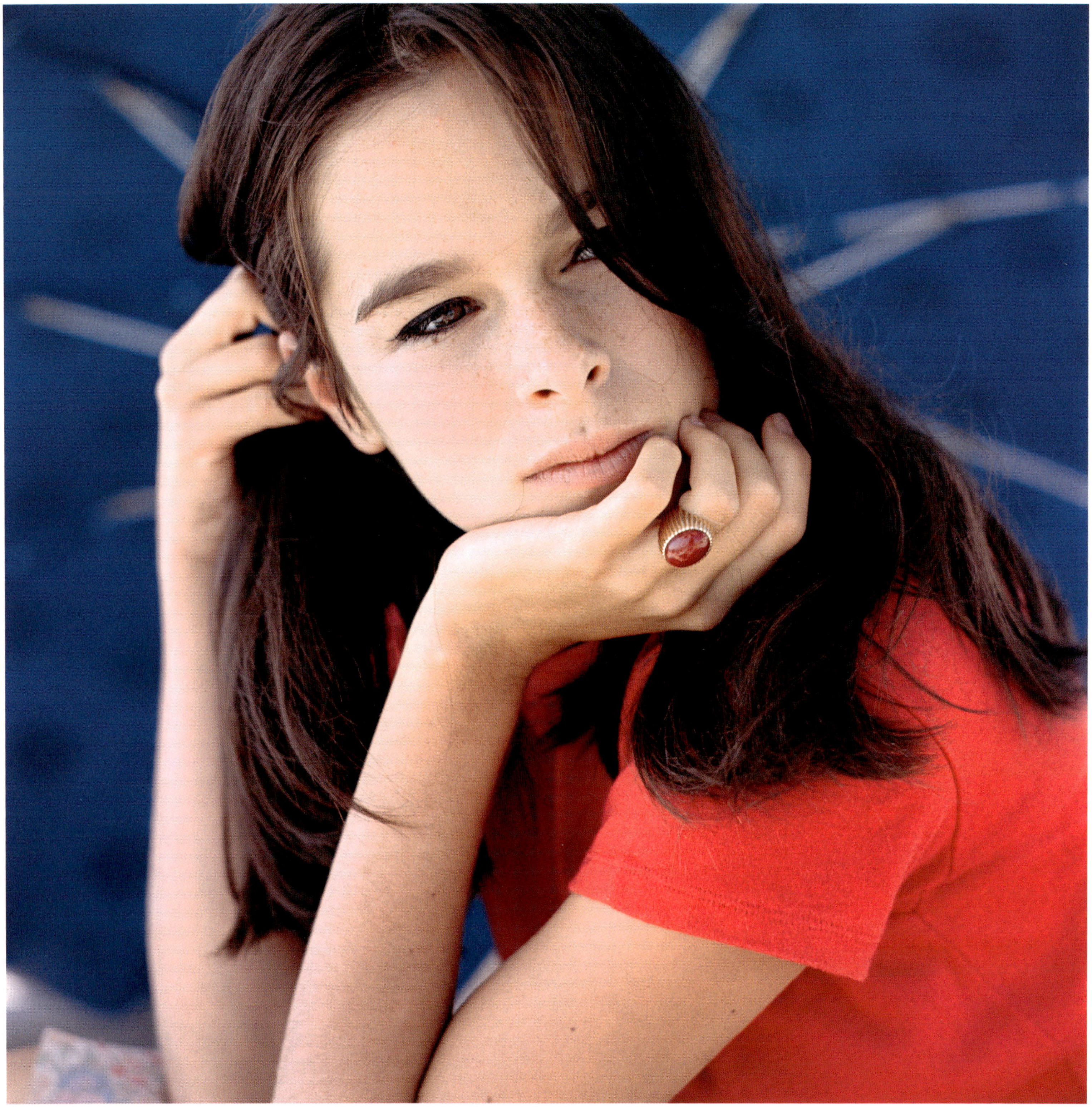

Geraldine Chaplin

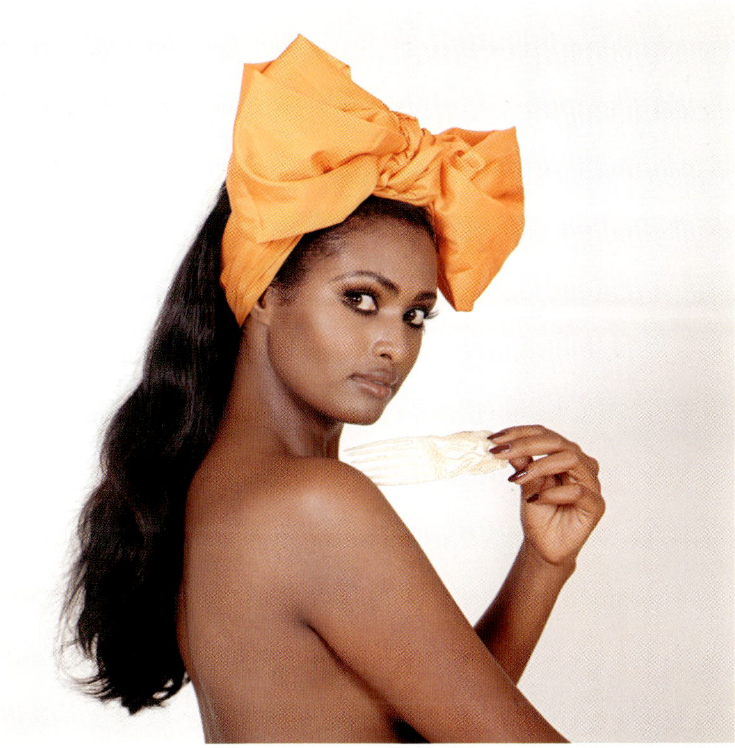

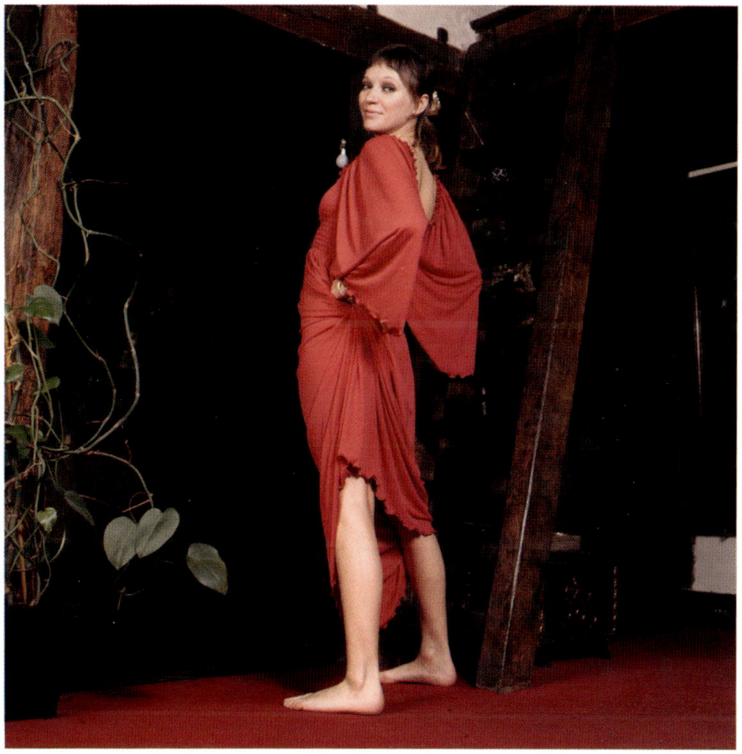

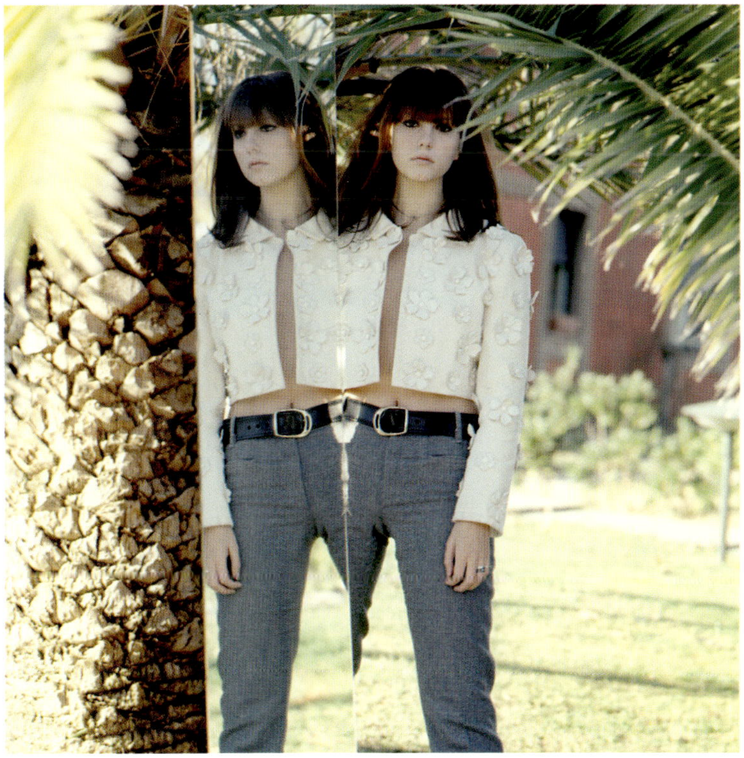

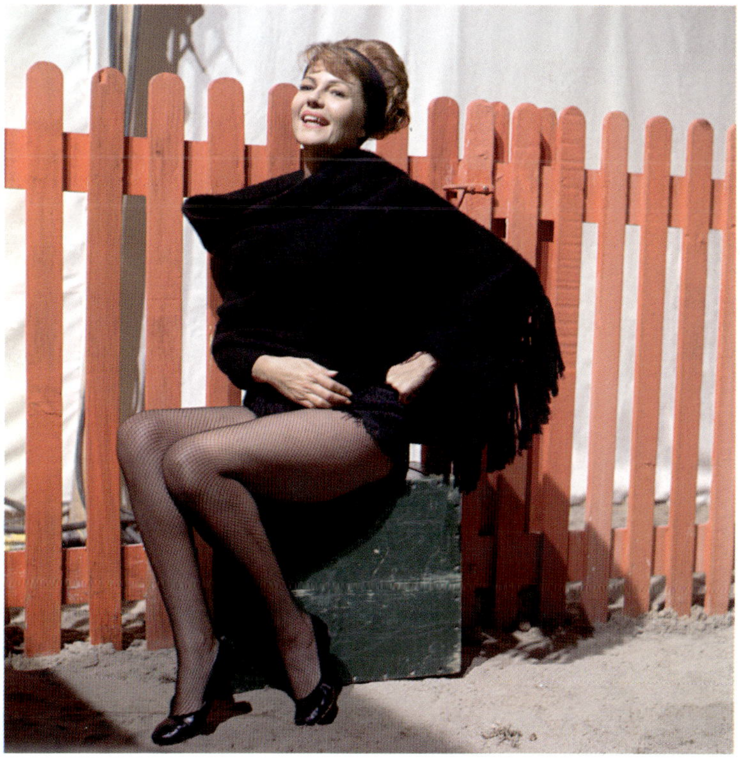

Zeudi Araya
Stefania Sandrelli

Anna Karina
Rita Hayworth

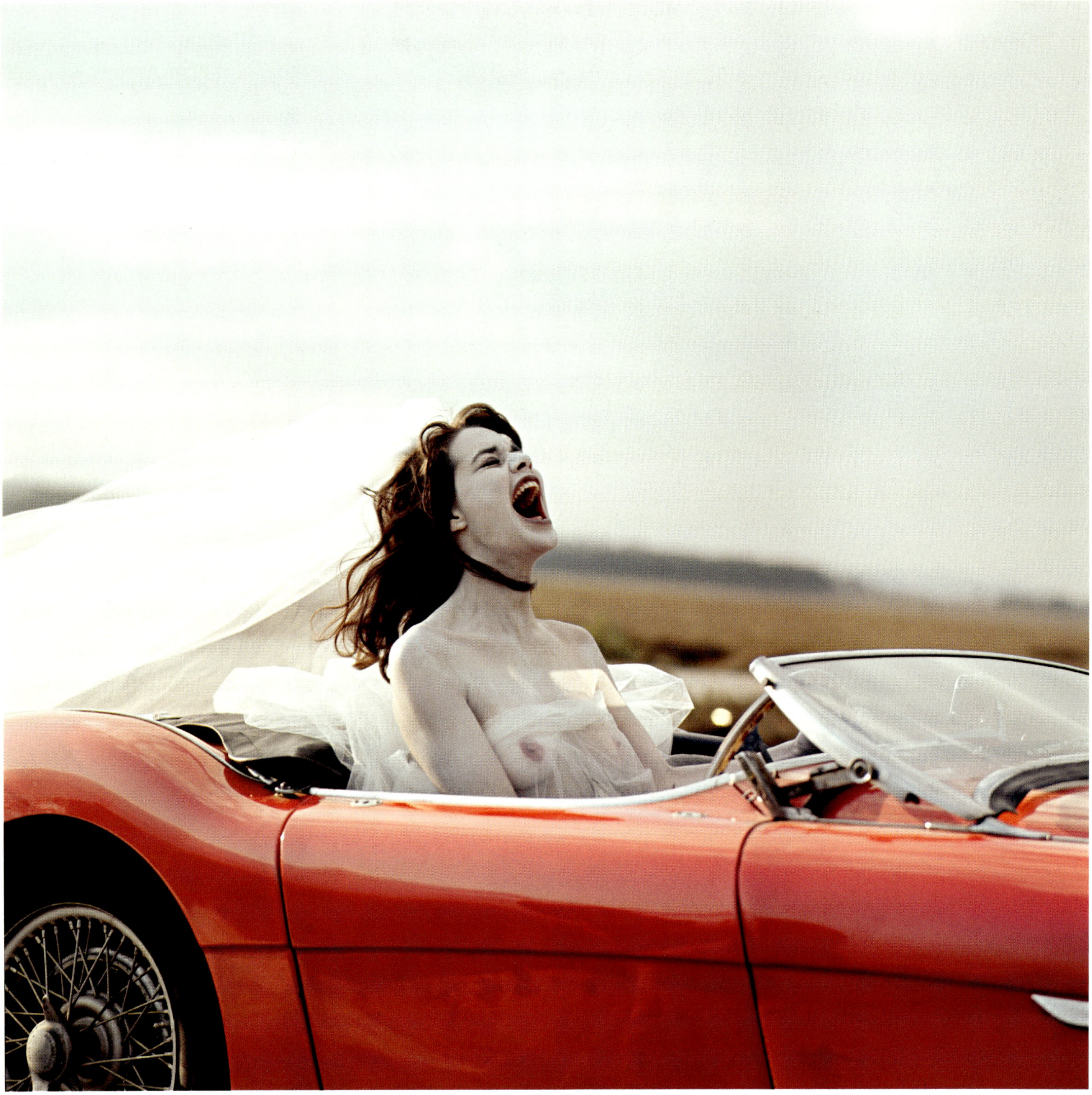

Tina Aumont

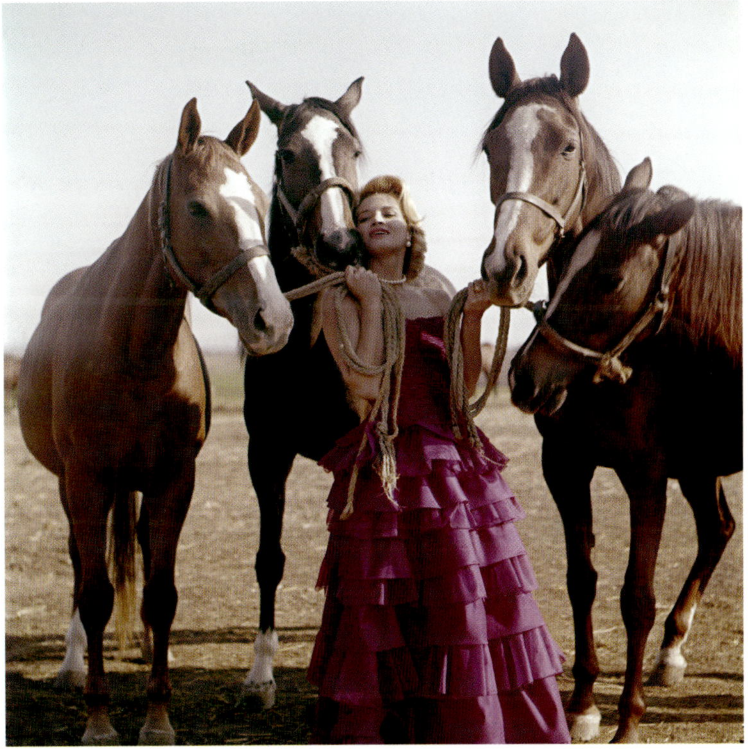

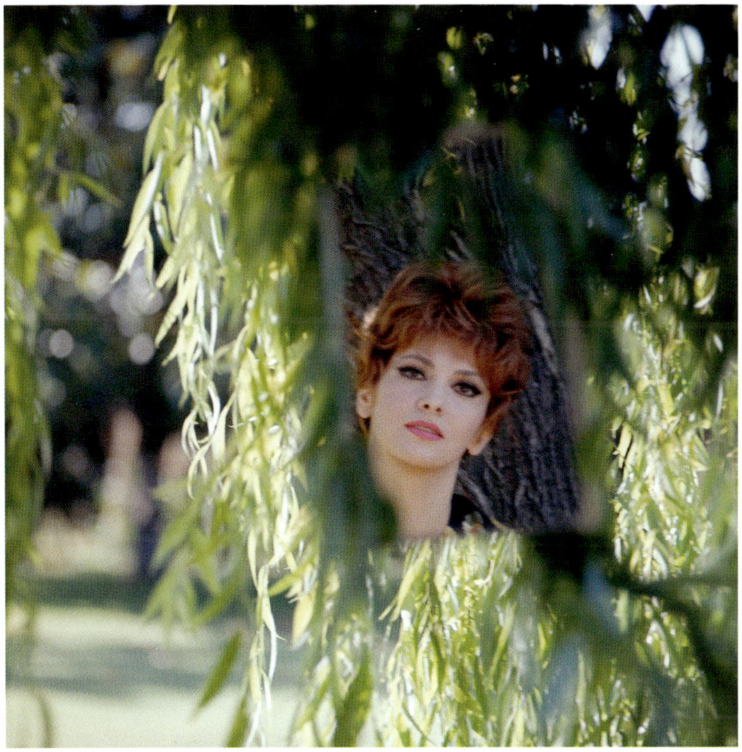

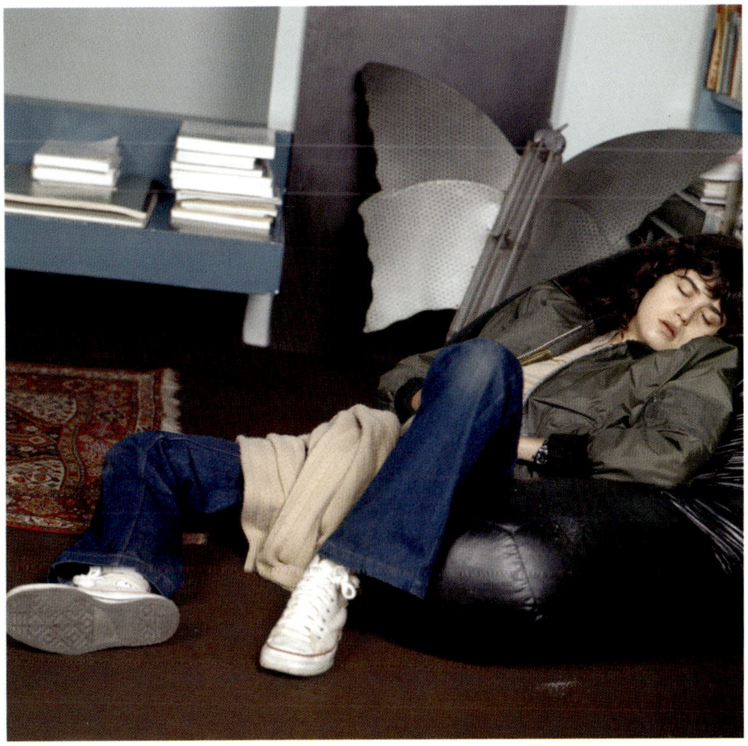

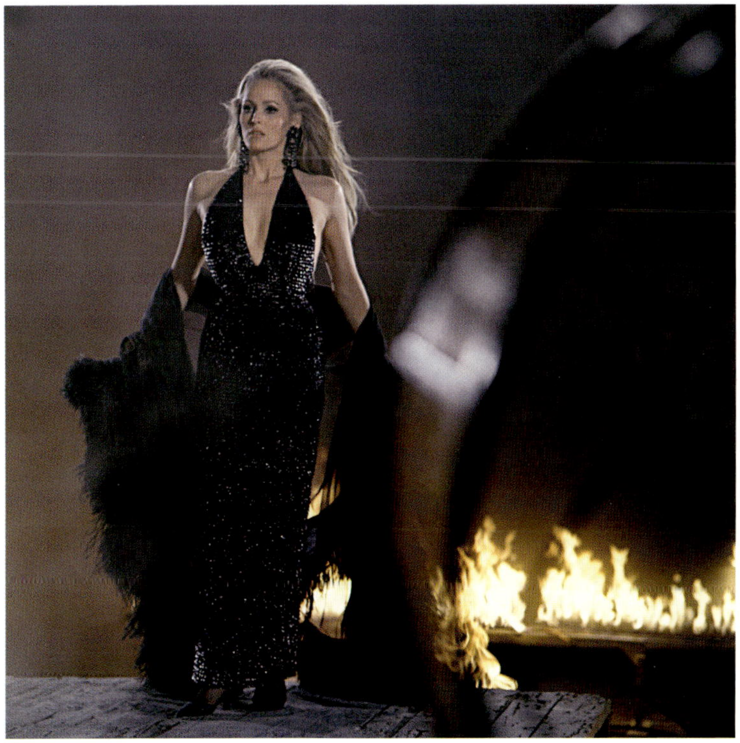

Angie Dickinson
Maria Schneider

Gina Lollobrigida
Ursula Andress

ATTORI ACTORS ACTEURS

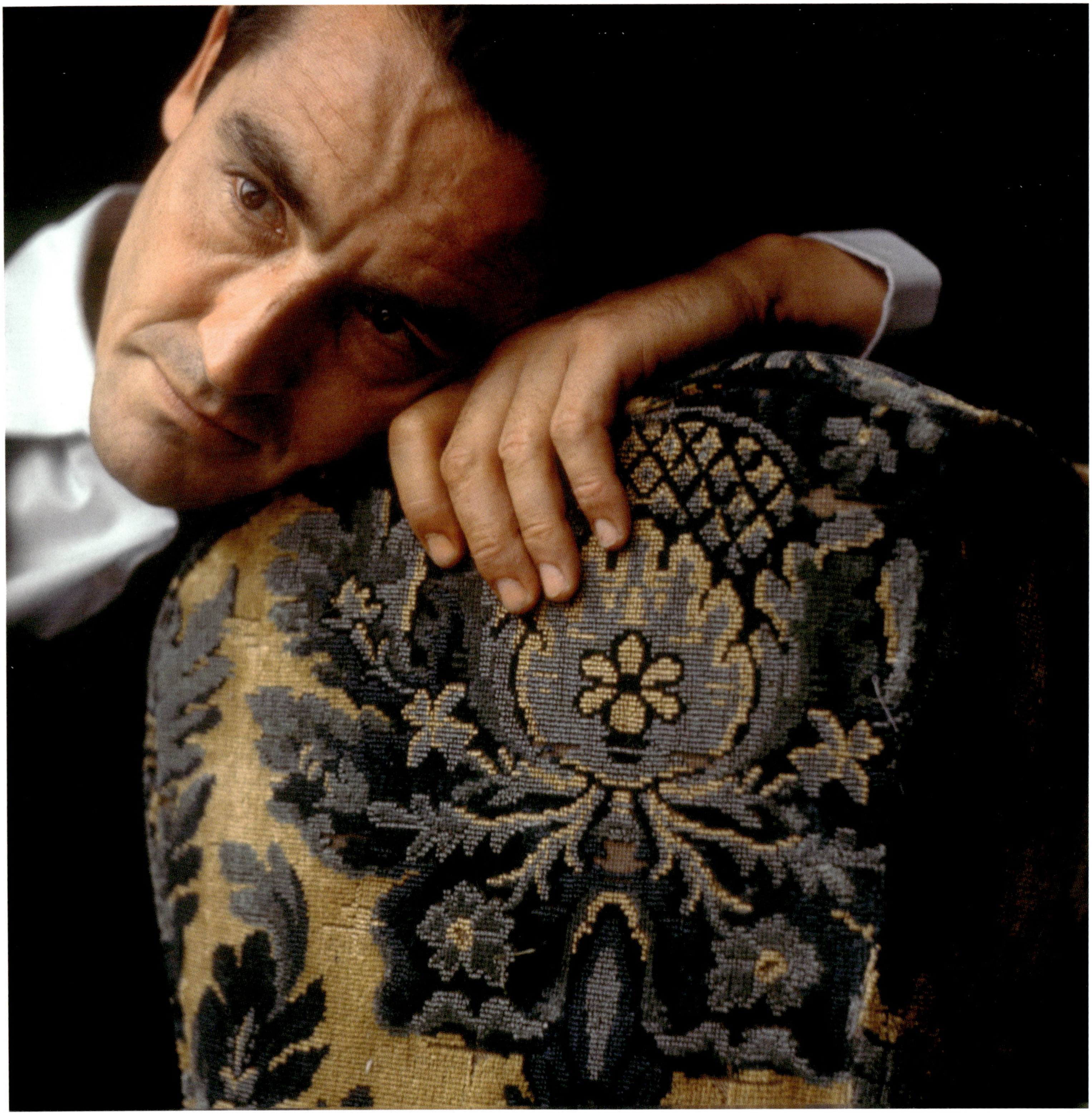

Vittorio Gassman

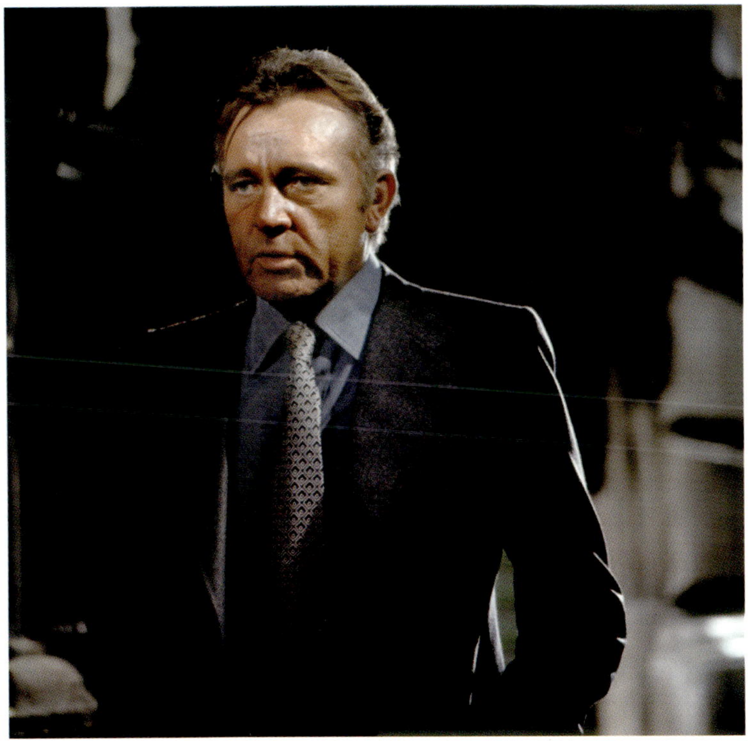

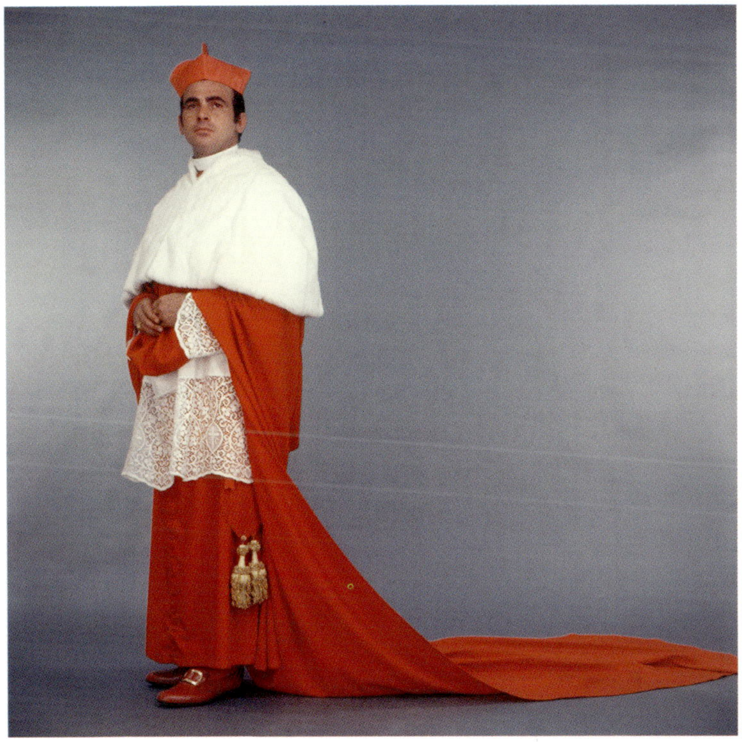

Richard Burton

Maurizio Arena

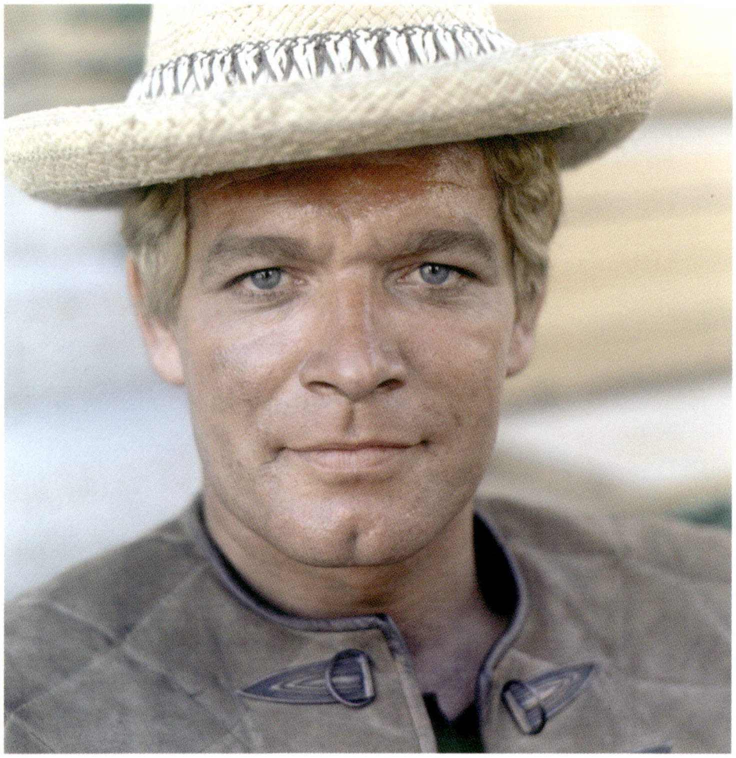

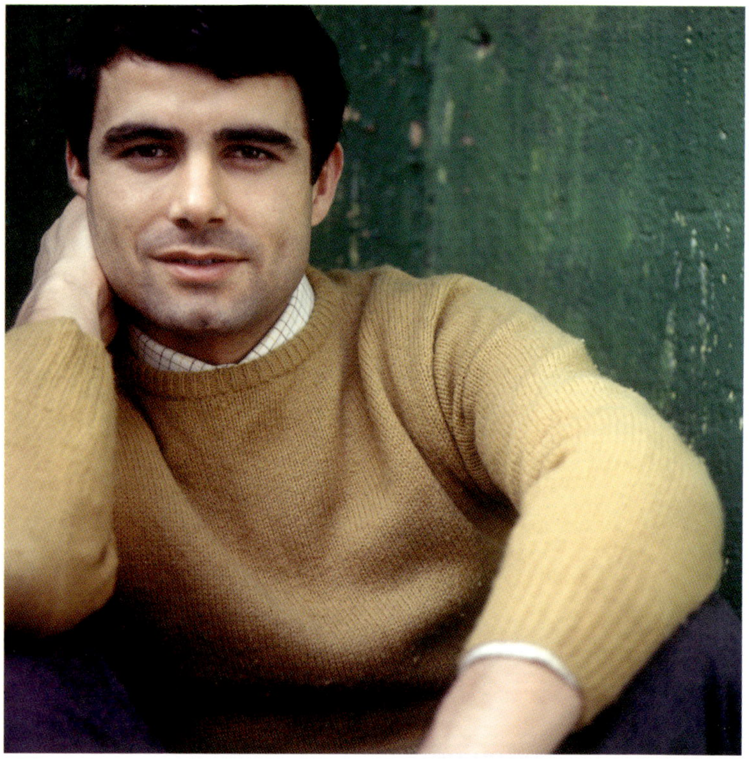

Stephen Boyd

Nino Castelnuovo

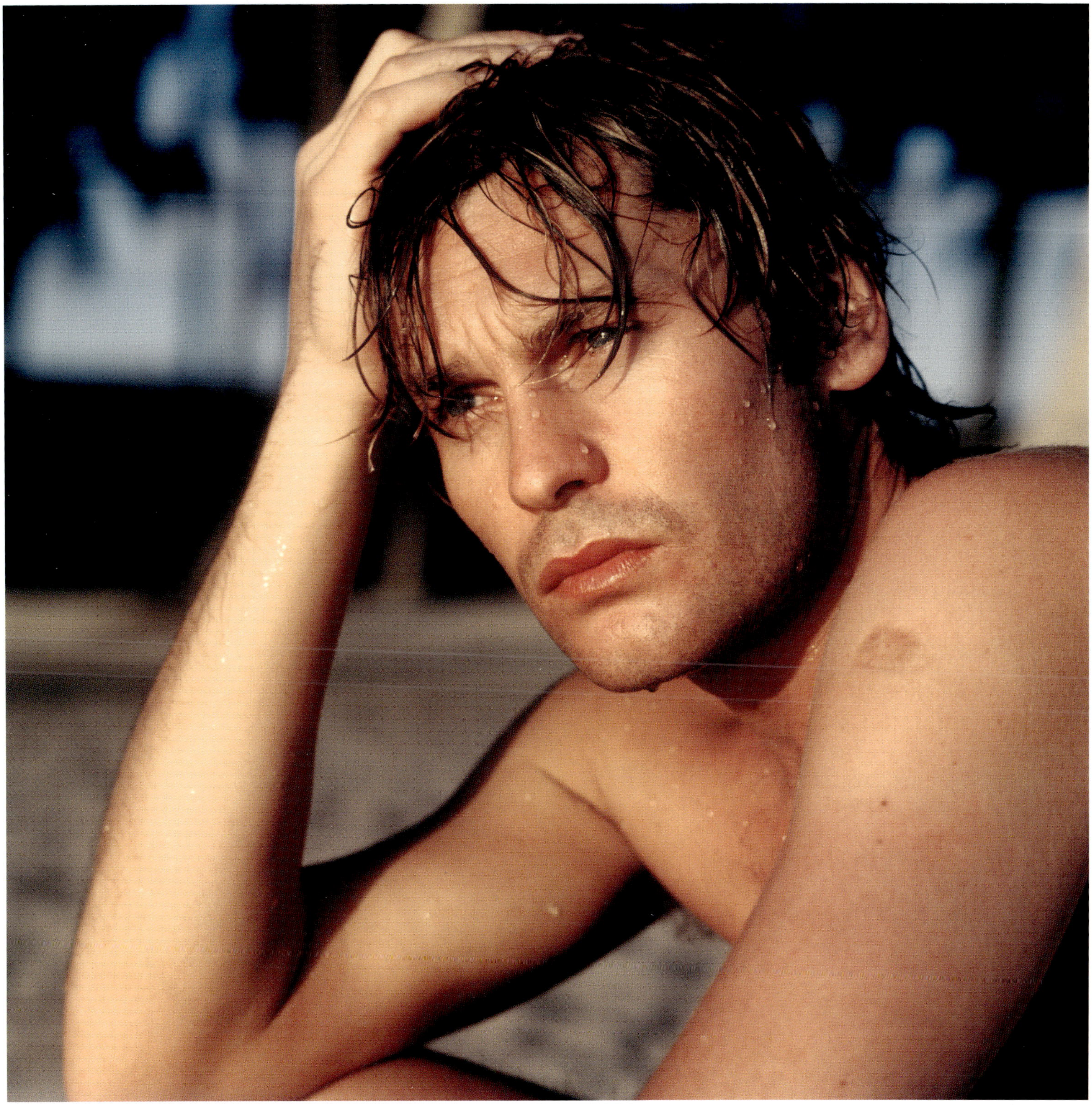

Helmut Berger

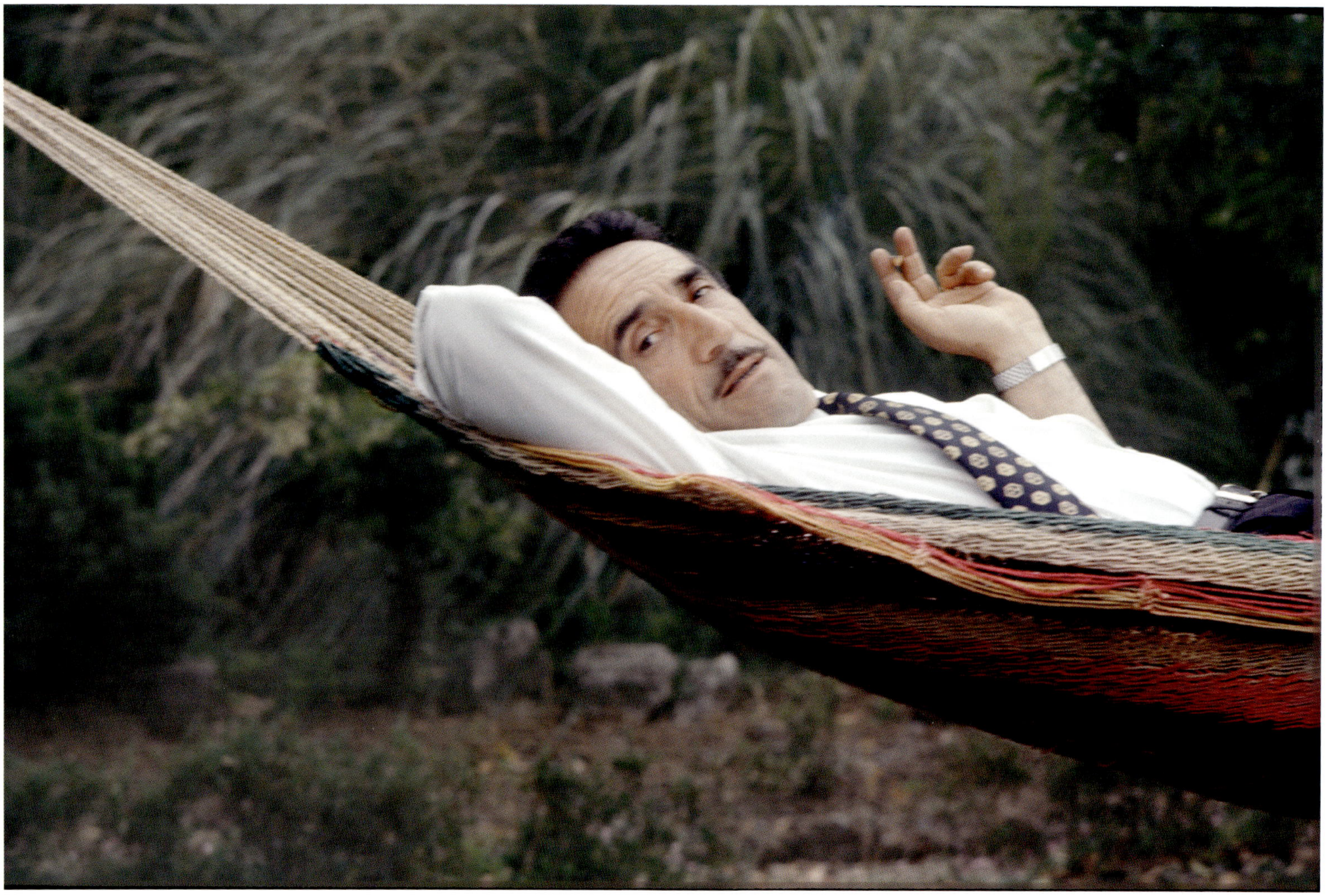

Arnoldo Foà

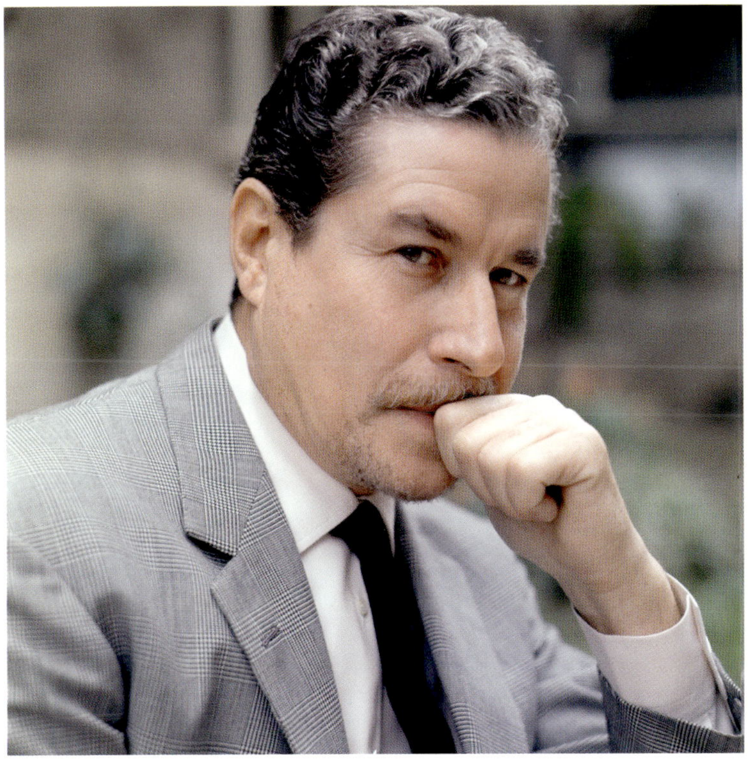

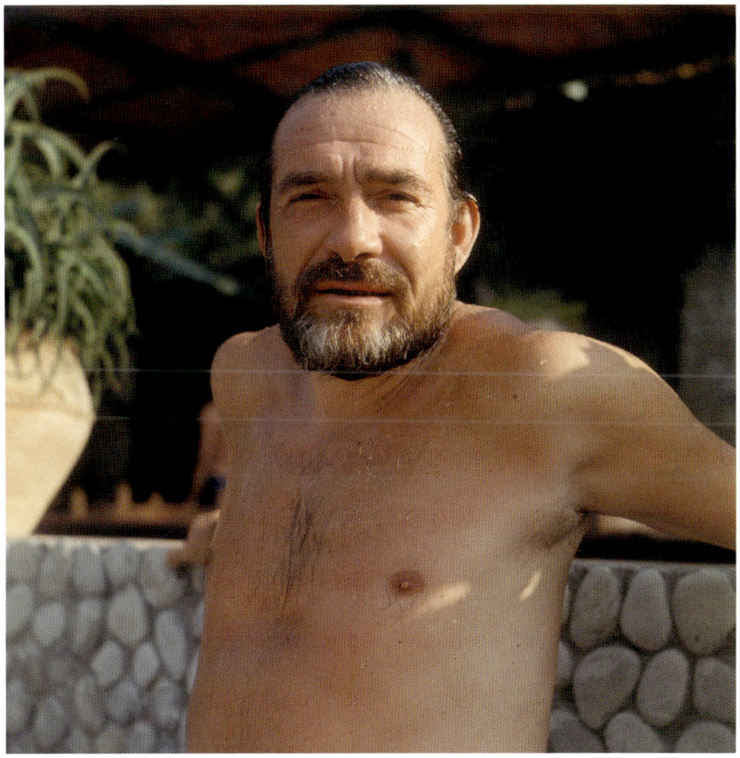

Amedeo Nazzari

Ugo Tognazzi

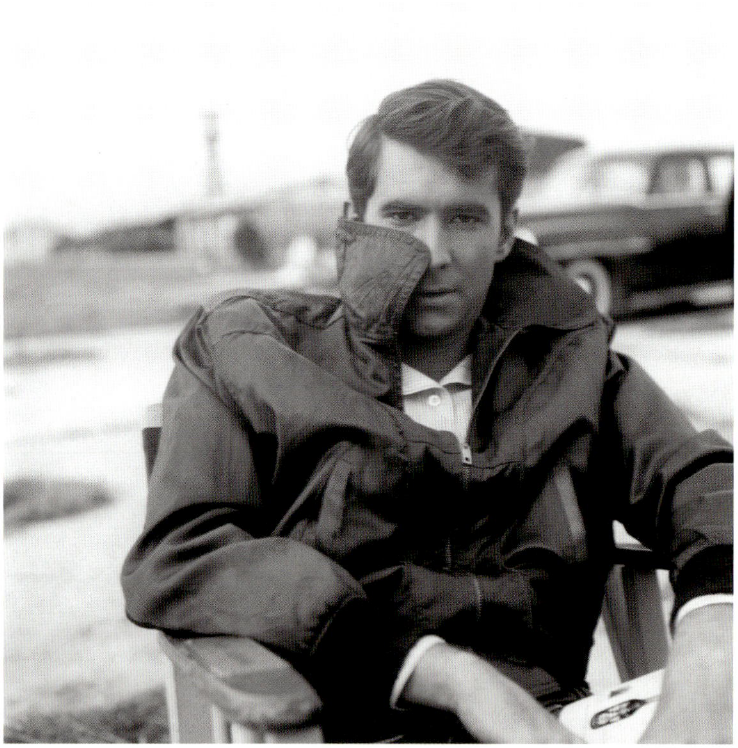

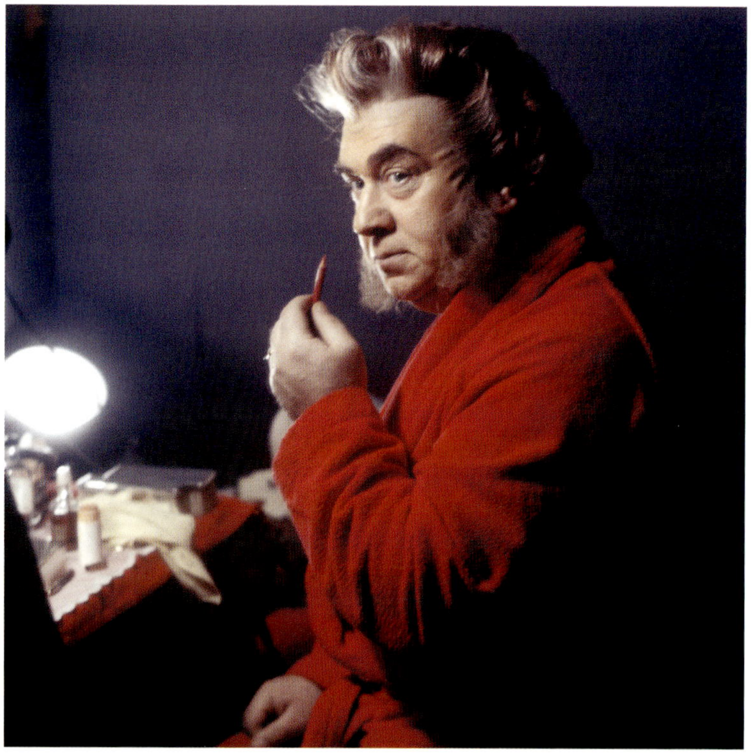

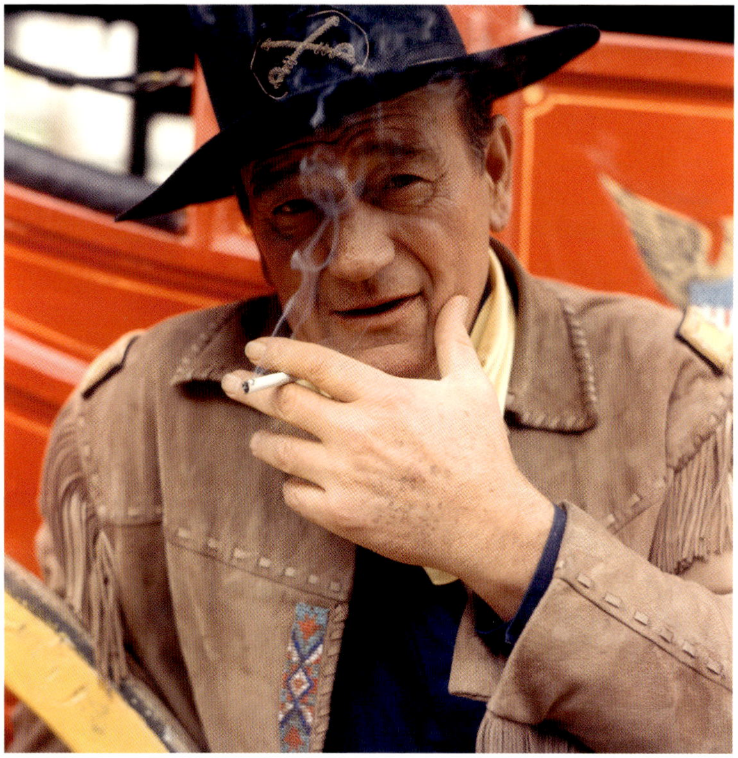

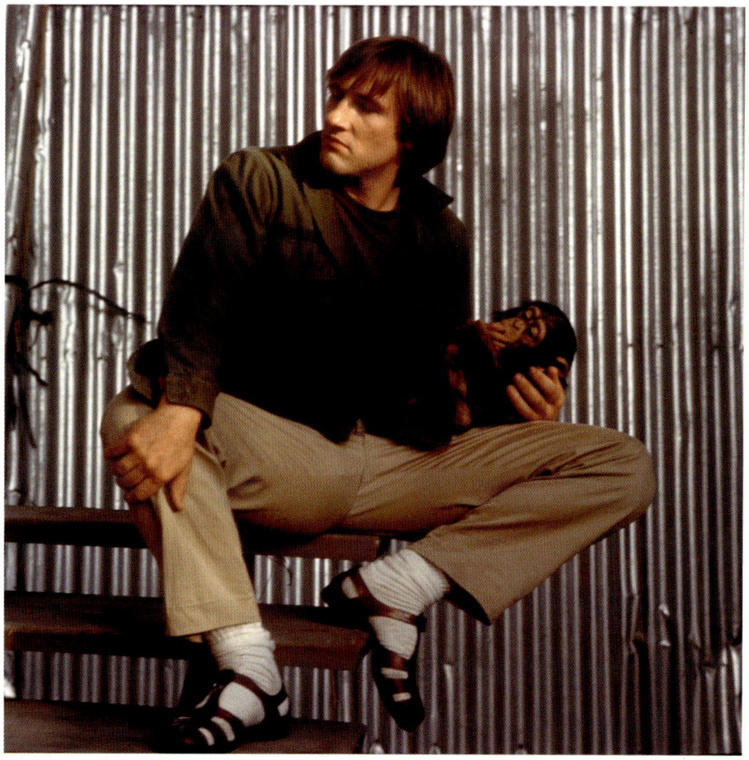

Anthony Perkins
John Wayne

Gino Cervi
Gérard Depardieu

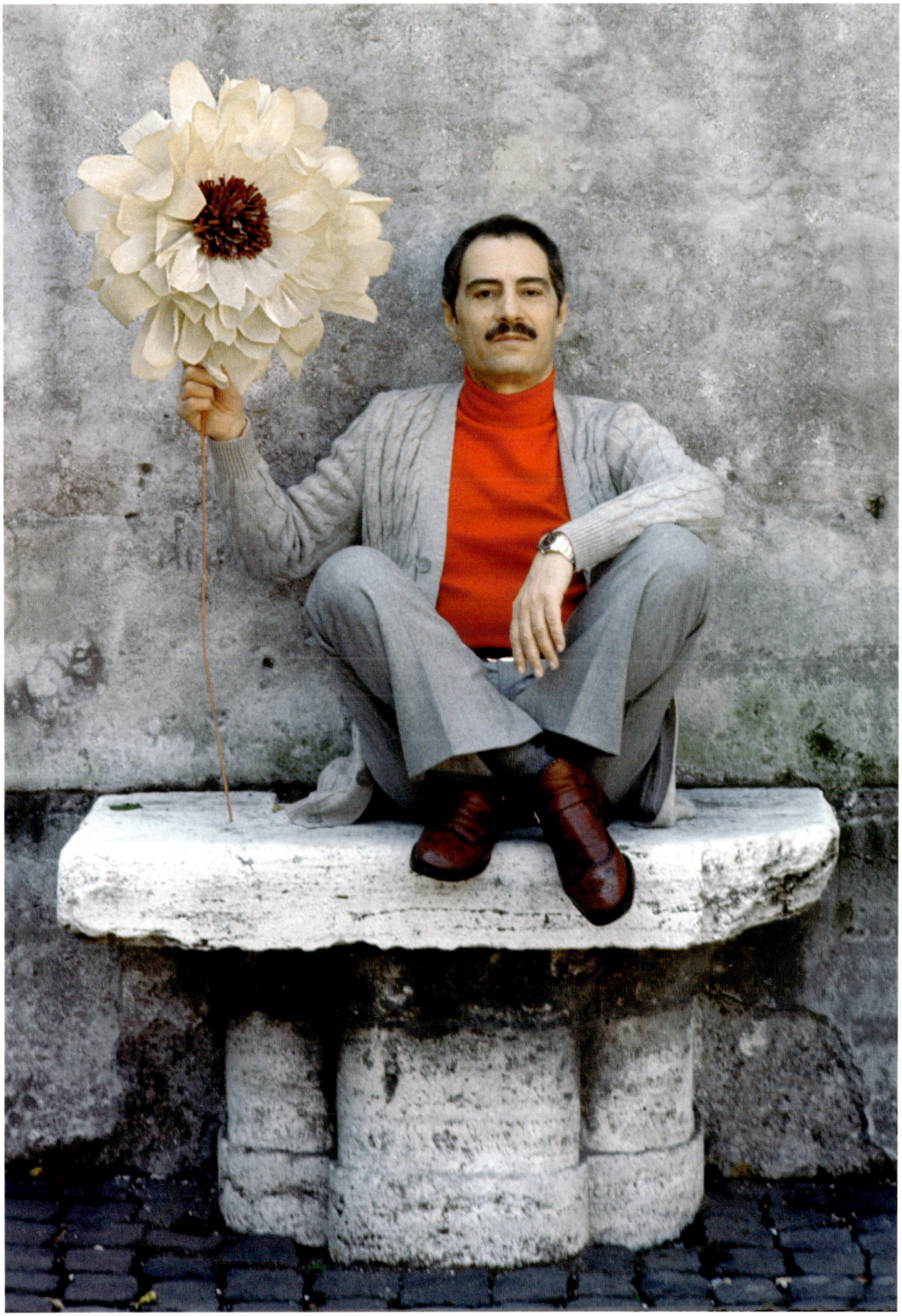

Nino Manfredi

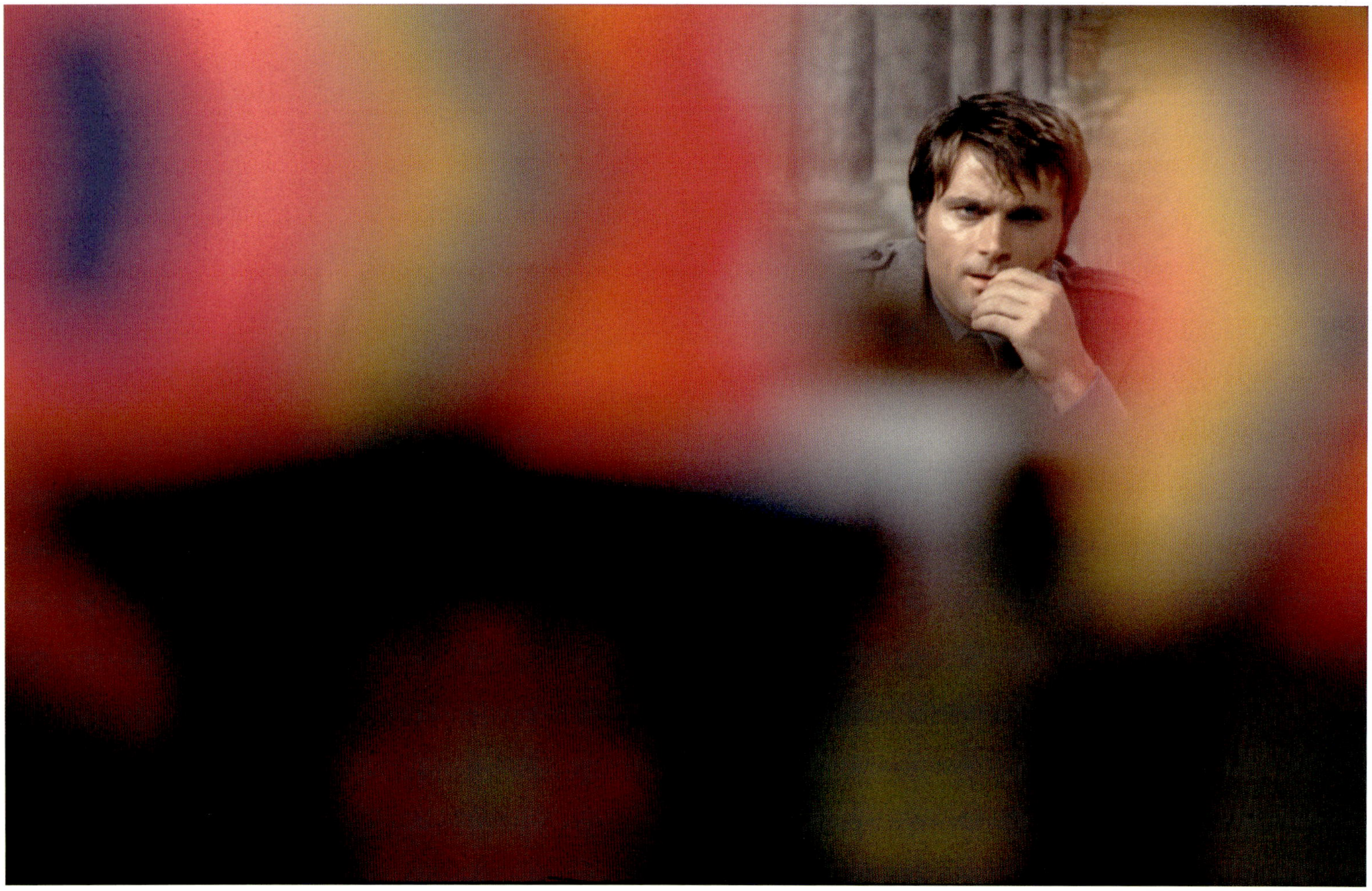

Franco Nero

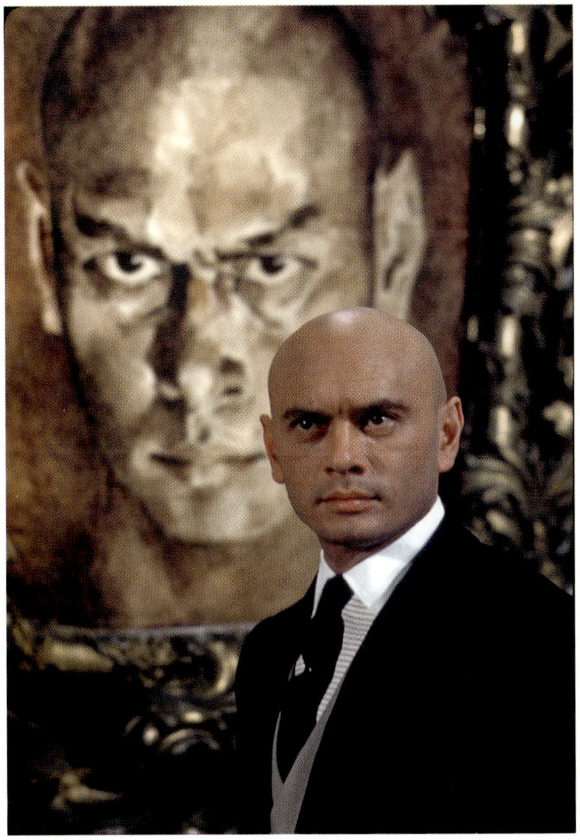

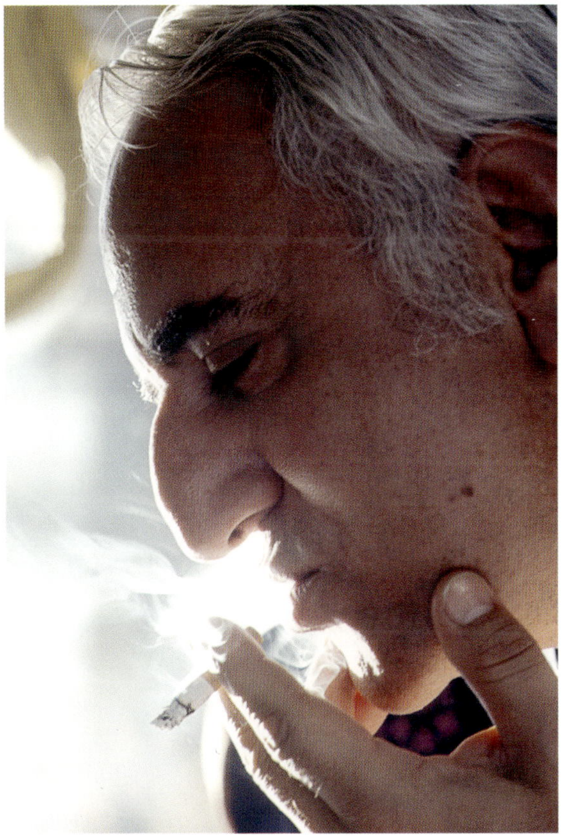

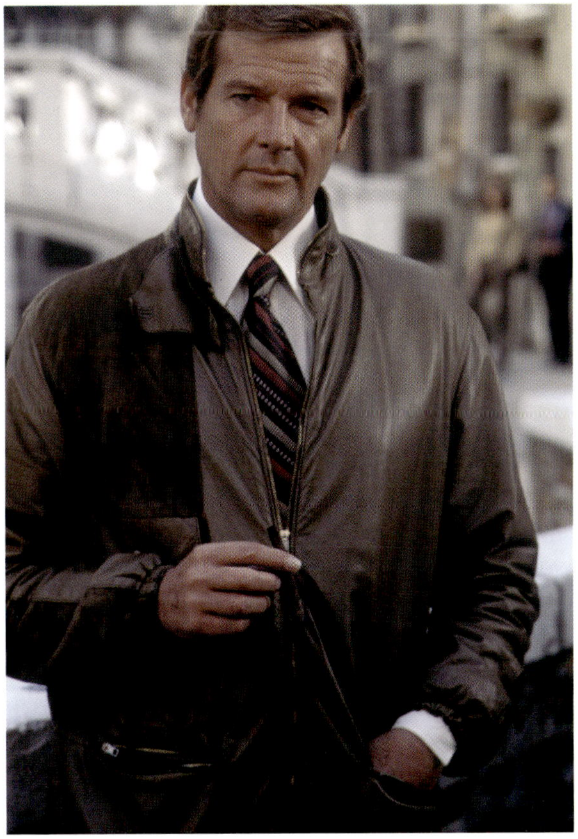

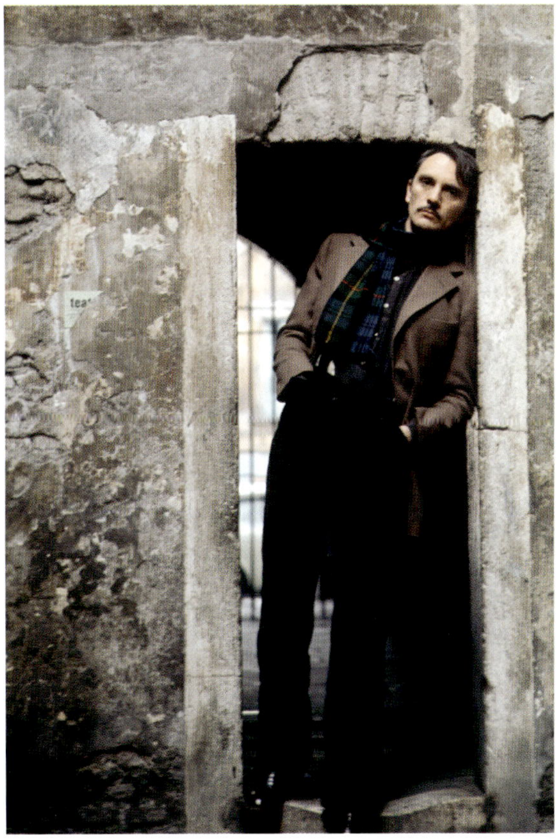

Yul Brynner
Roger Moore

Adolfo Celi
Terence Stamp

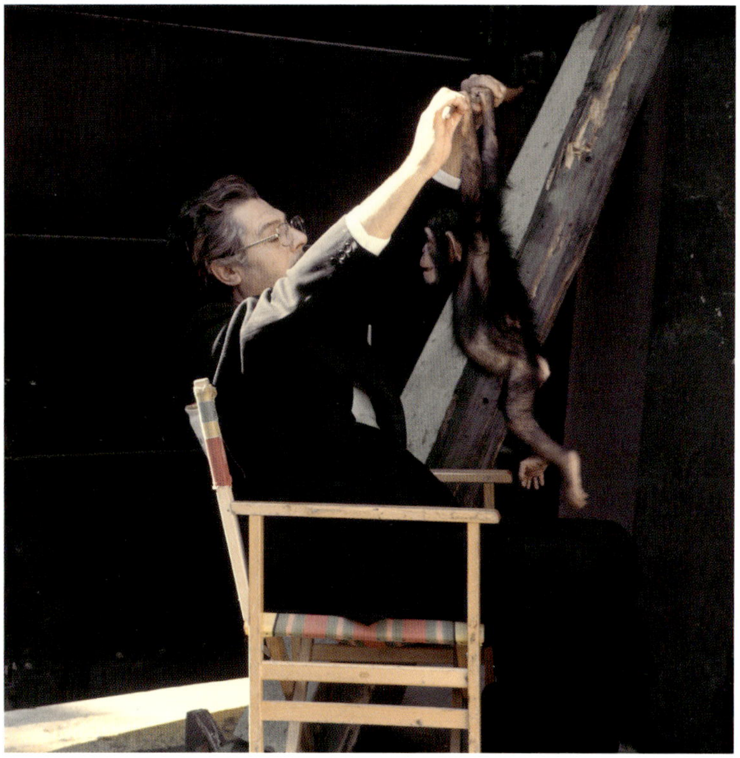

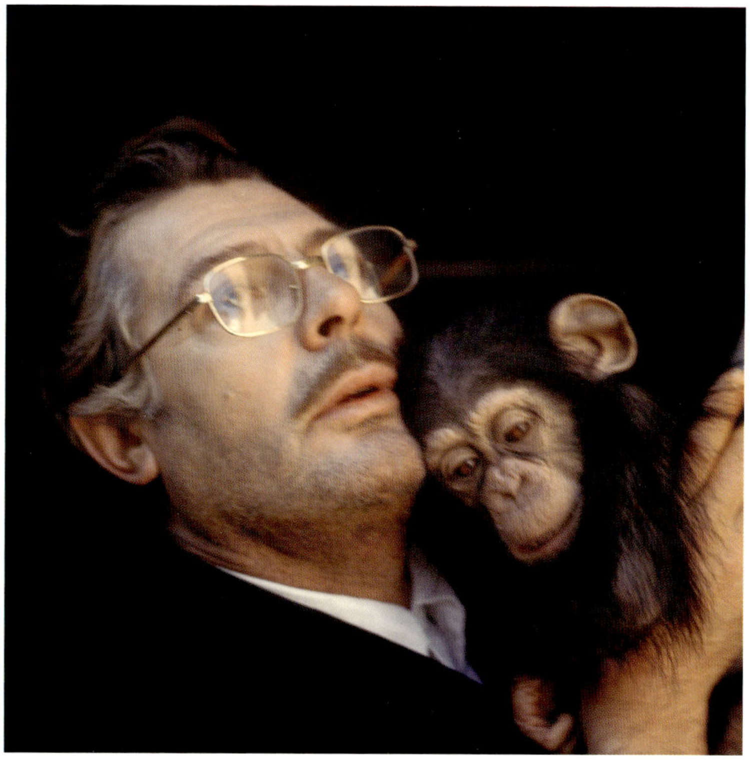

Marcello Mastroianni

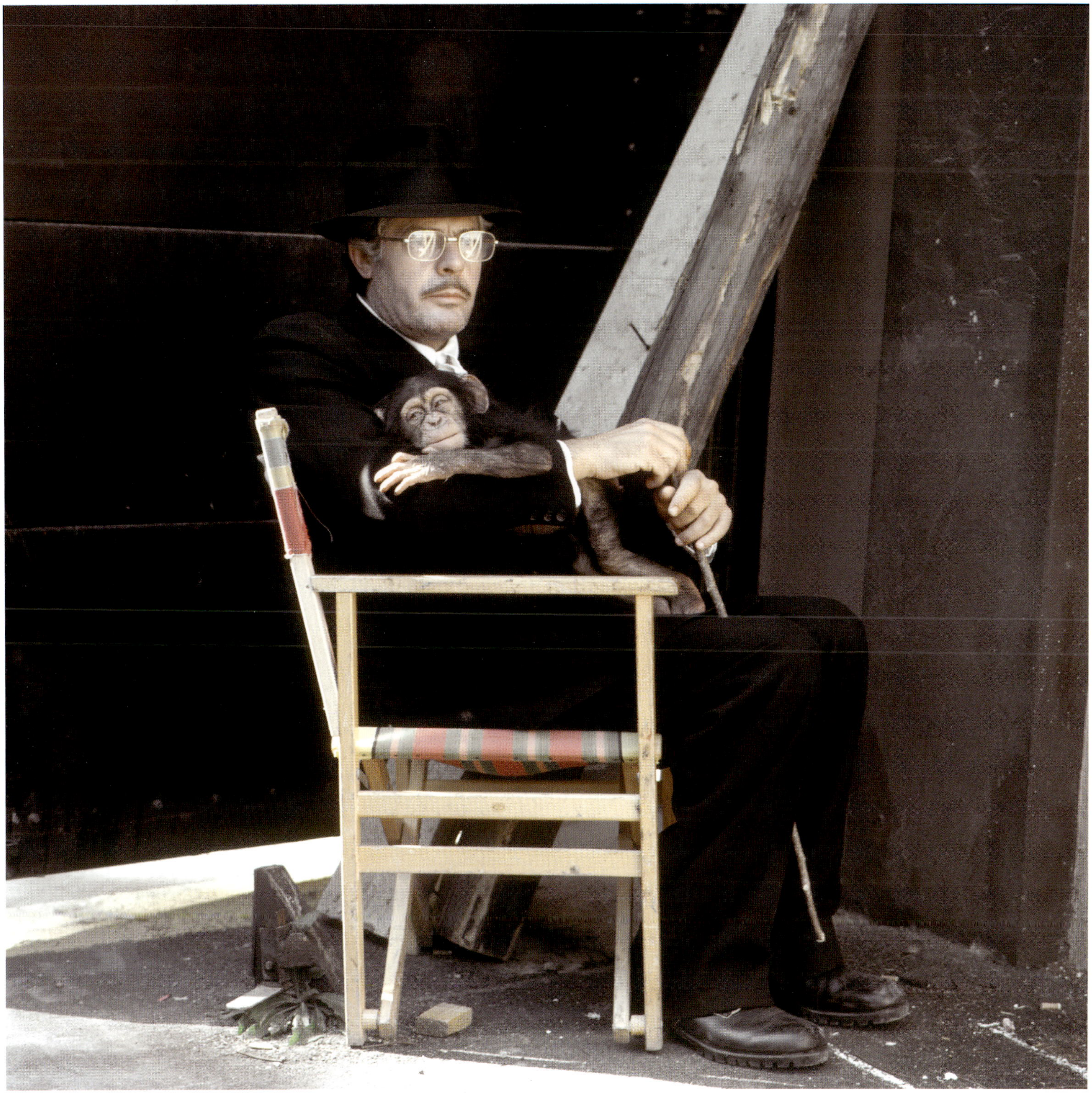

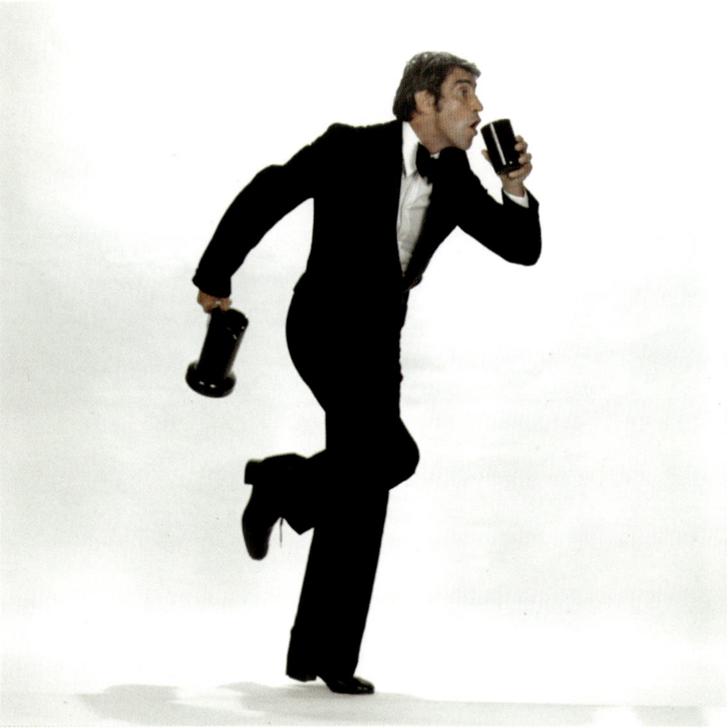
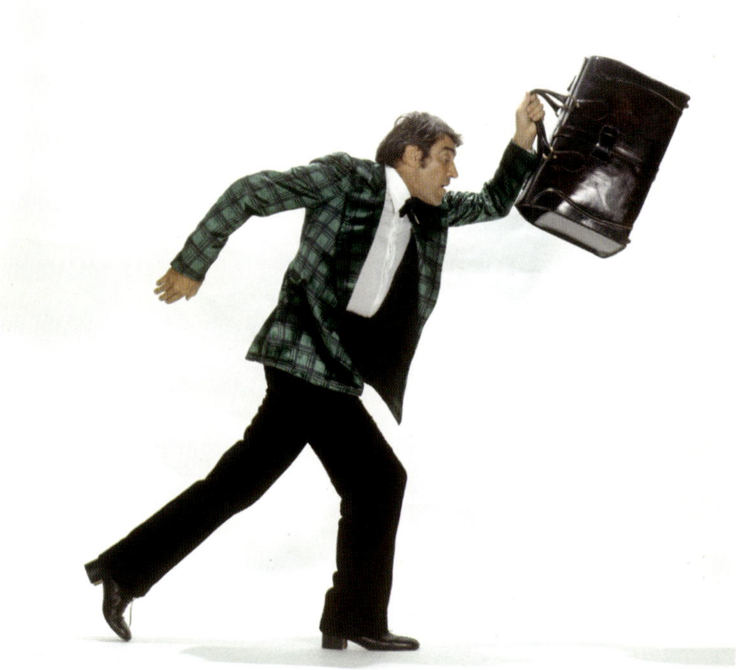

Walter Chiari

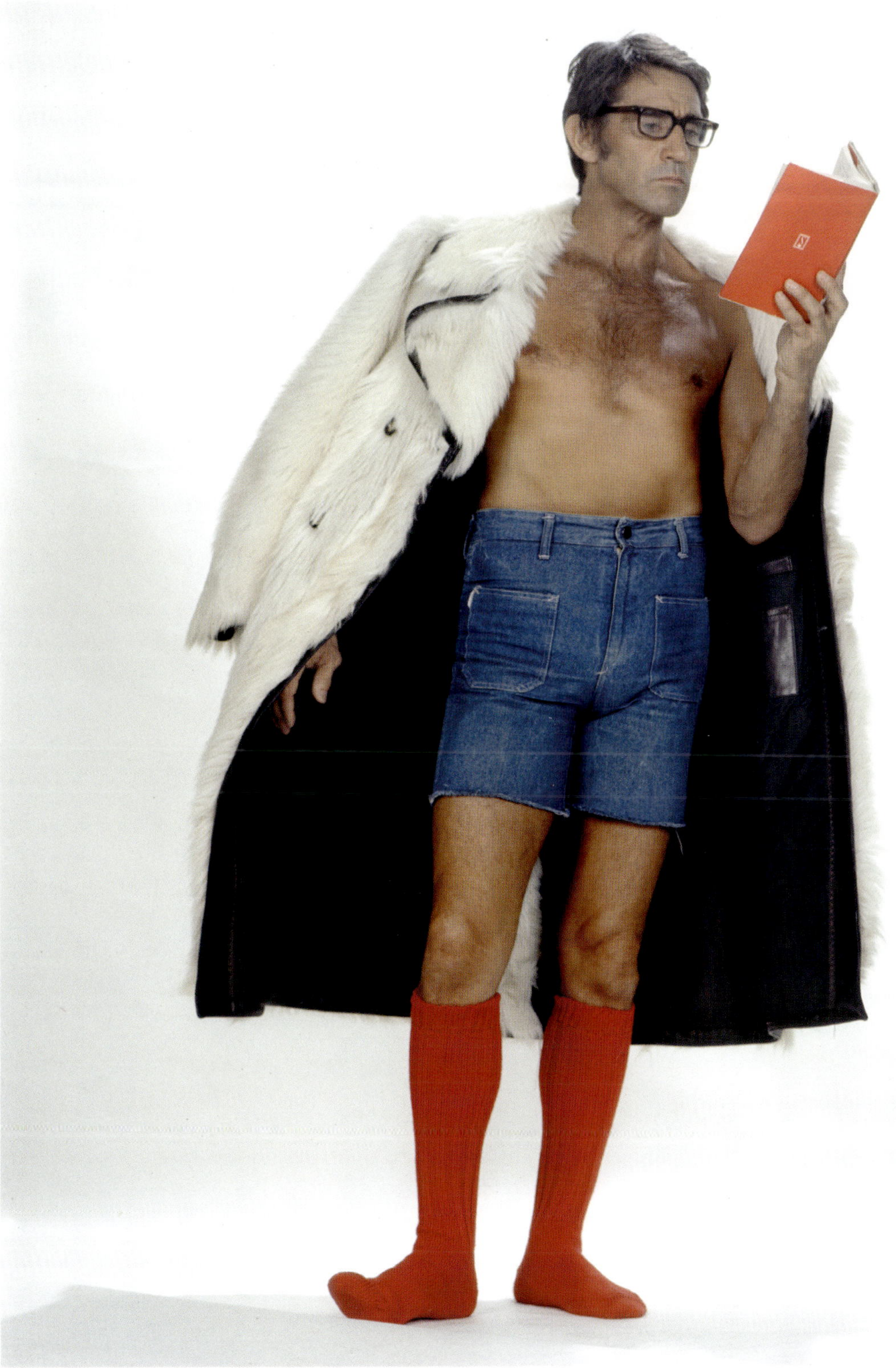

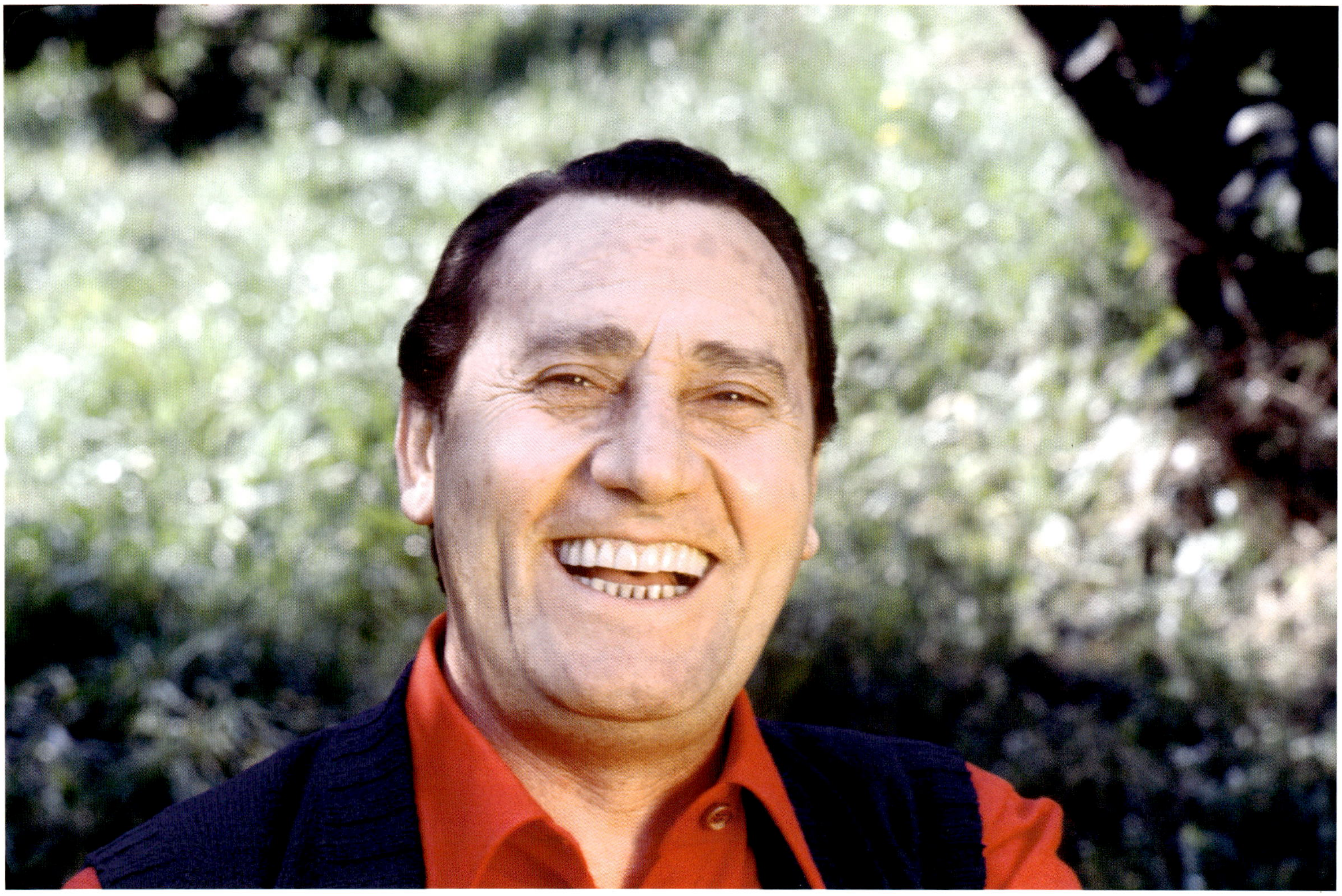

Alberto Sordi

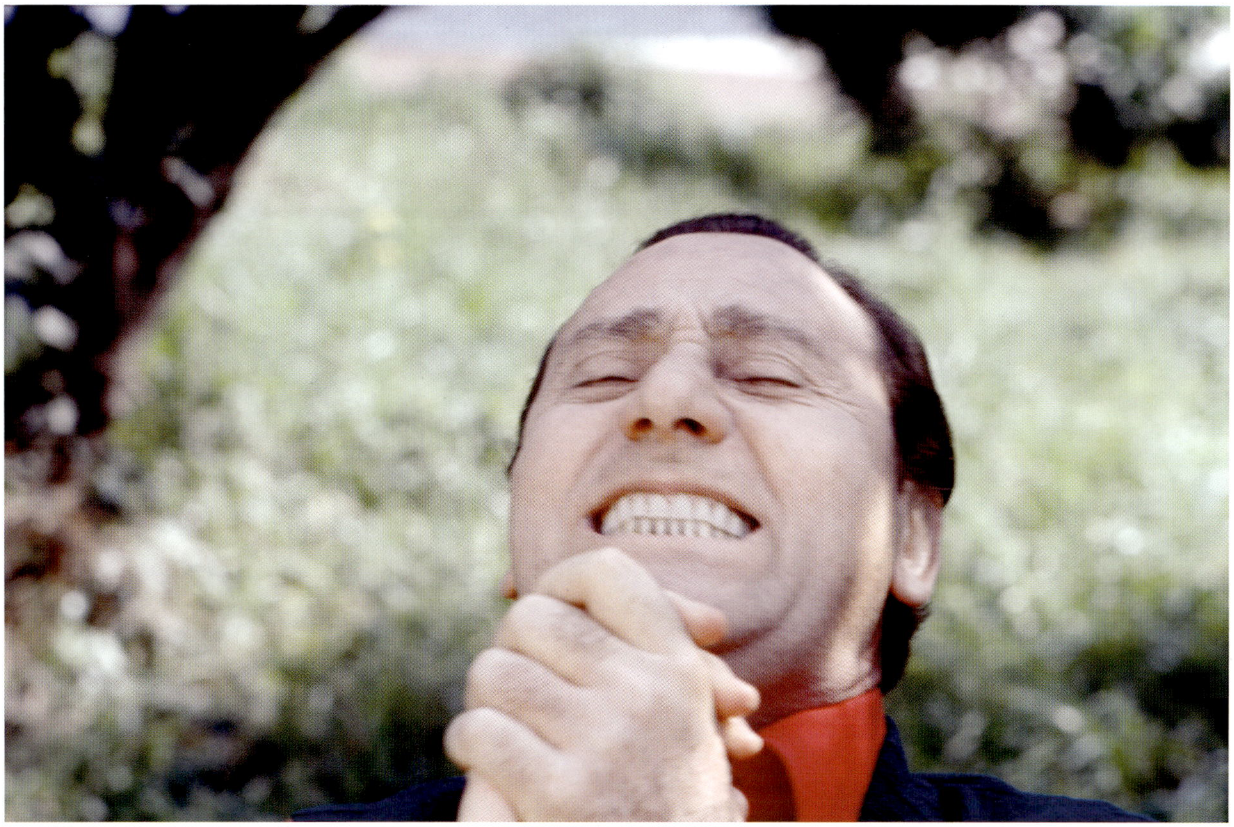

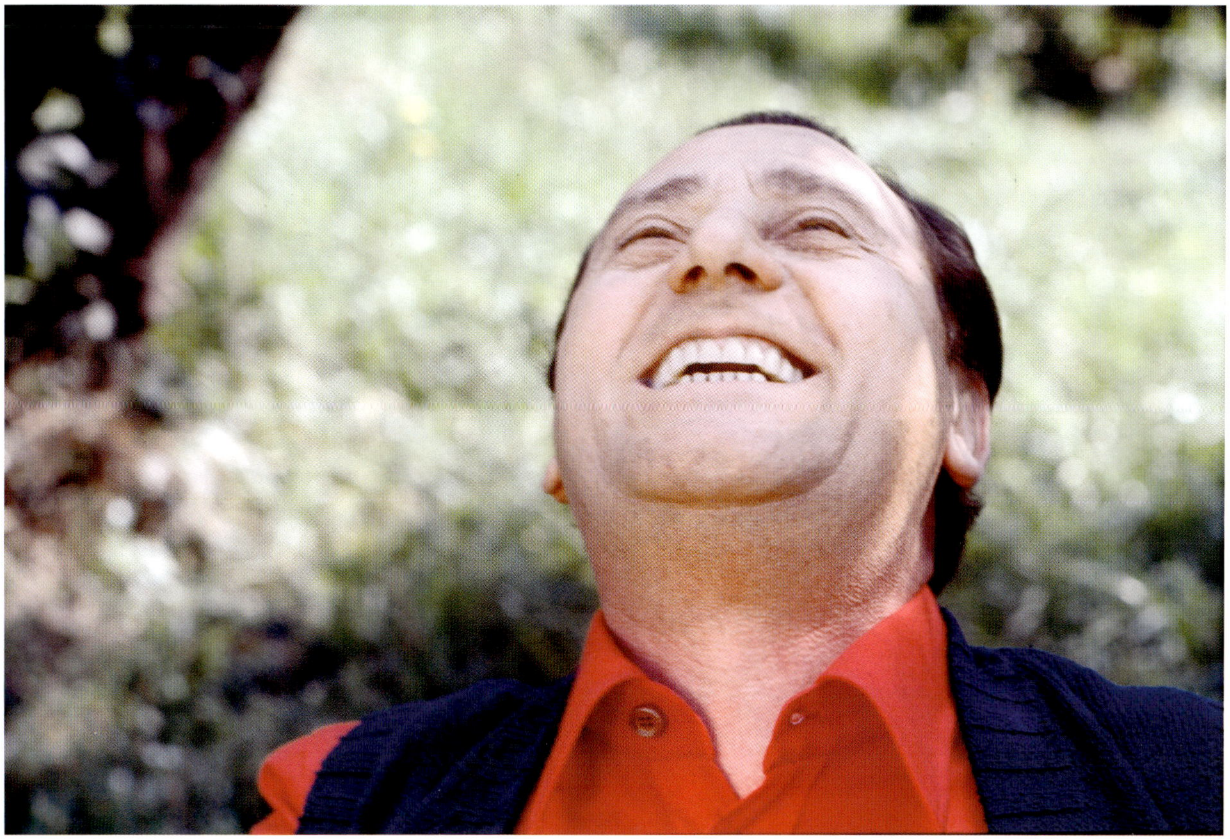

COPPIE COUPLES COUPLES

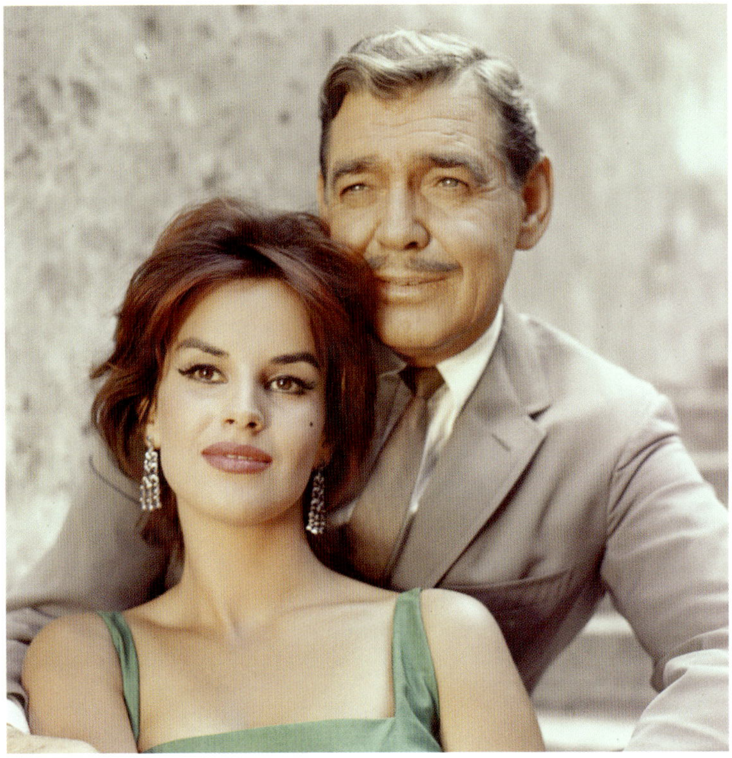

Clark Gable e / and / et Antonella Lualdi

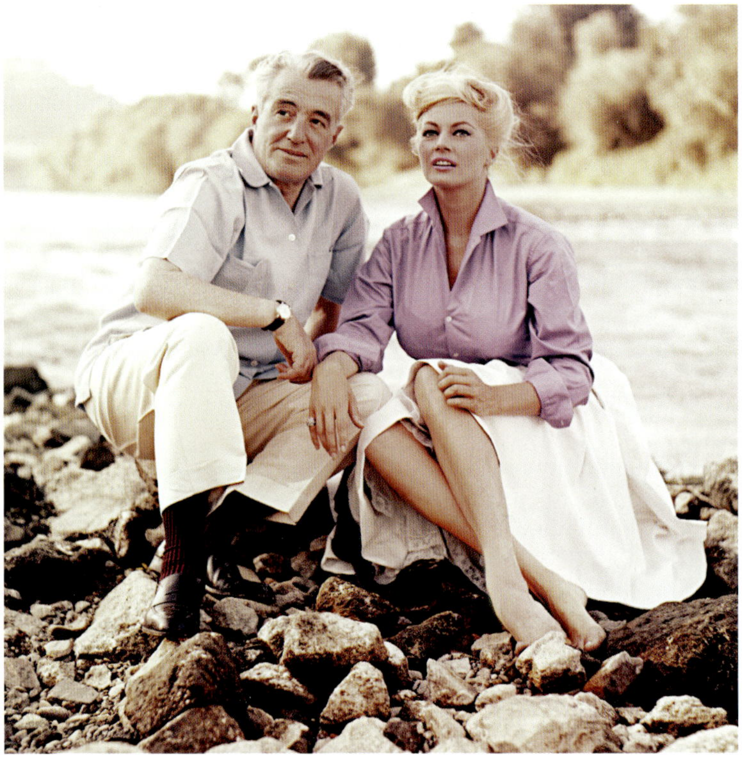

Vittorio De Sica e / and / et Anita Ekberg

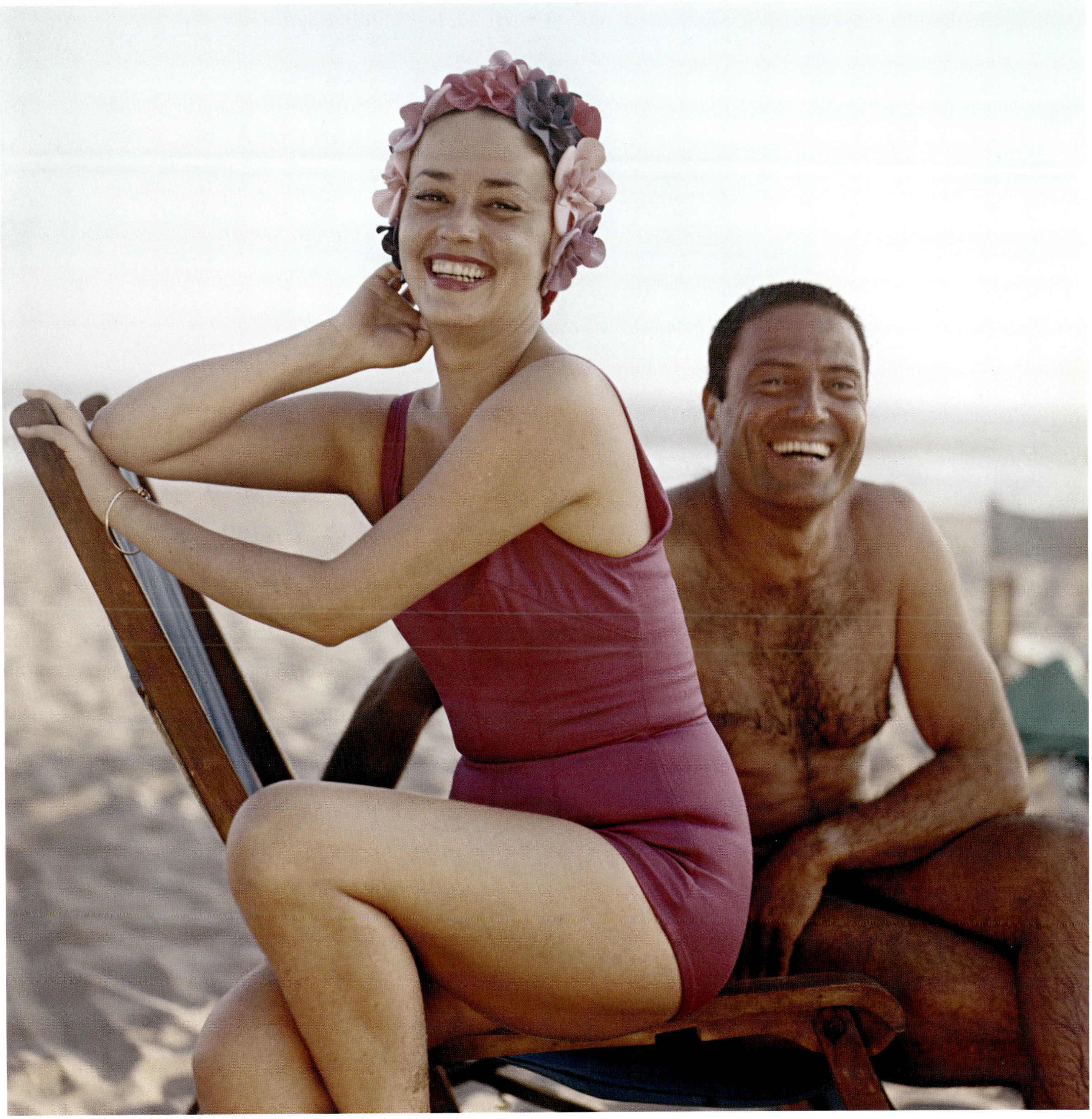

Jeanne Moreau e / and / et Raf Vallone

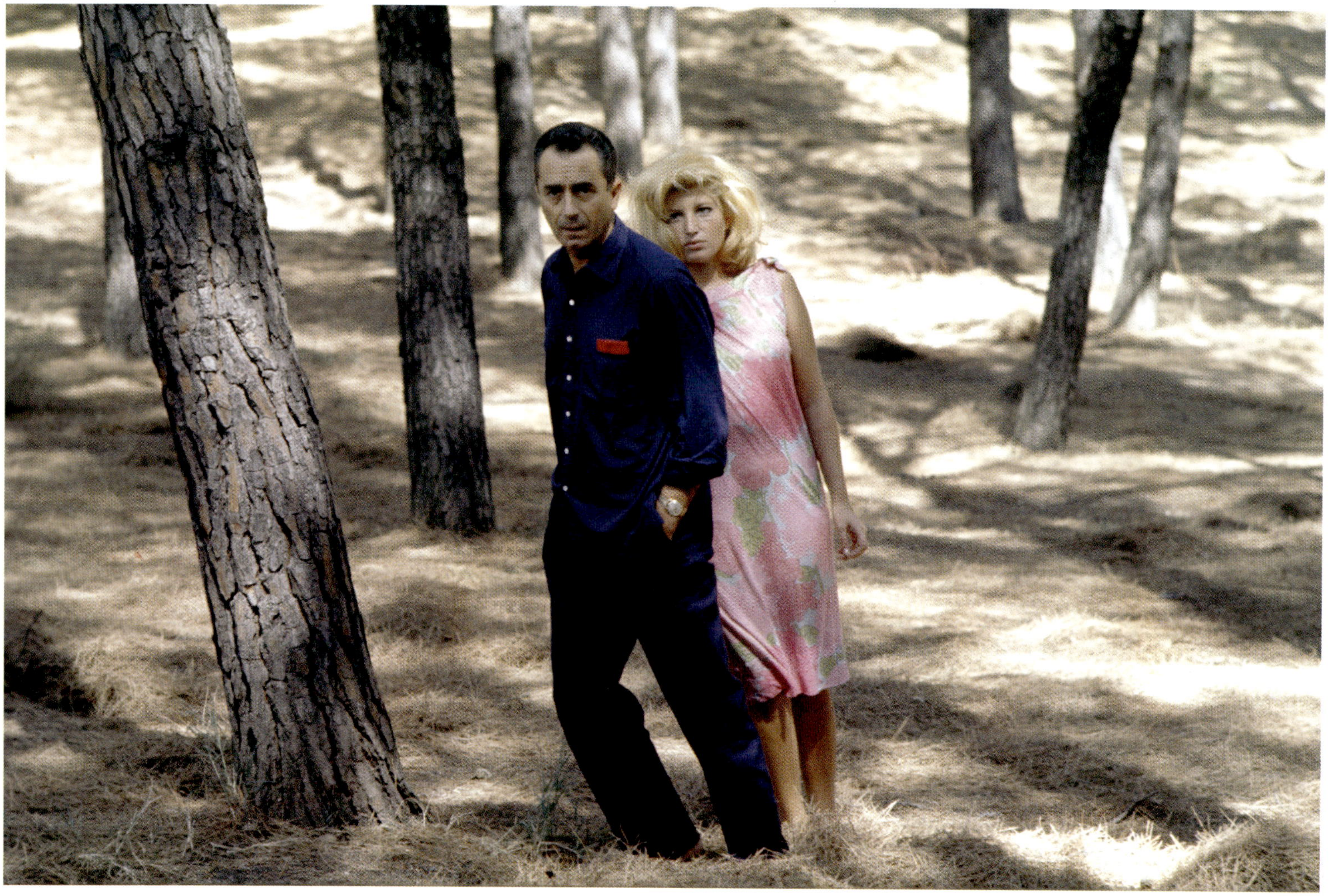

Michelangelo Antonioni e / and / et Monica Vitti

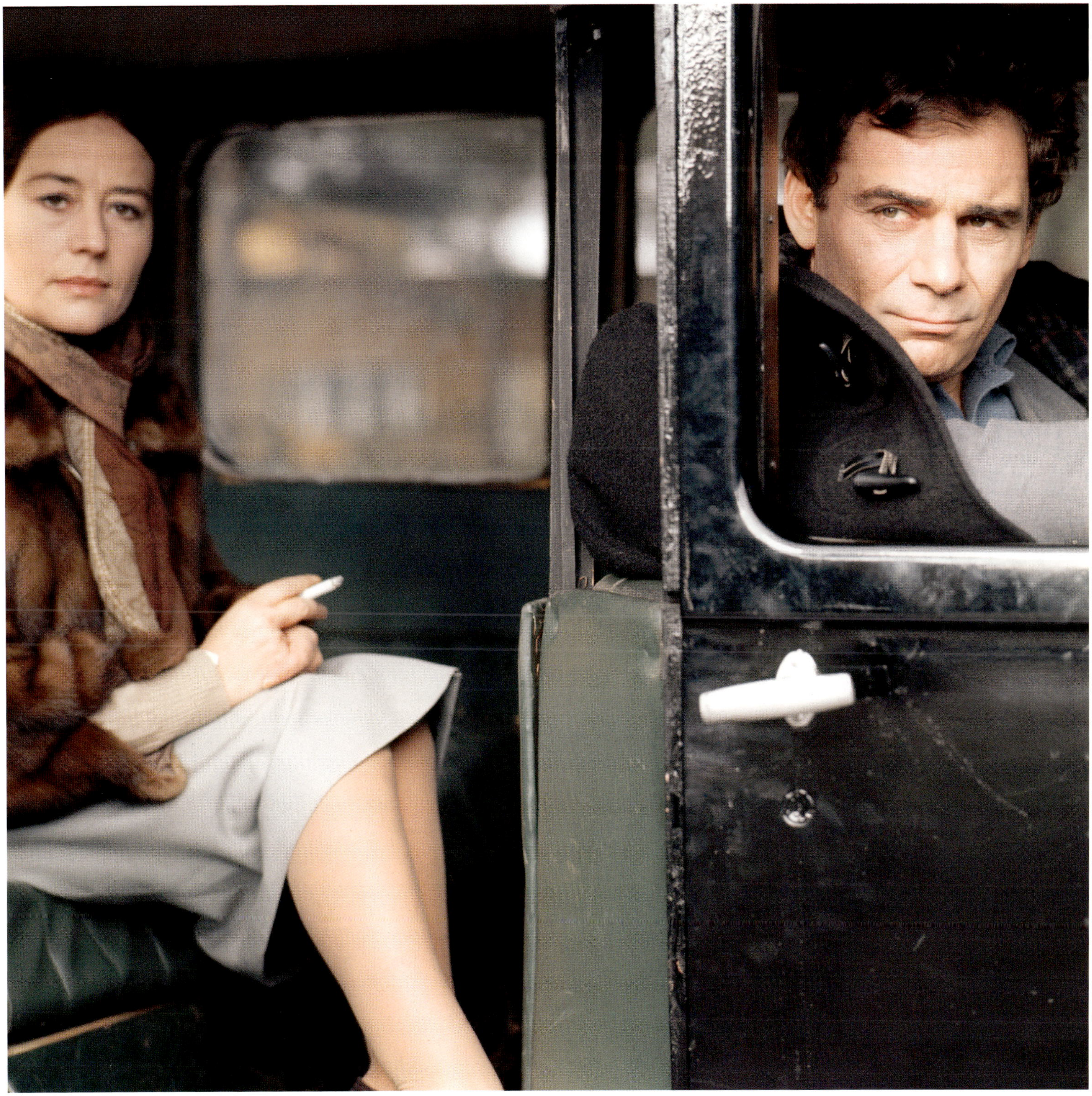

Annie Girardot e / and / et Gian Maria Volonté

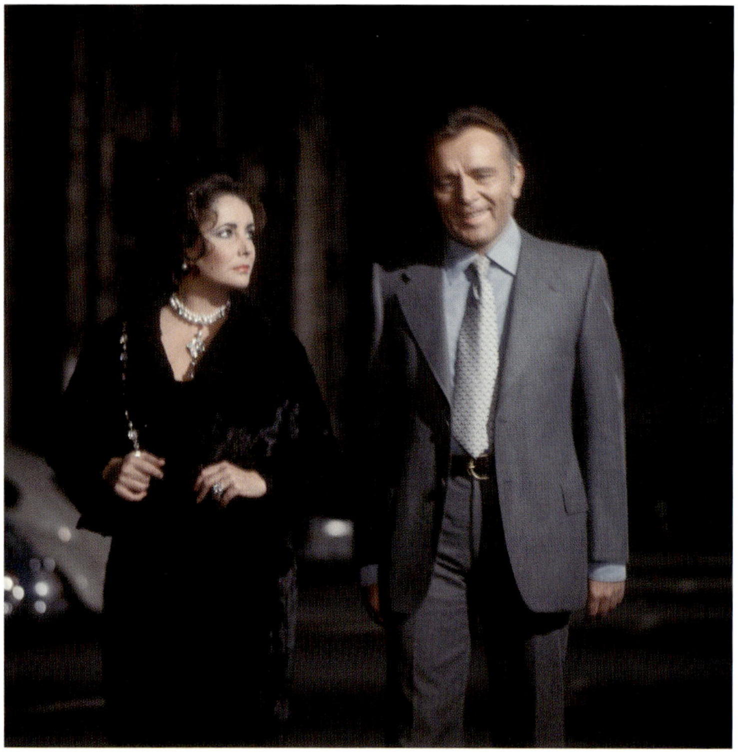

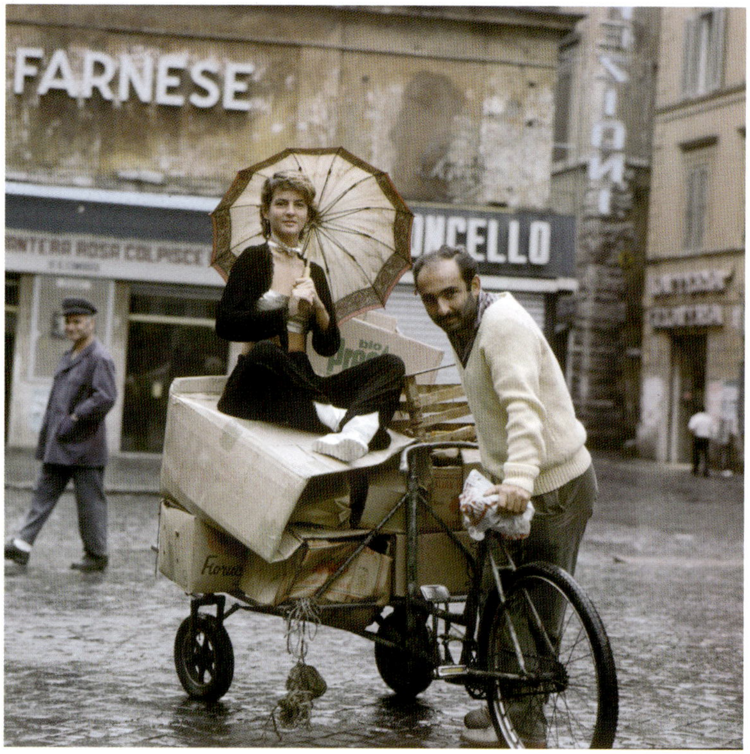

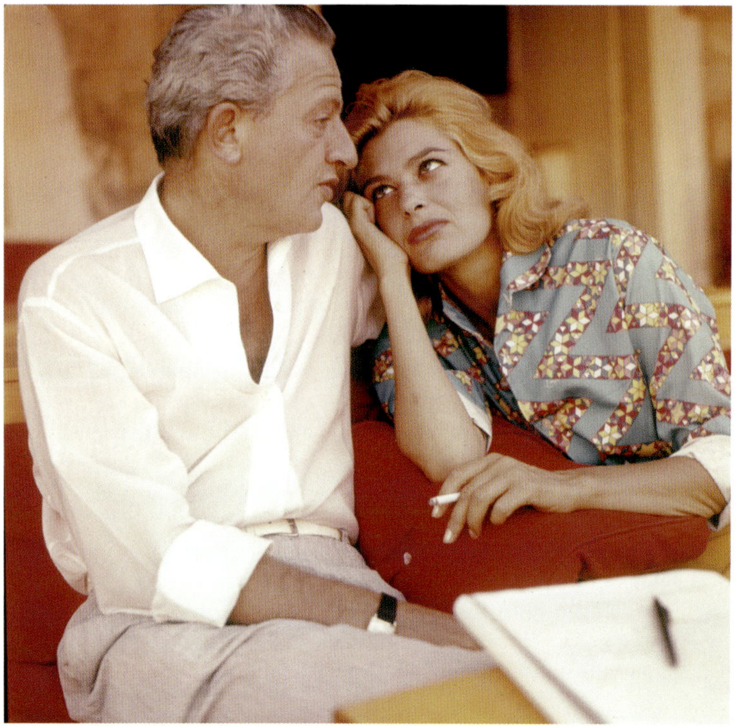

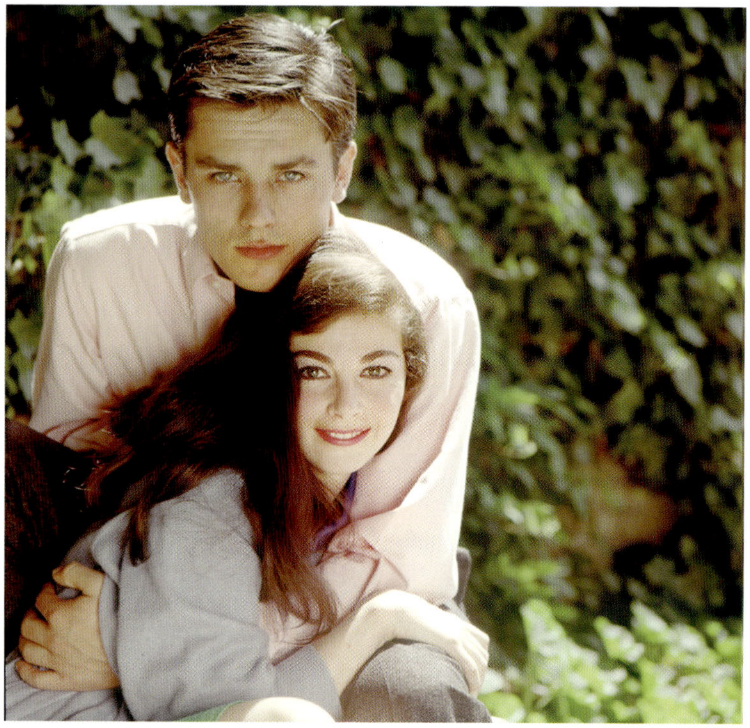

Elizabeth Taylor e / and / et Richard Burton
Melina Mercouri e / and / et Jules Dassin

Giuliana De Sio e / and / et Alessandro Haber
Alain Delon e / and / et Anna Maria Pierangeli

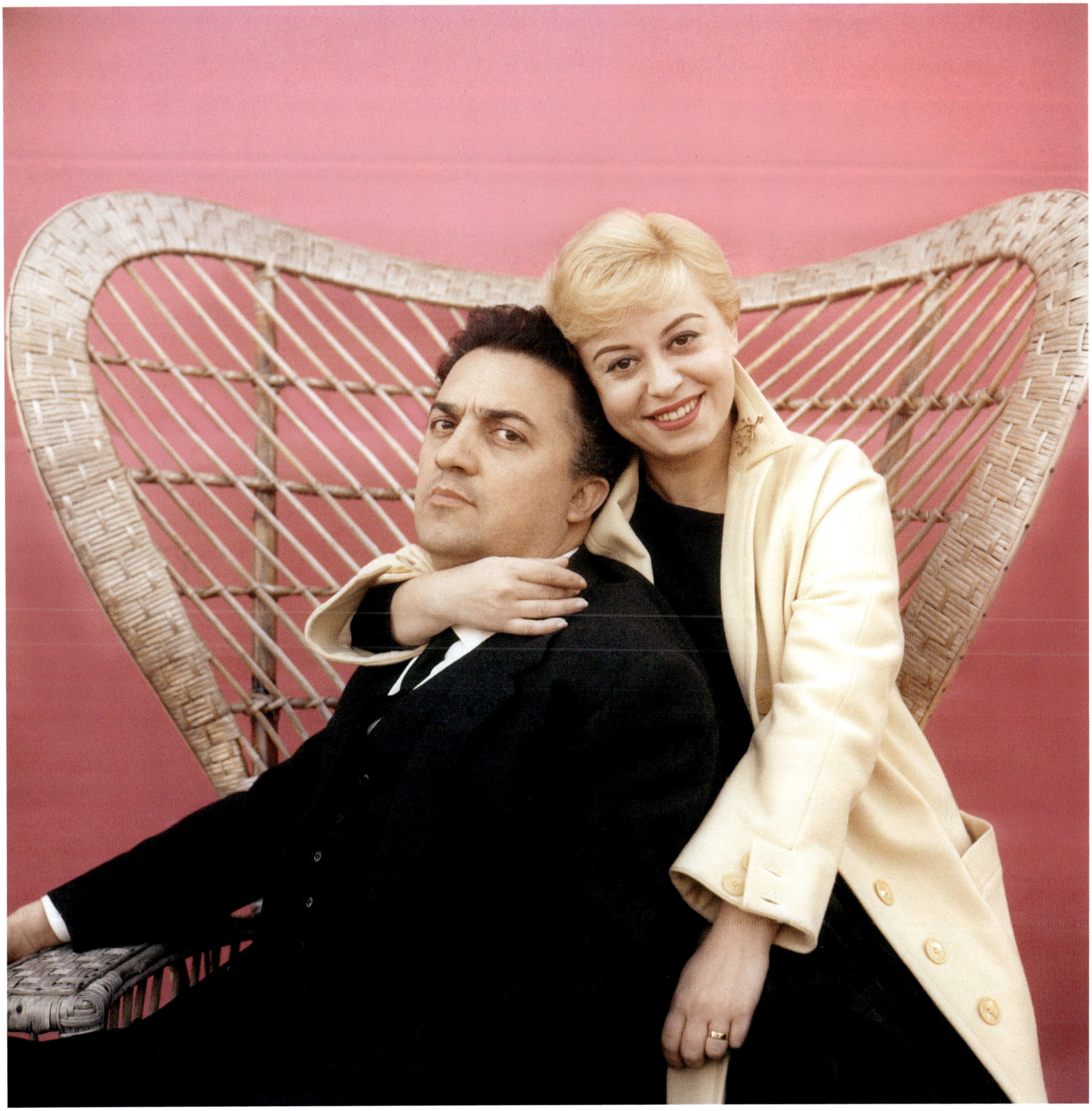

Federico Fellini e / and / et Giulietta Masina

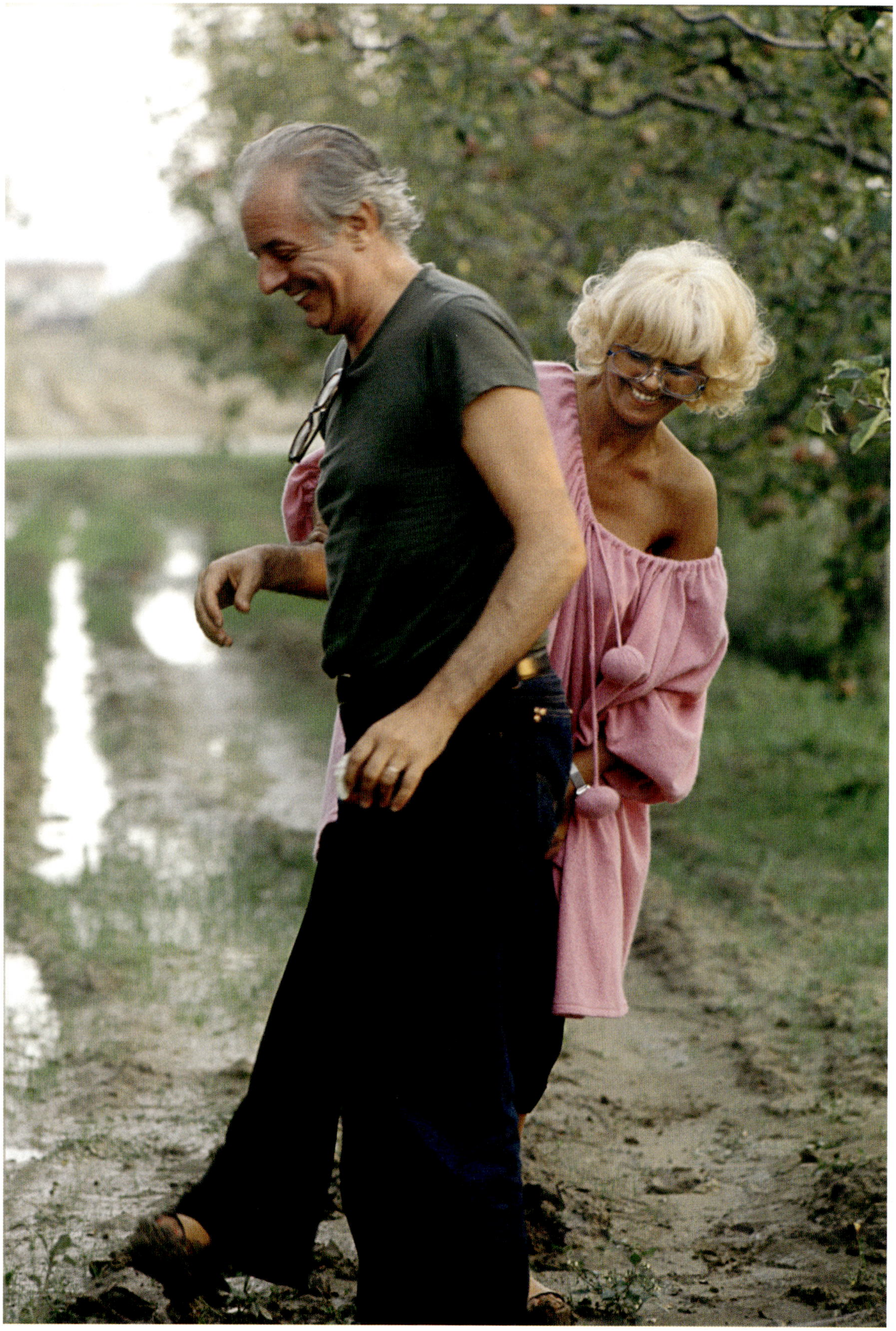

Dario Fo e / and / et Franca Rame

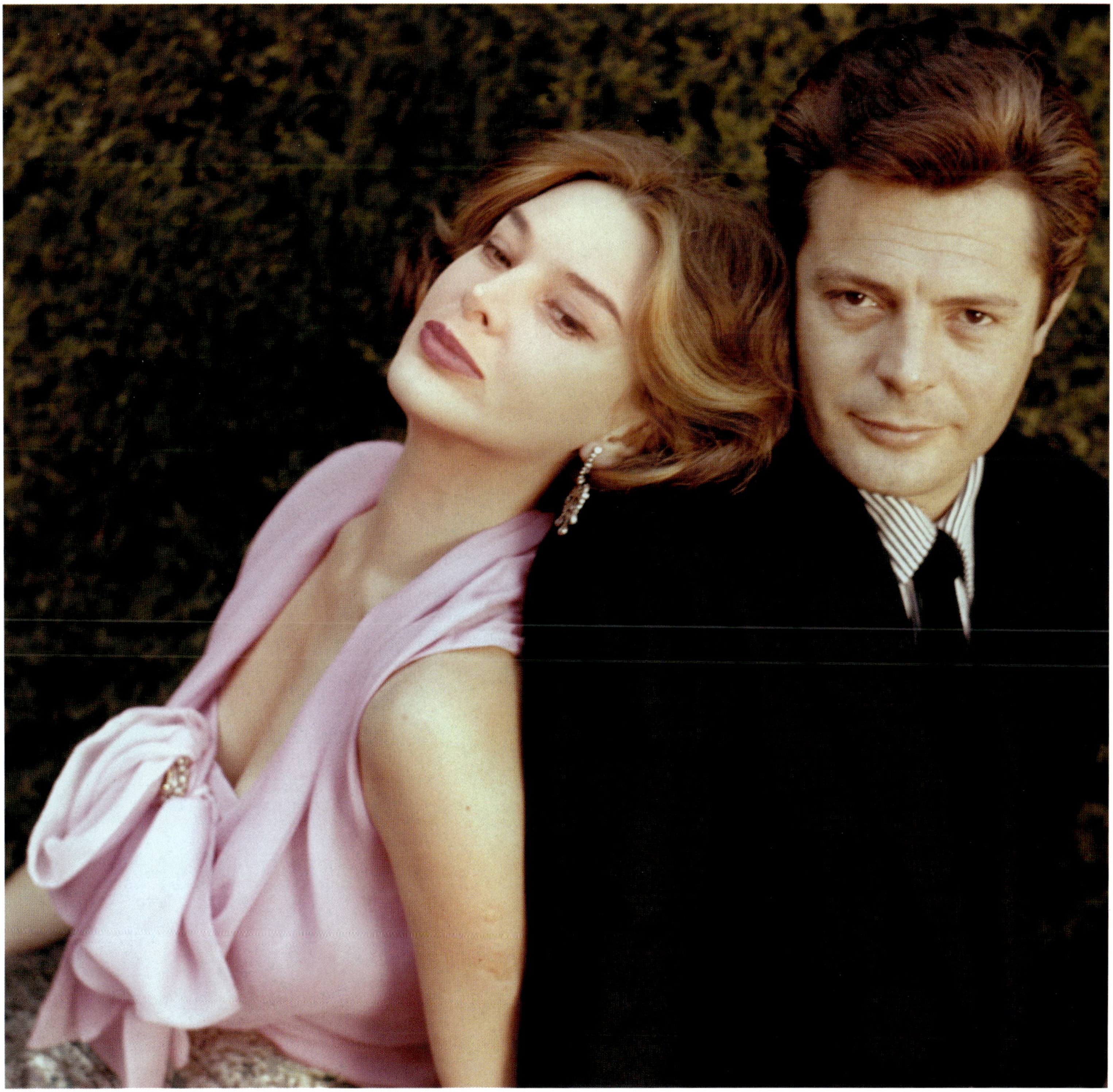

Eleonora Rossi Drago e / and / et Marcello Mastroianni

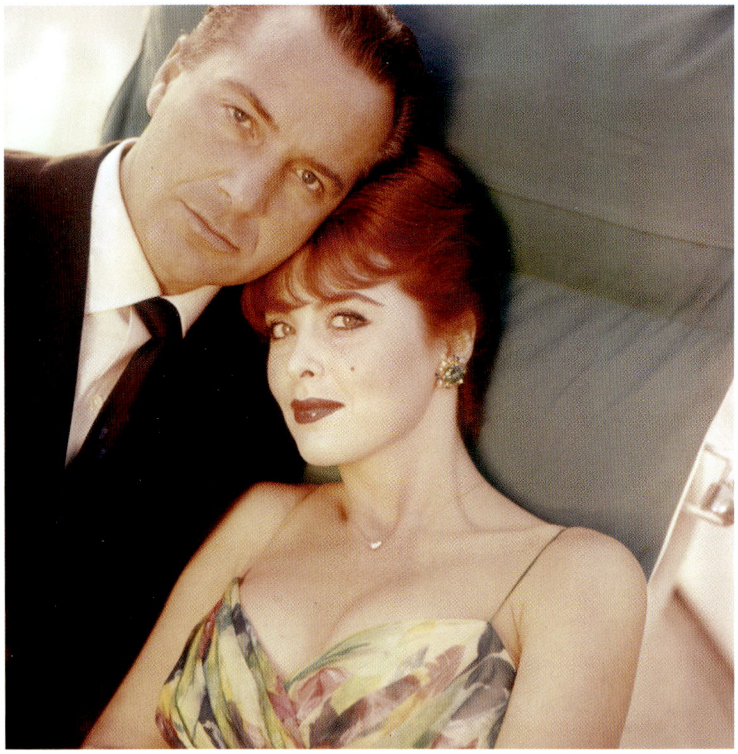

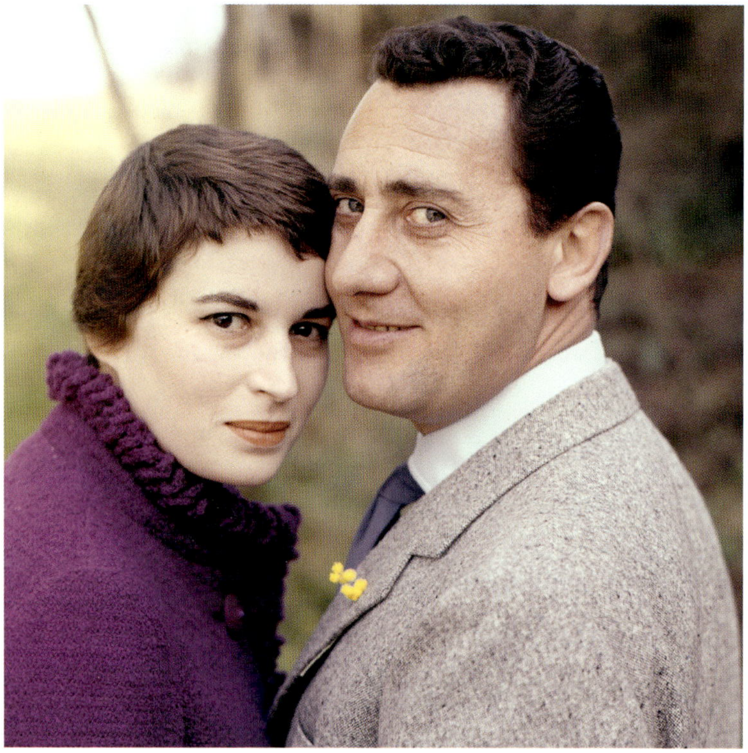

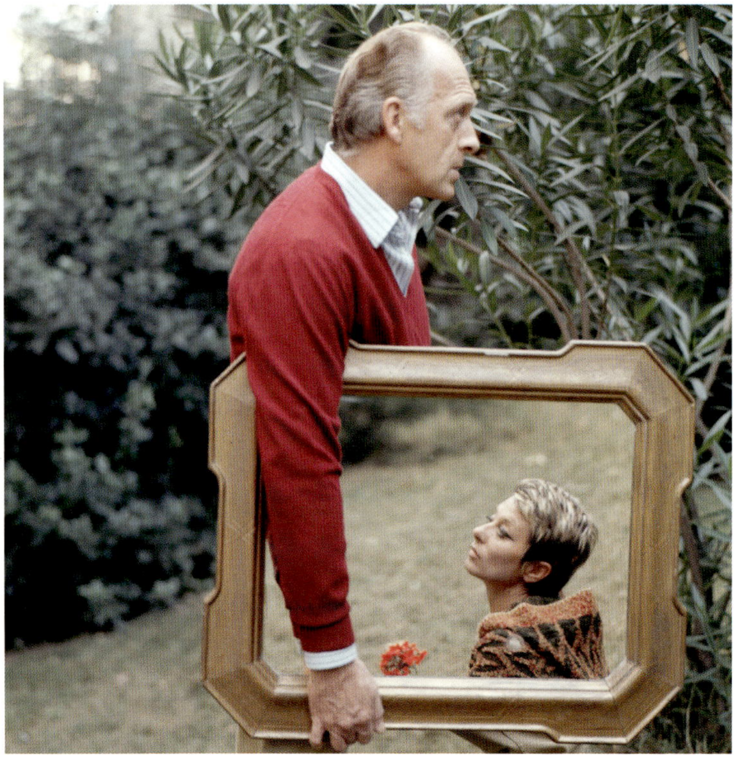

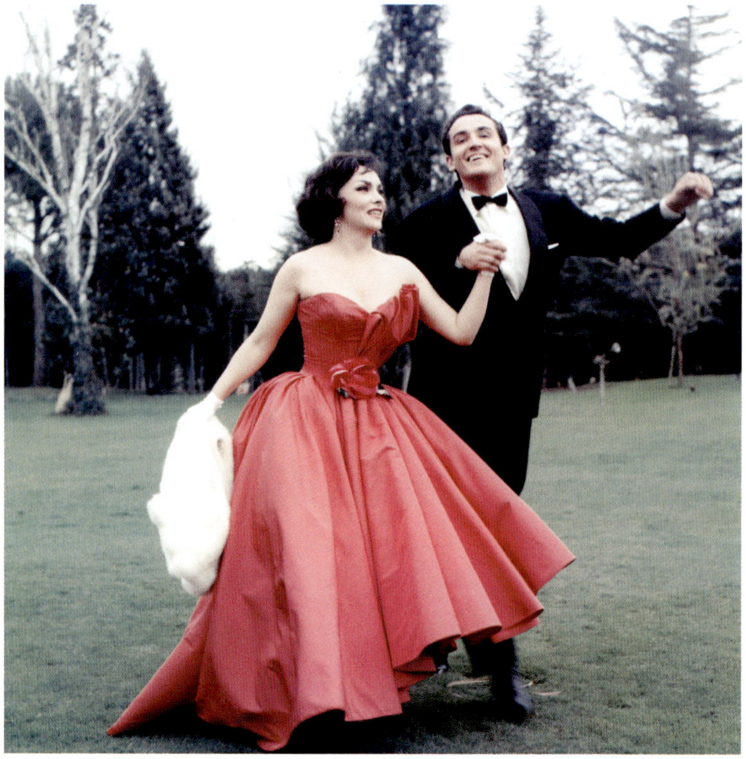

Rossano Brazzi e / and / et Tina Louise
Raimondo Vianello e / and / et Sandra Mondaini

Silvana Mangano e / and / et Alberto Sordi
Gina Lollobrigida e / and / et Vittorio Gassman

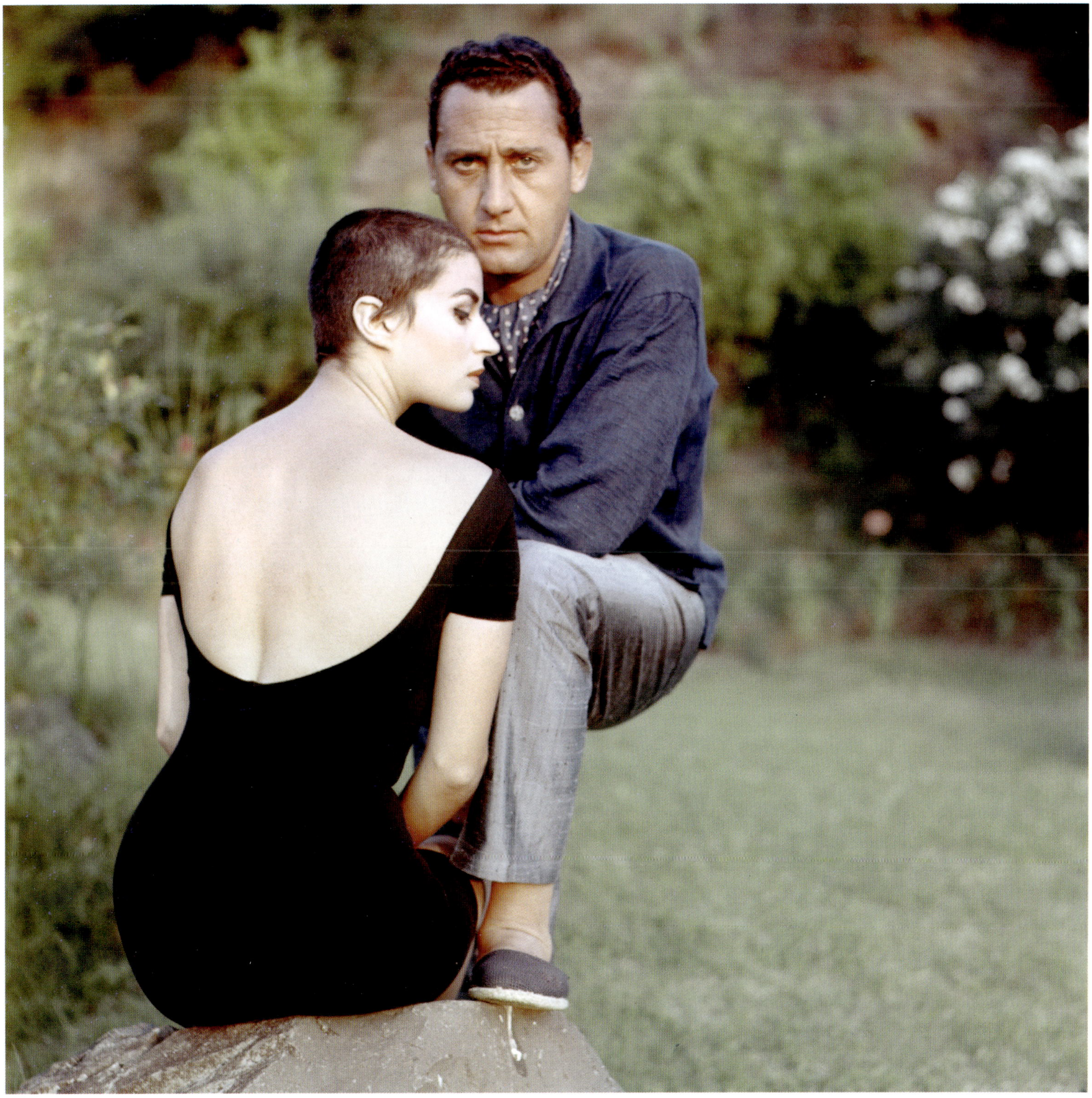

Silvana Mangano e / and / et Alberto Sordi

REGISTI DIRECTORS METTEURS EN SCÈNE

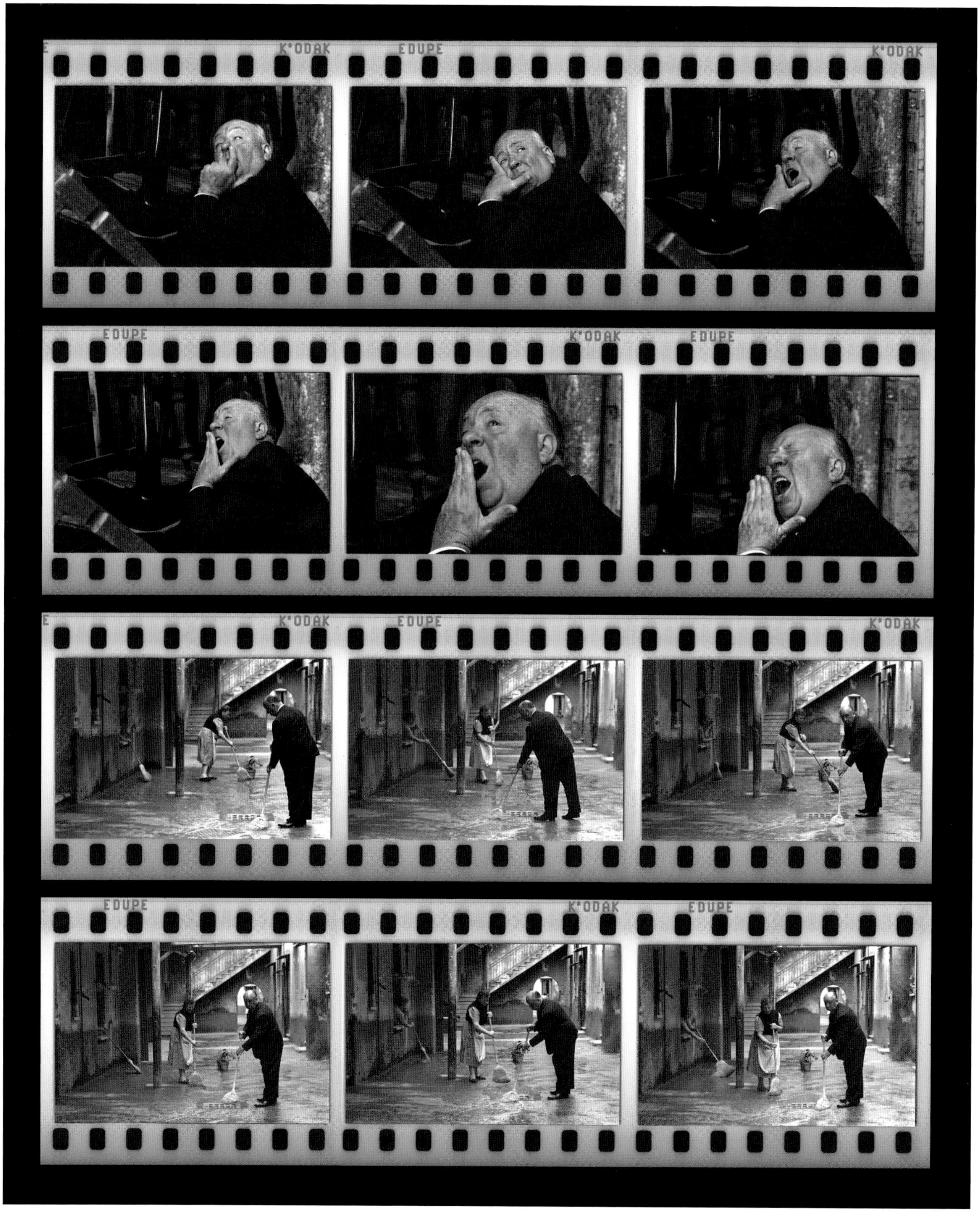

Alfred Hitchcock

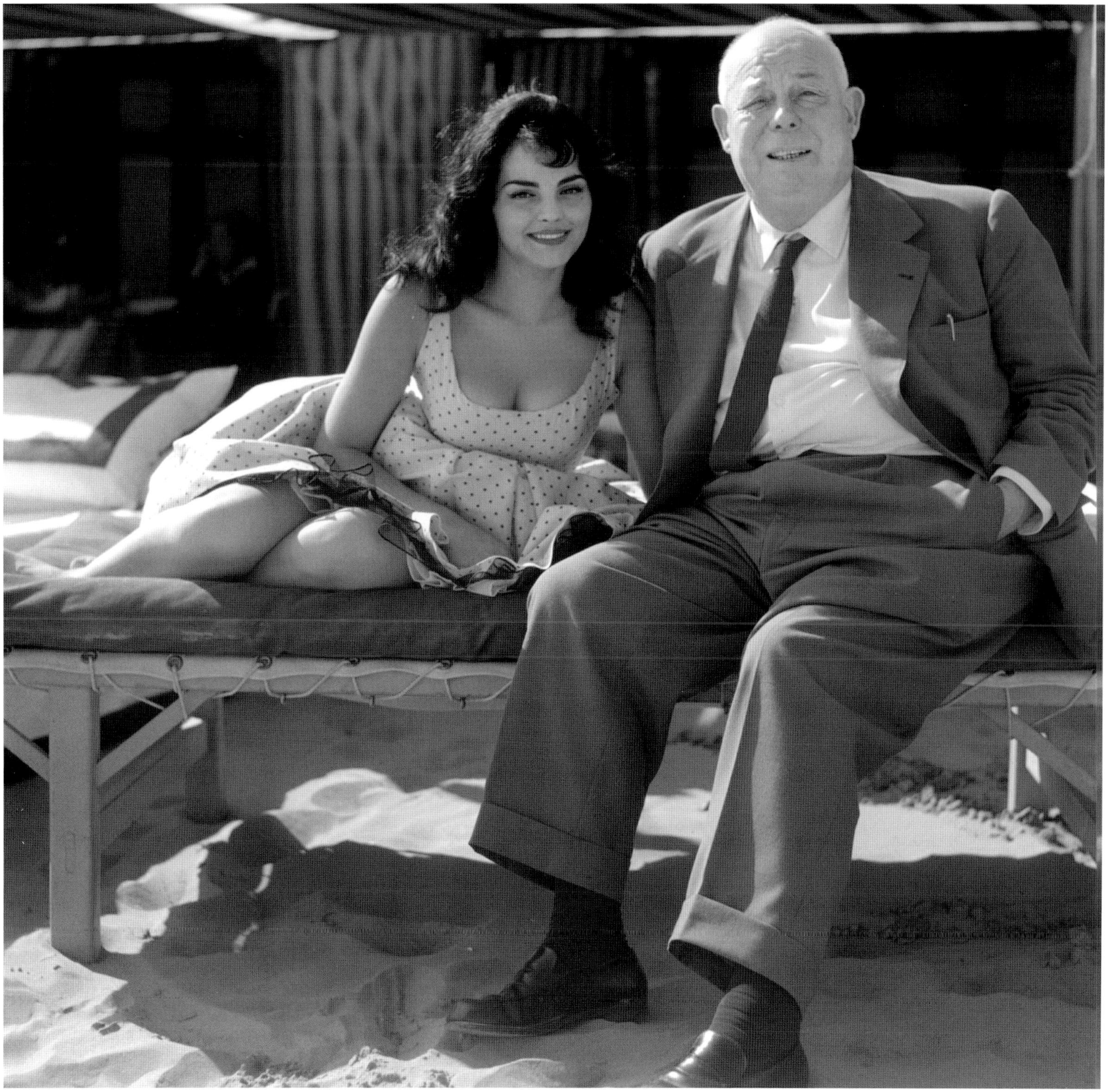

Jean Renoir e / and / et Catherine Rouvel

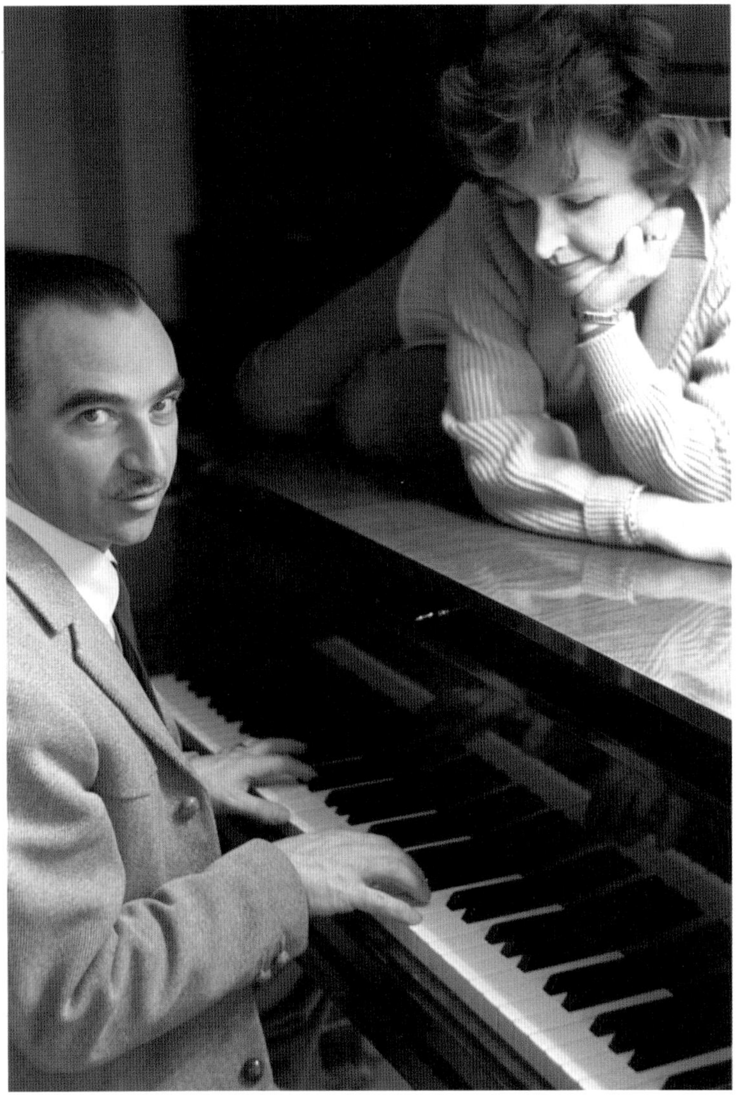

Alberto Lattuada e / and / et Carla Del Poggio

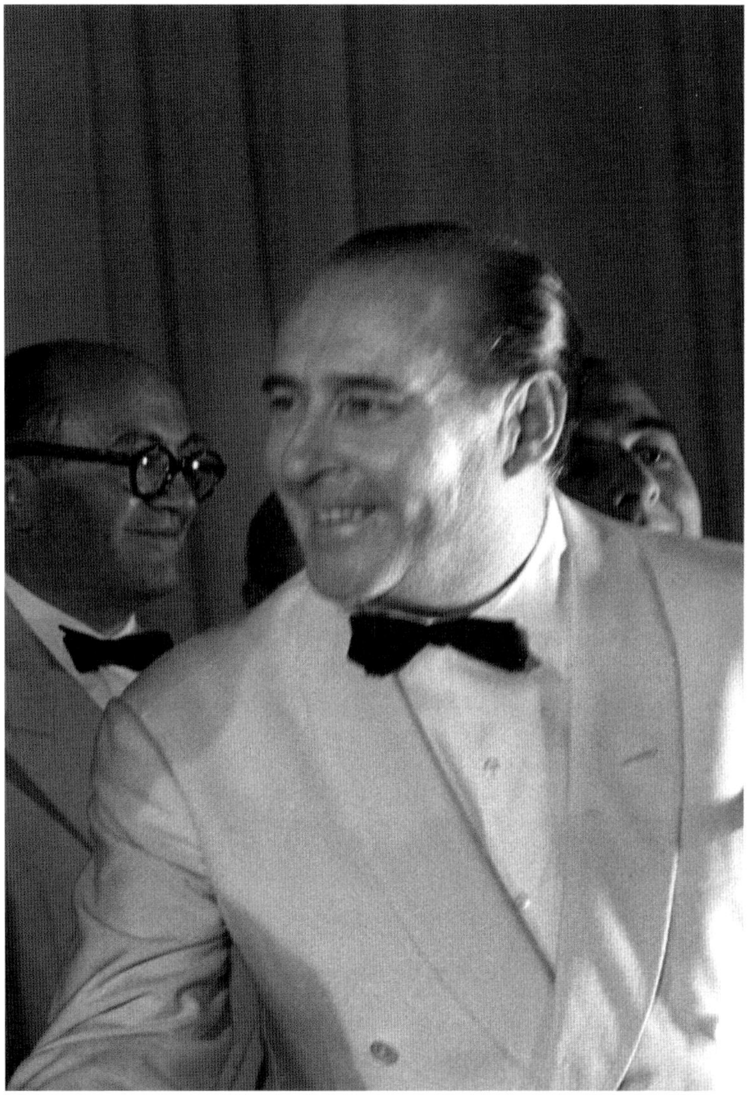

Roberto Rossellini

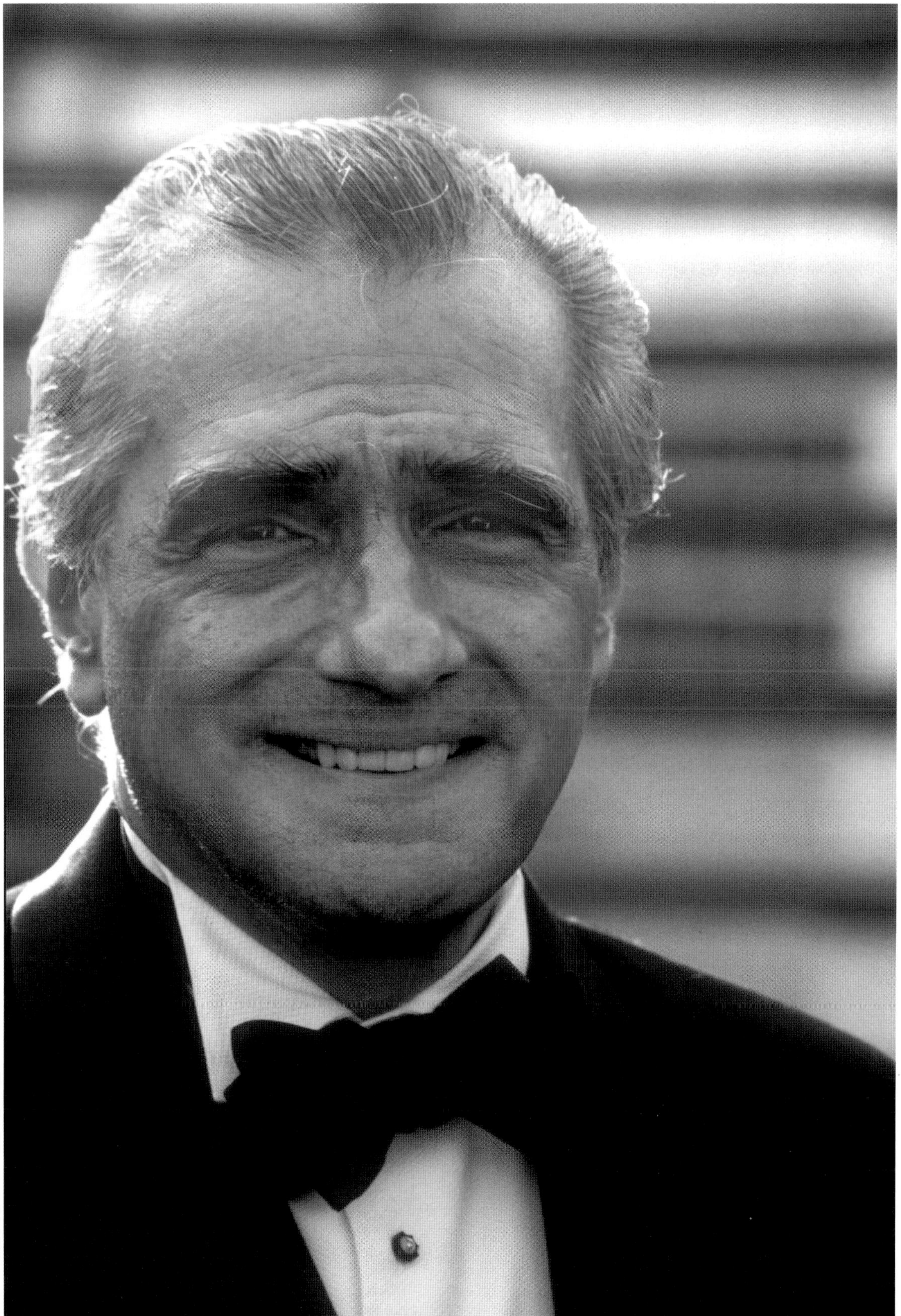

Martin Scorsese

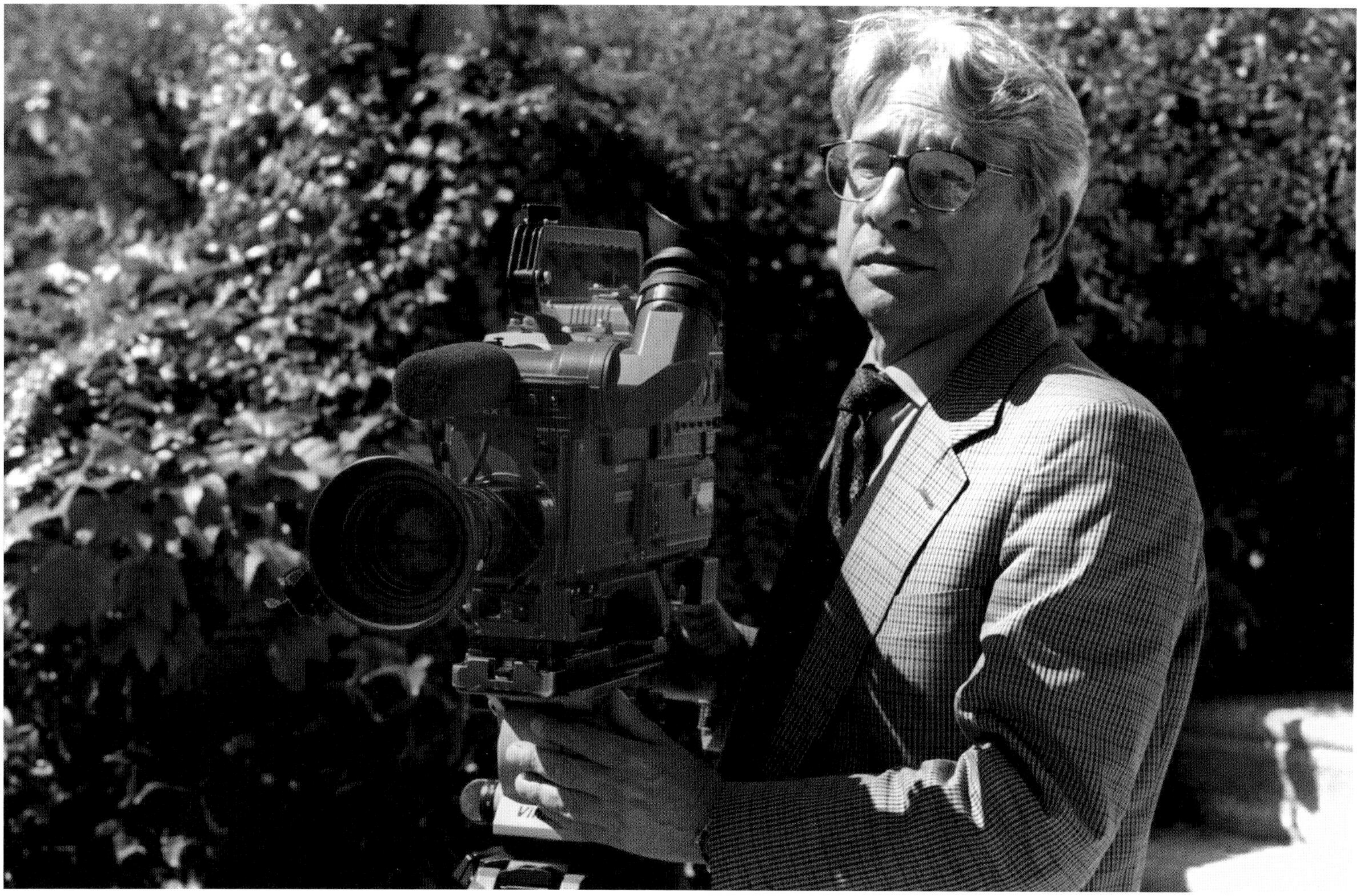

Luigi Magni

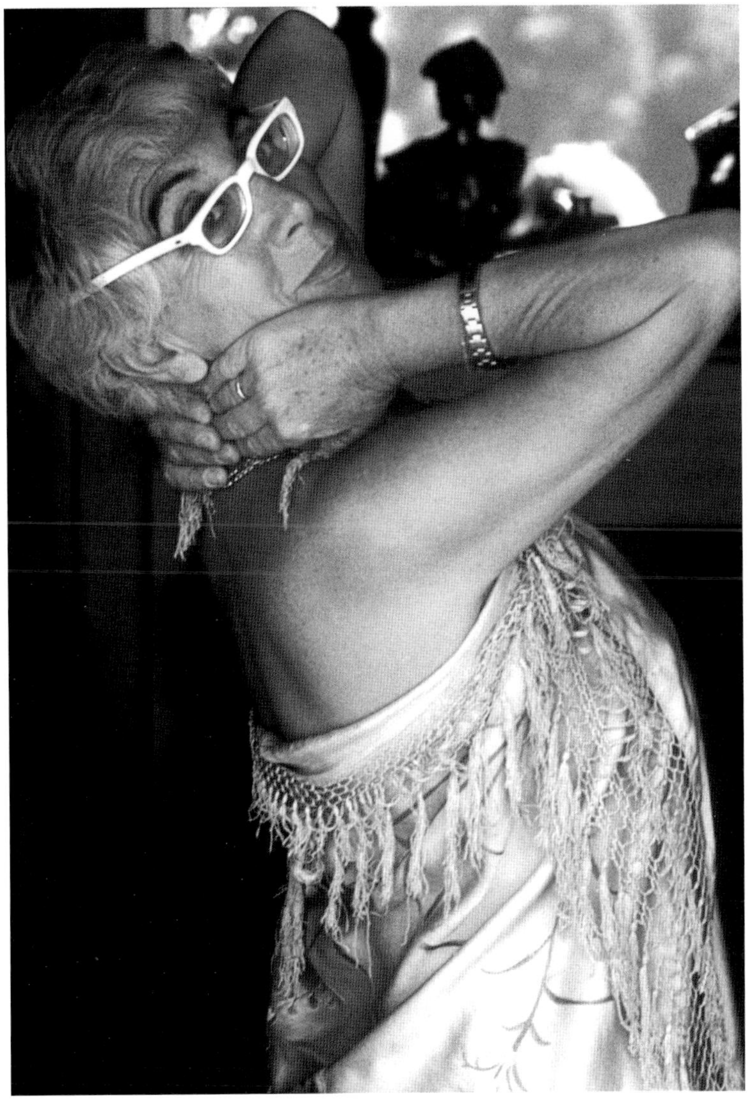

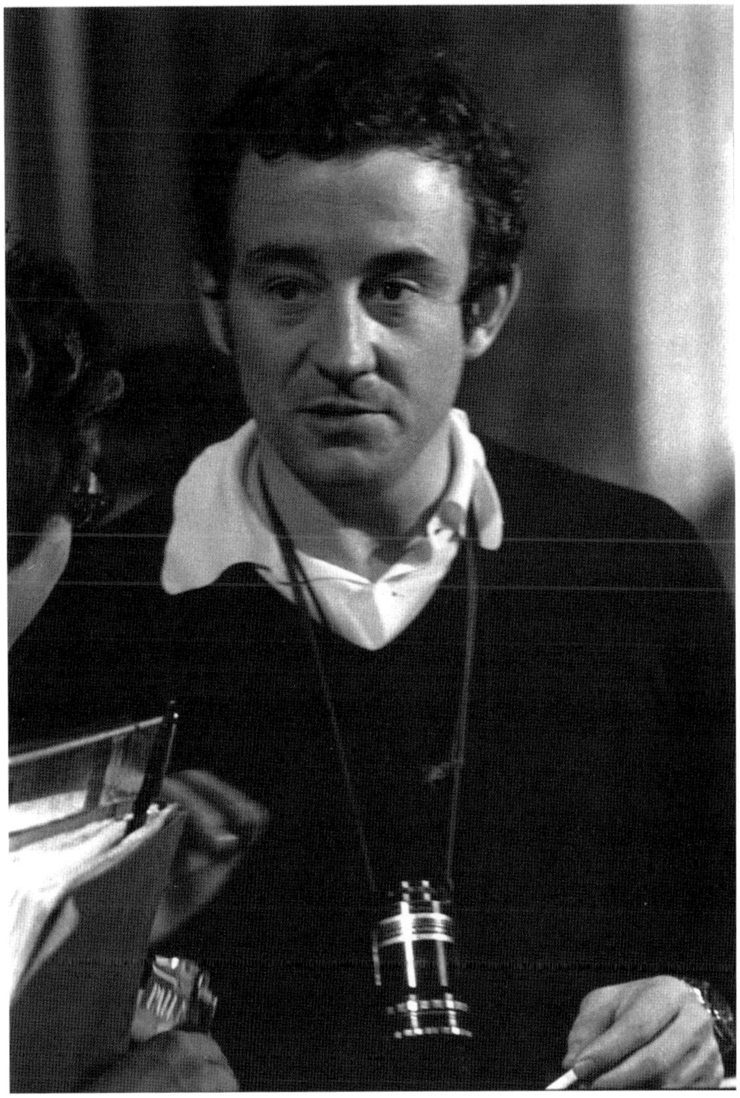

Lina Wertmüller

Louis Malle

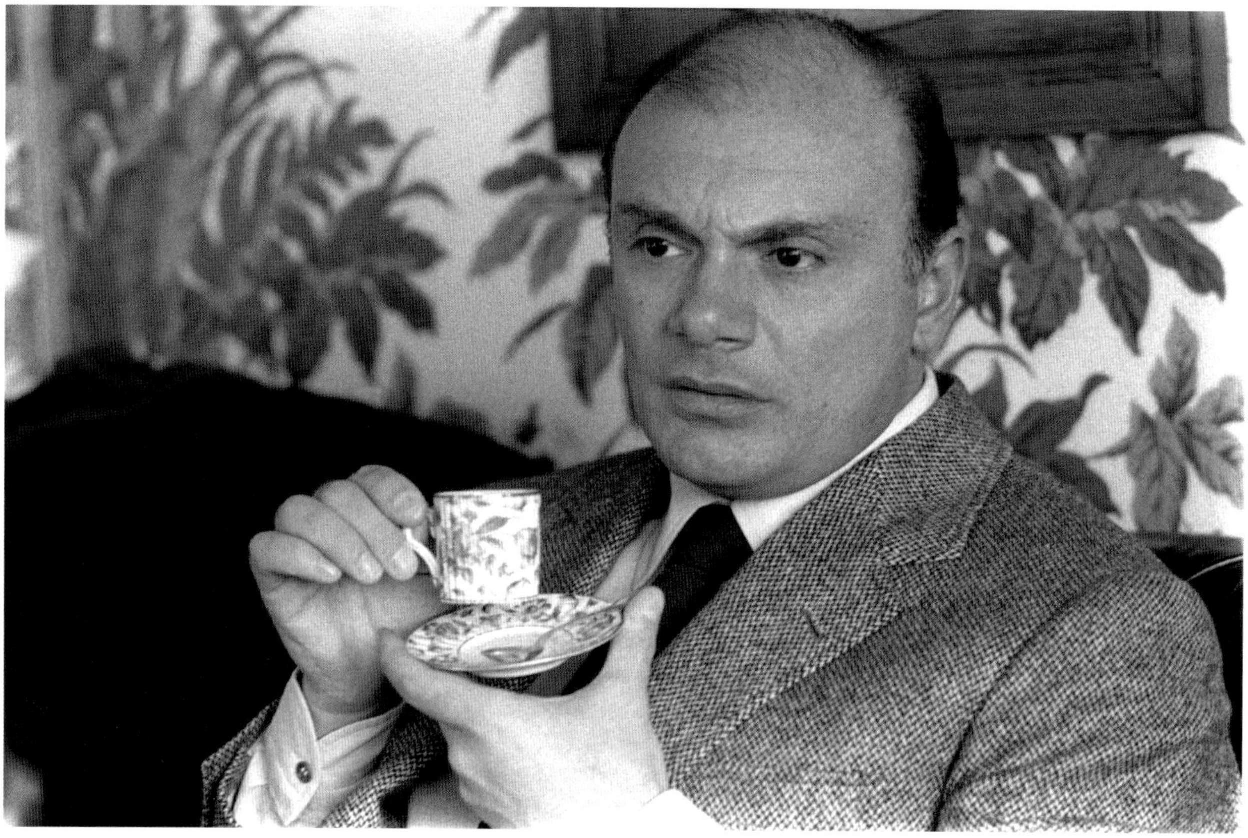

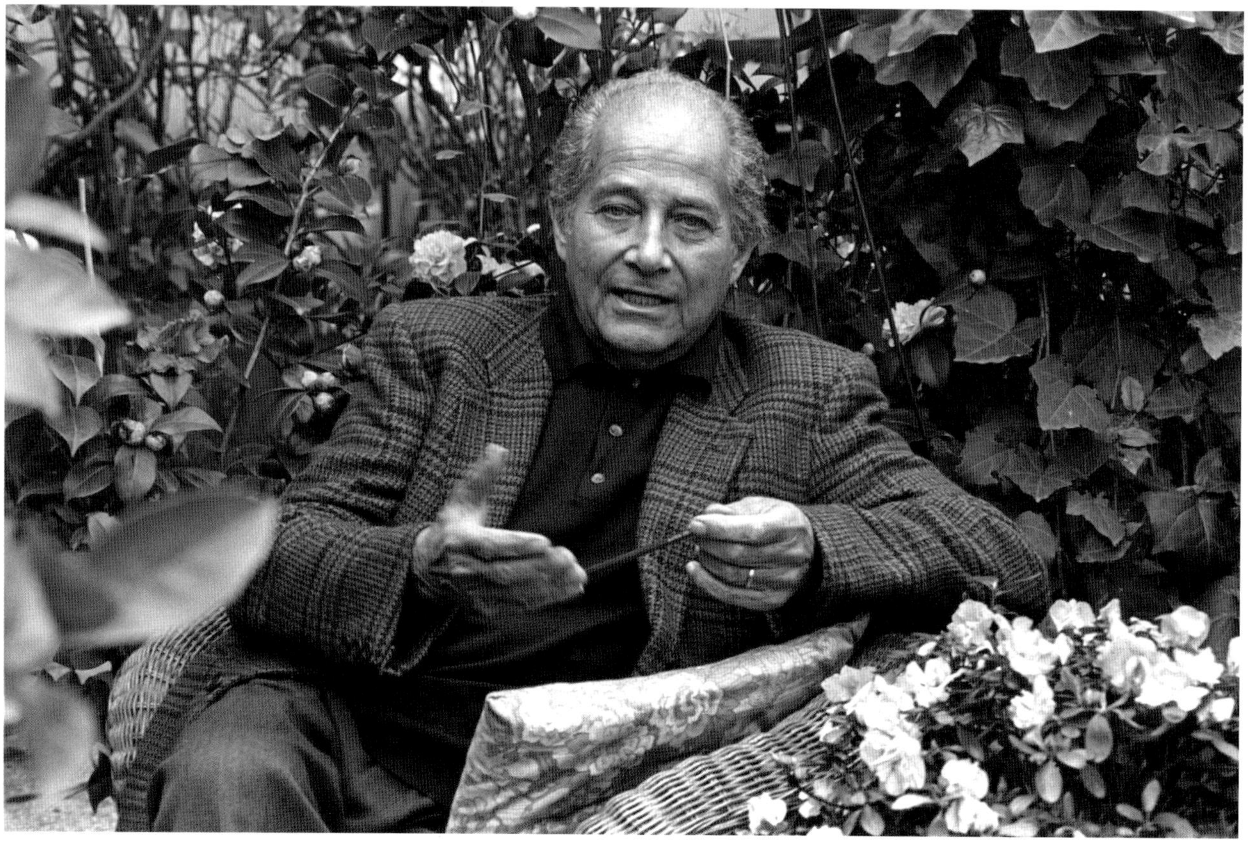

Francesco Rosi
Gillo Pontecorvo

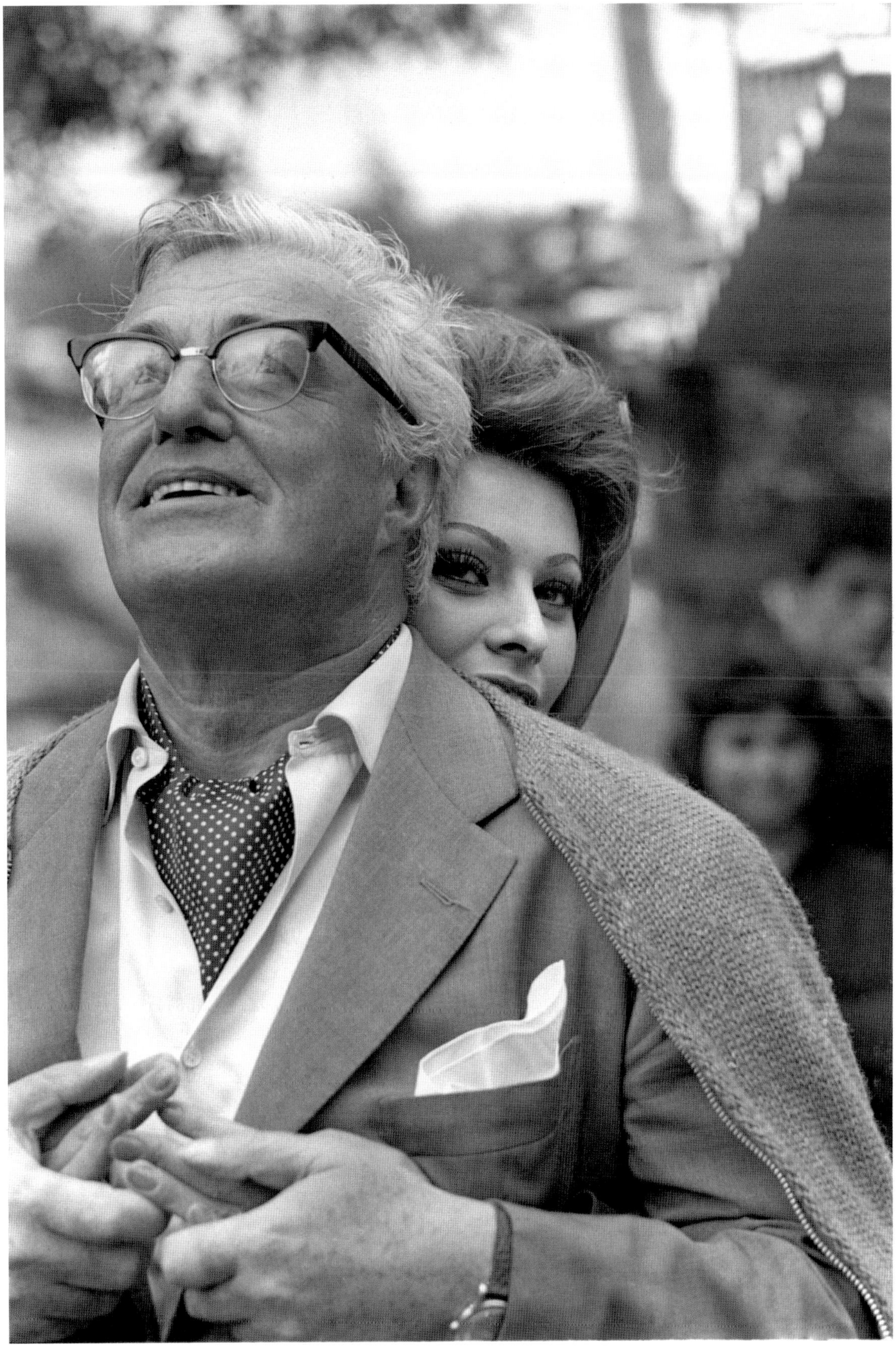

Vittorio De Sica e / and / et Sophia Loren

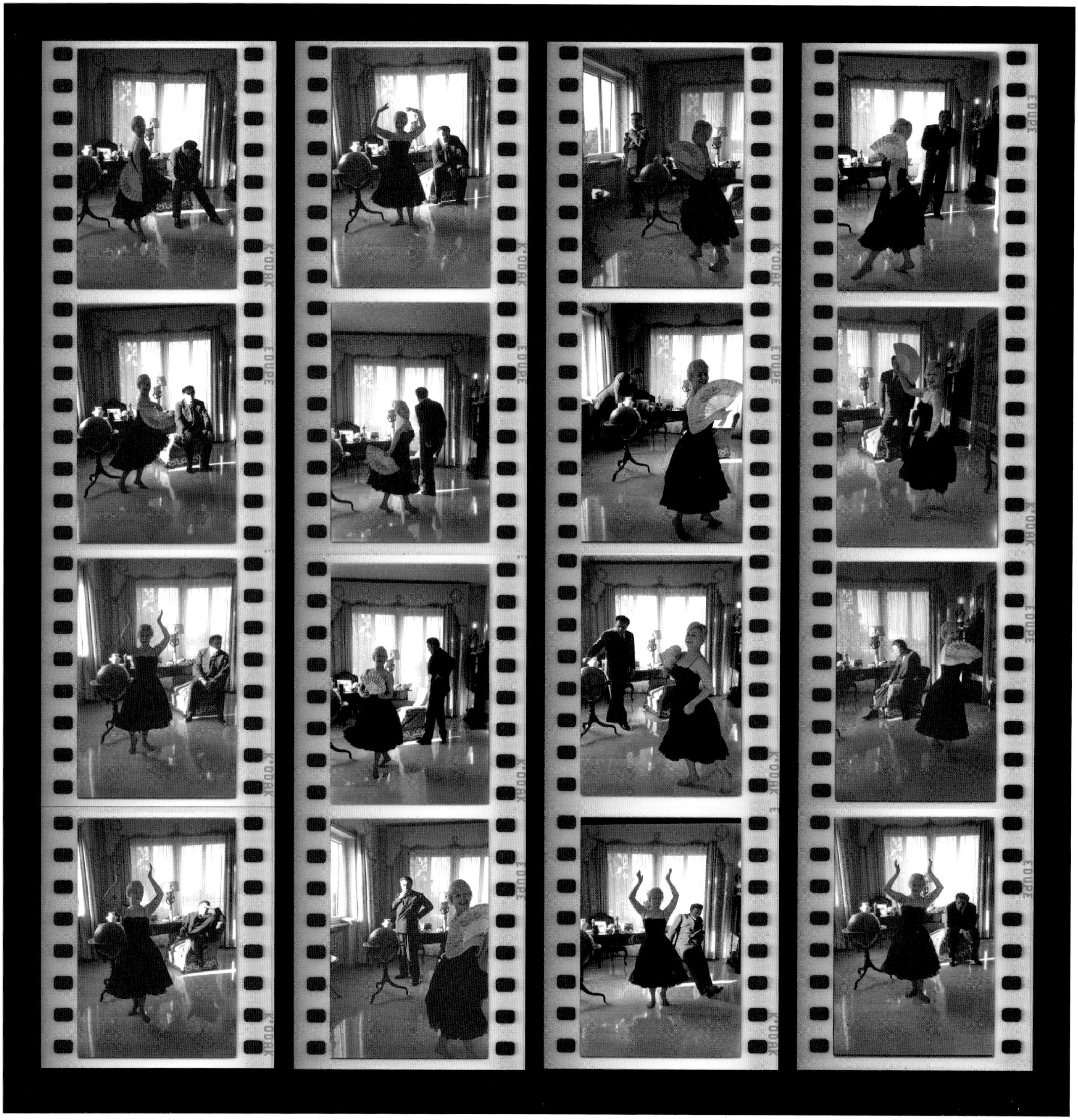

Federico Fellini e / and / et Giulietta Masina

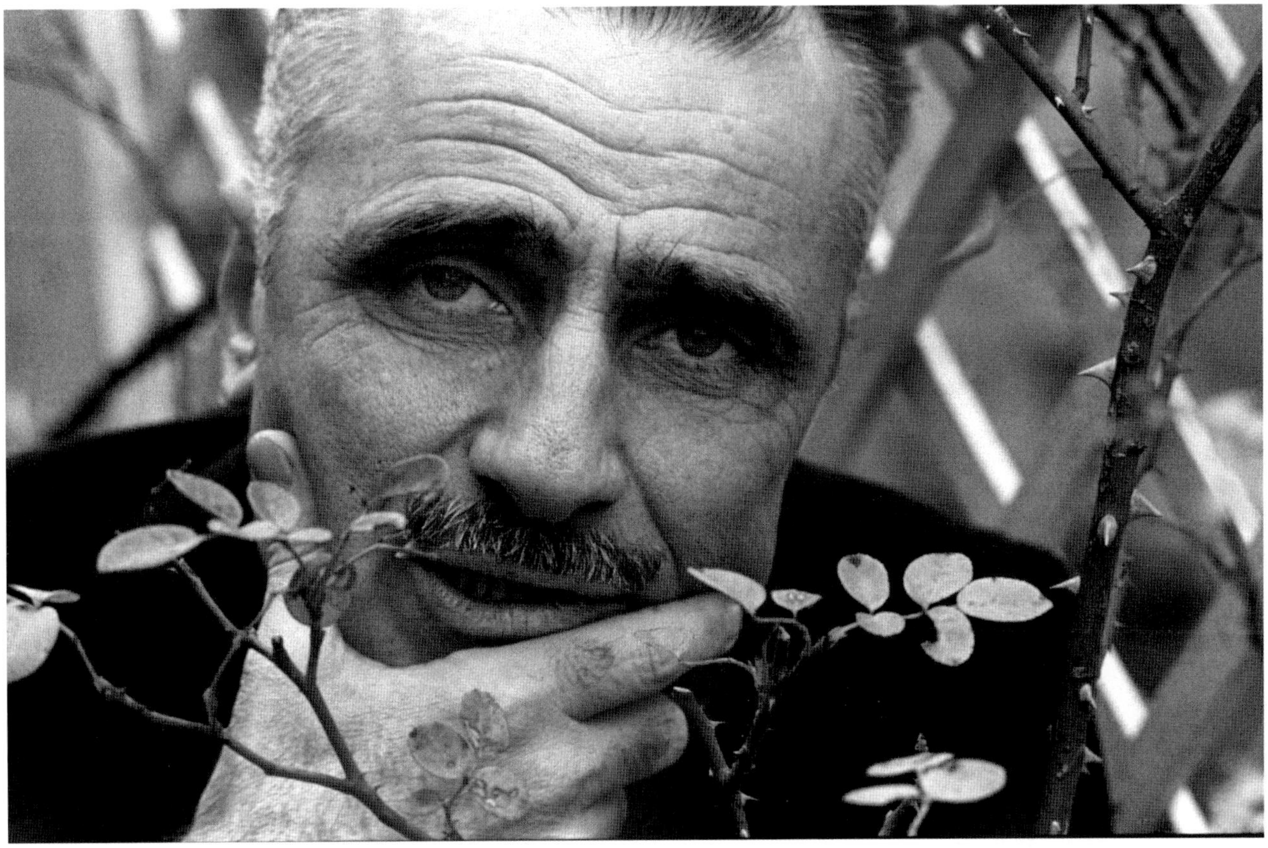

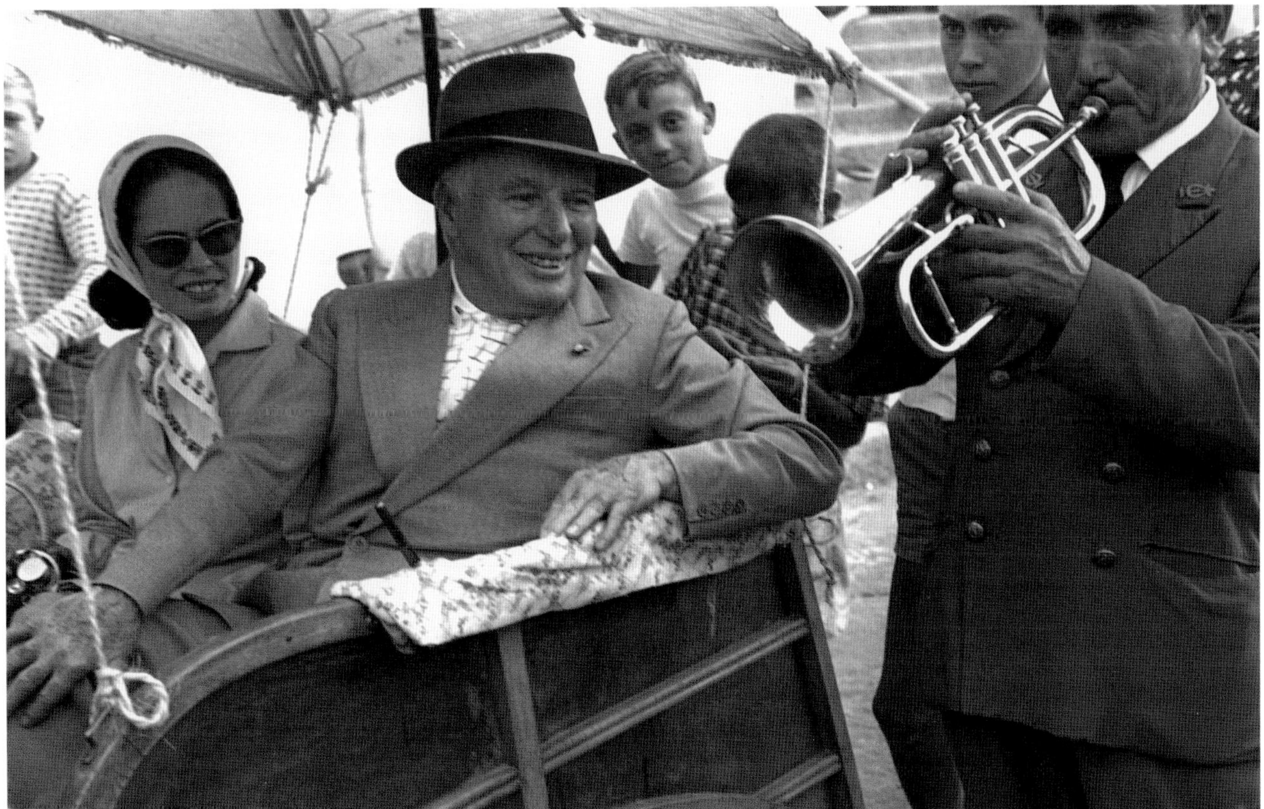

Mario Monicelli
Charlie Chaplin

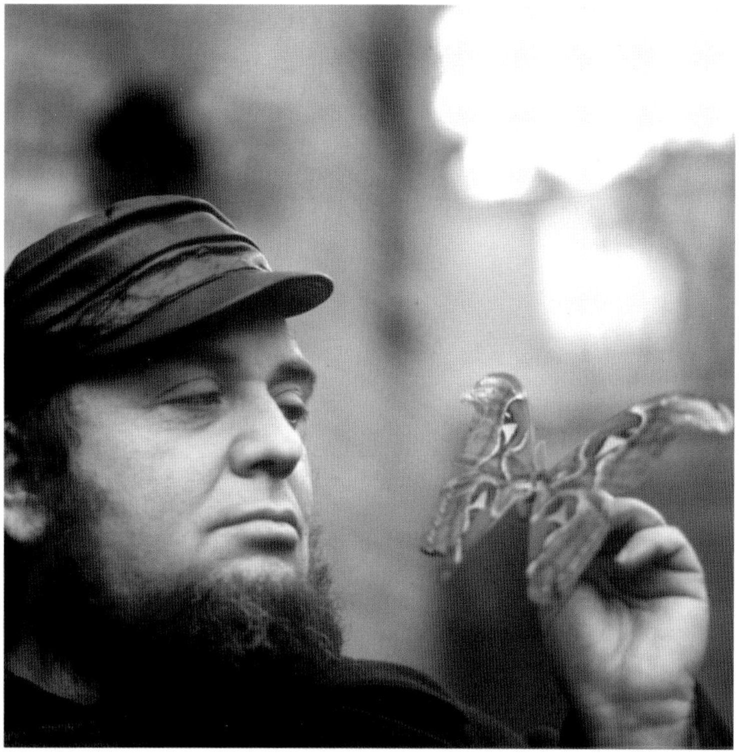

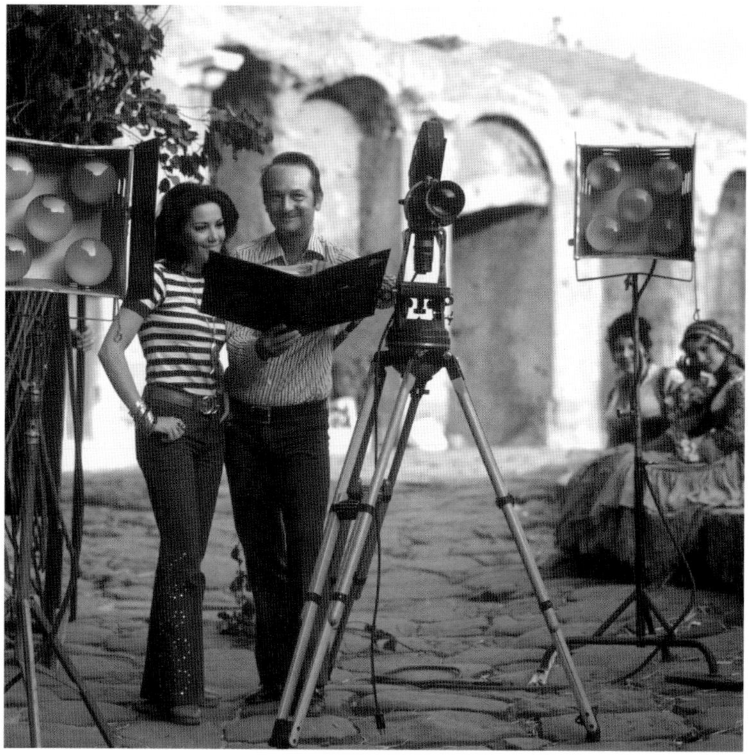

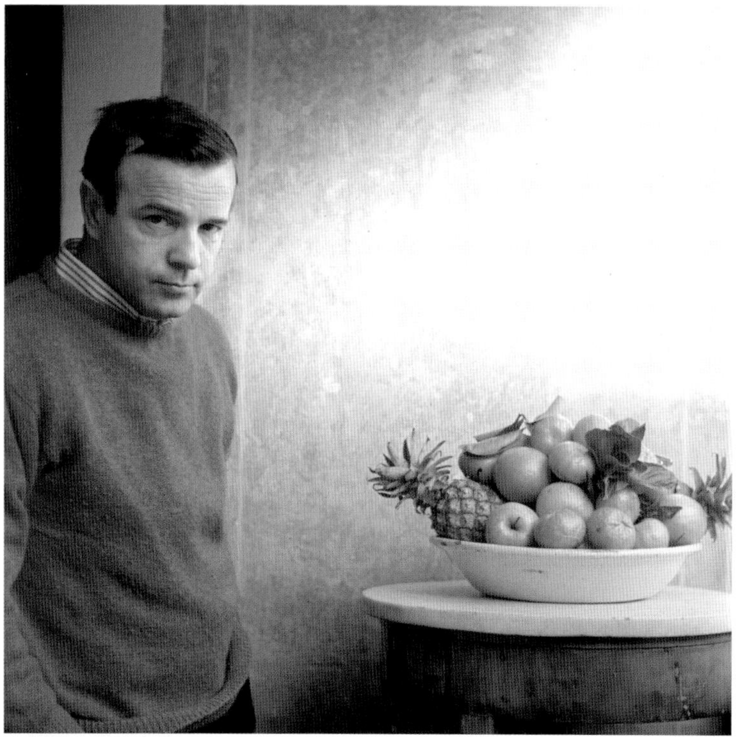

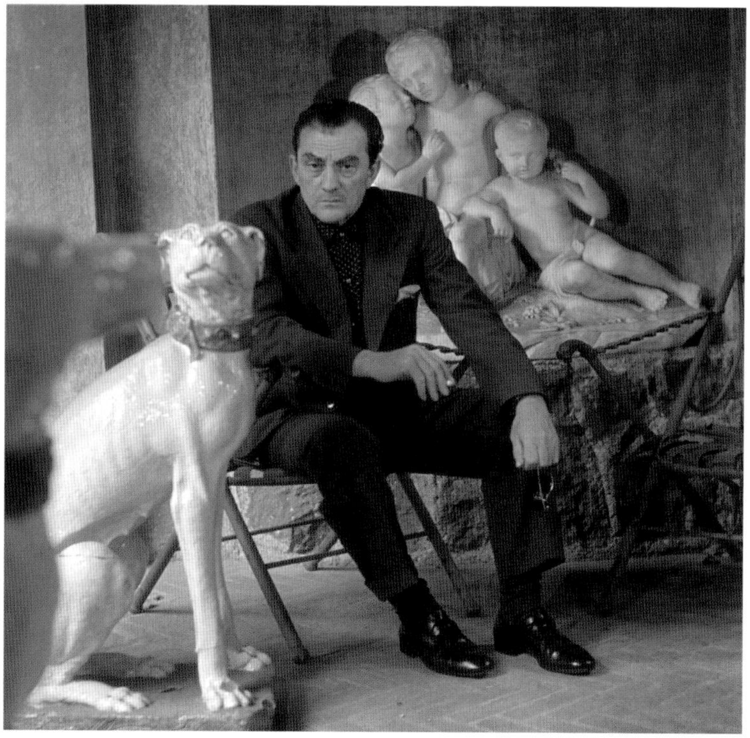

Marco Ferreri
Franco Zeffirelli

Pasquale Festa Campanile
Luchino Visconti

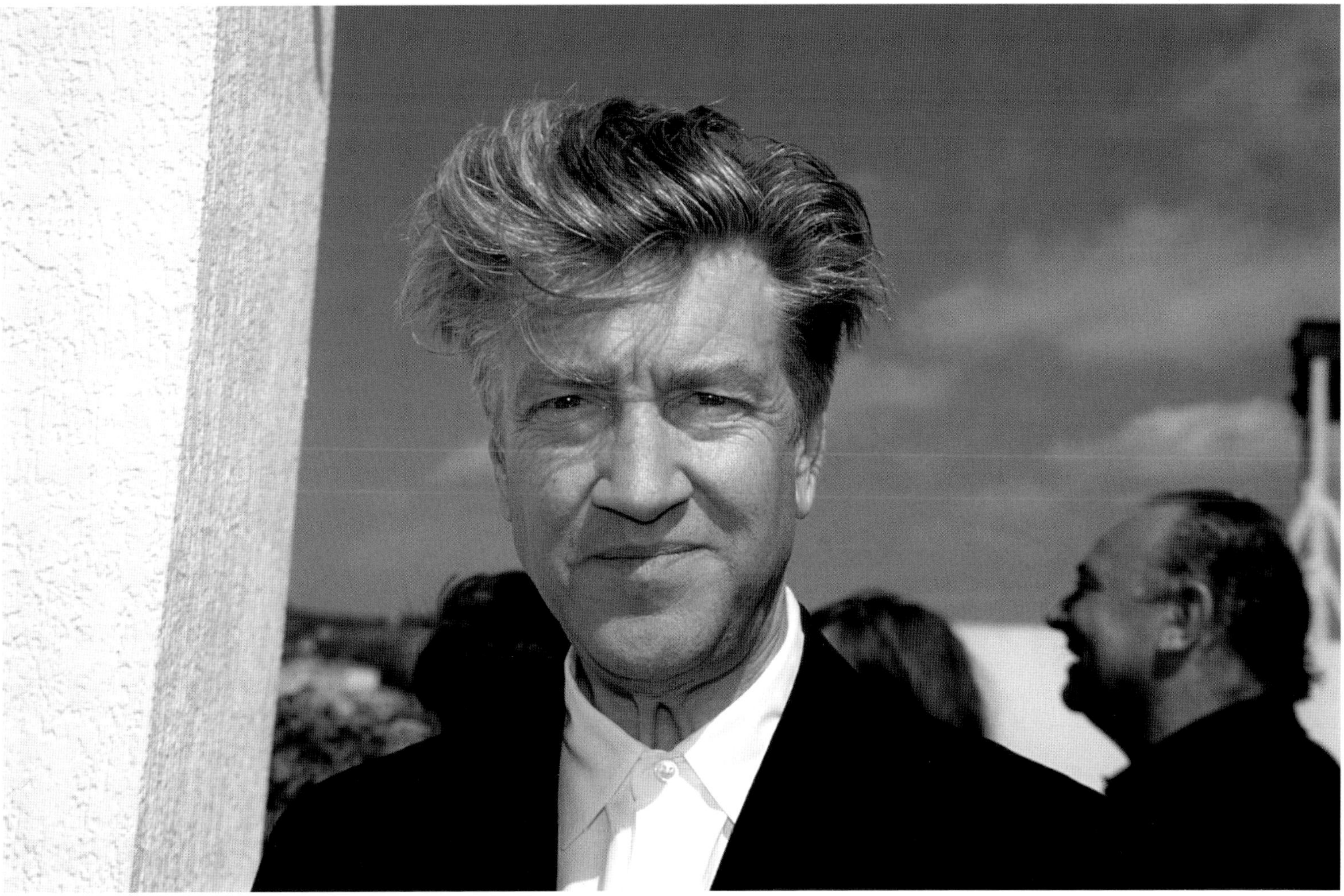

David Lynch

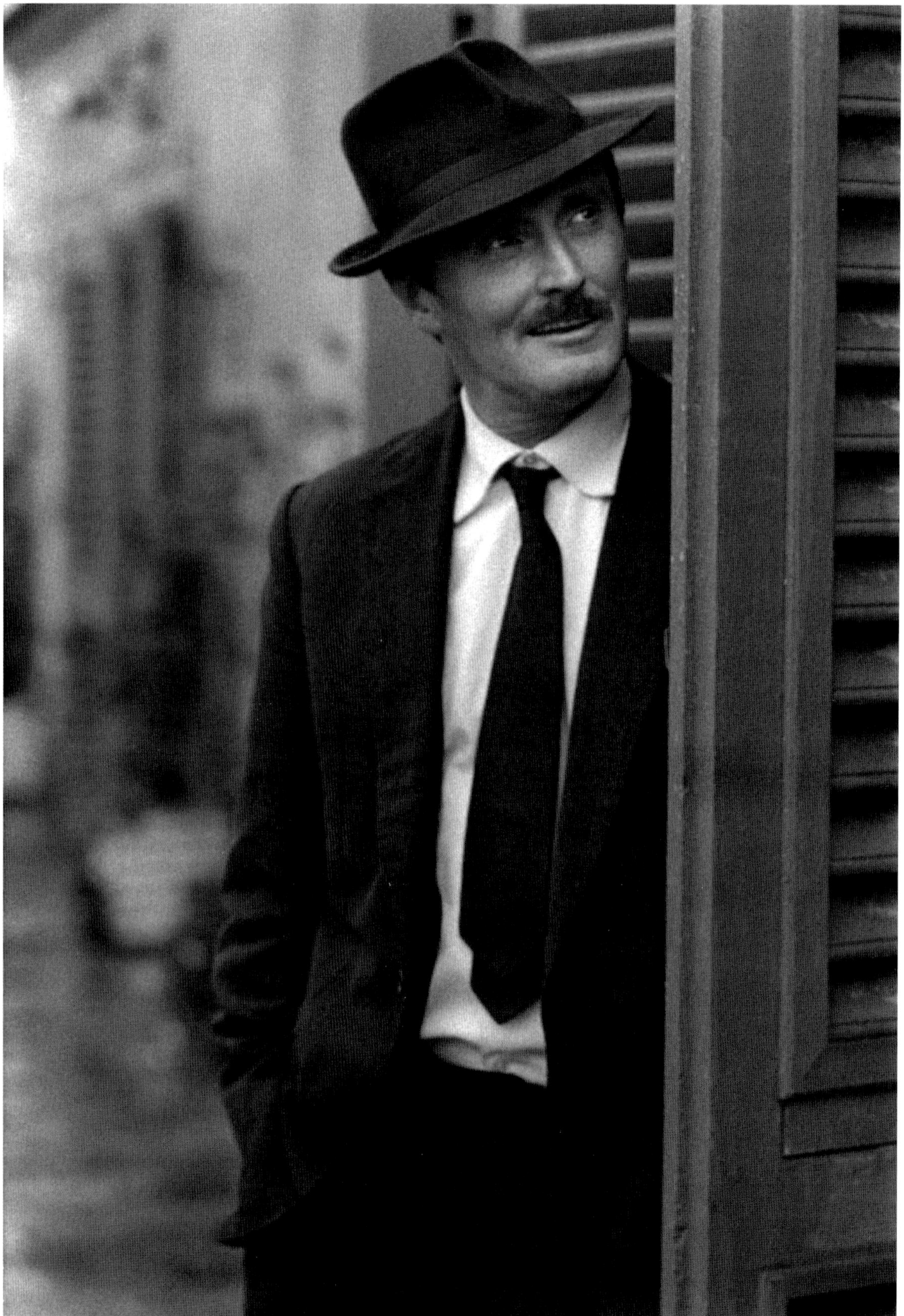

Pietro Germi

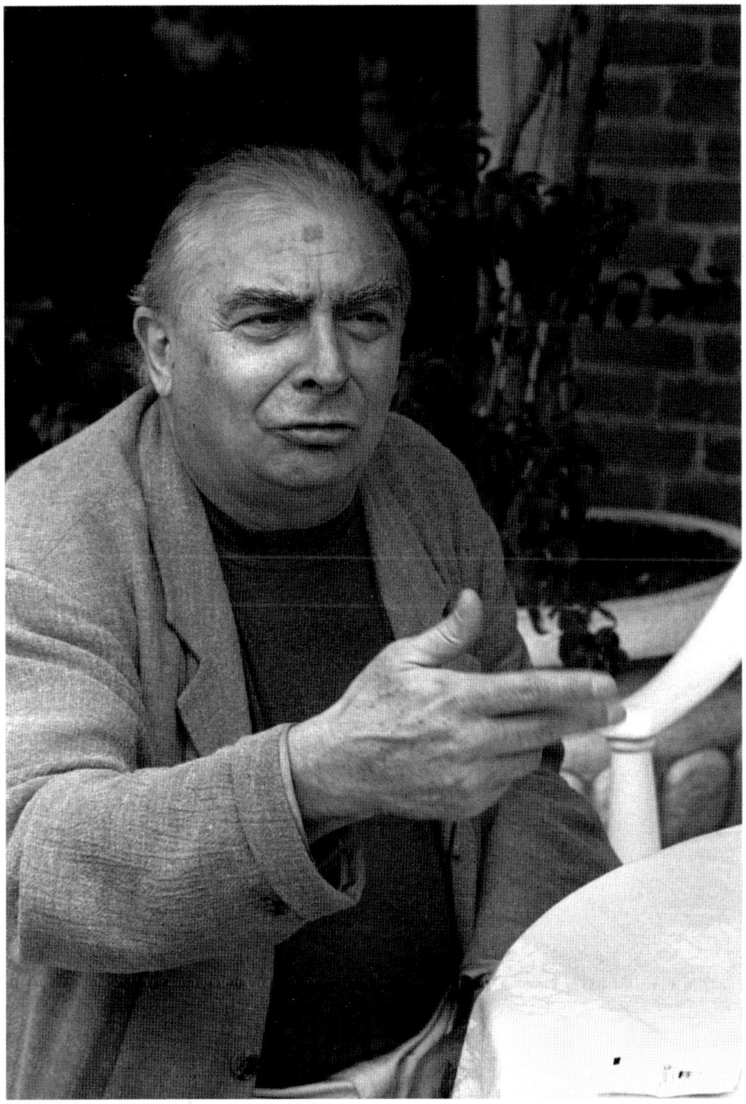

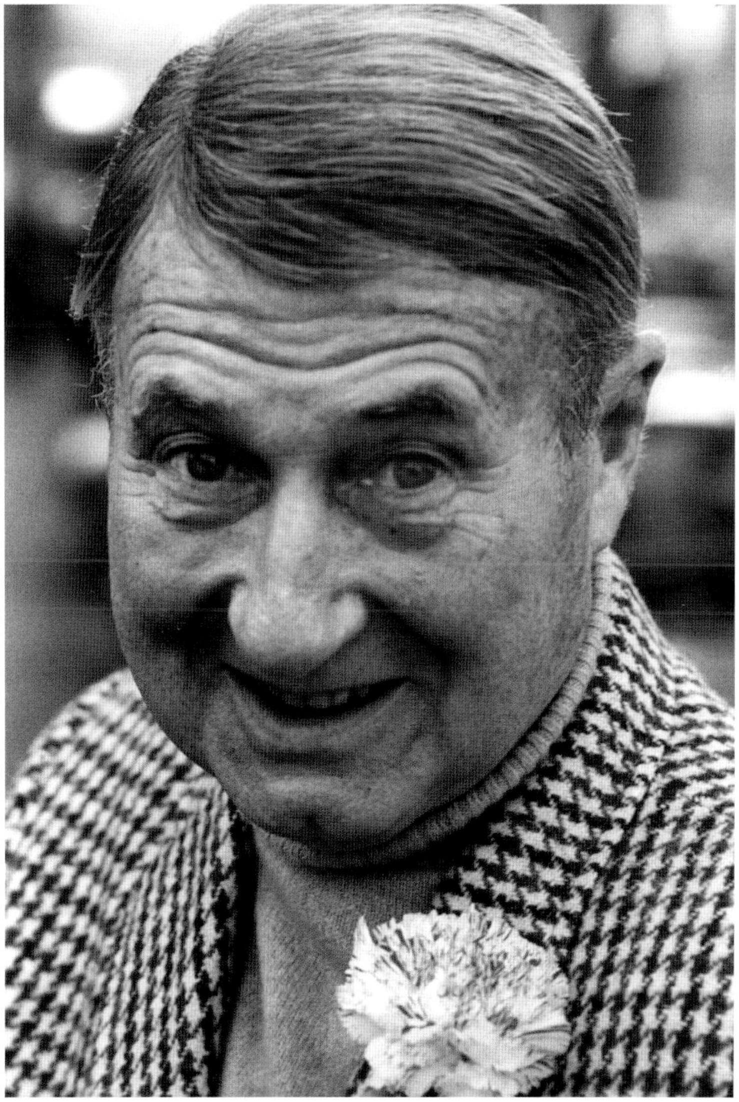

Claude Chabrol

Claude Autant-Lara

LE GRANDI FIRME

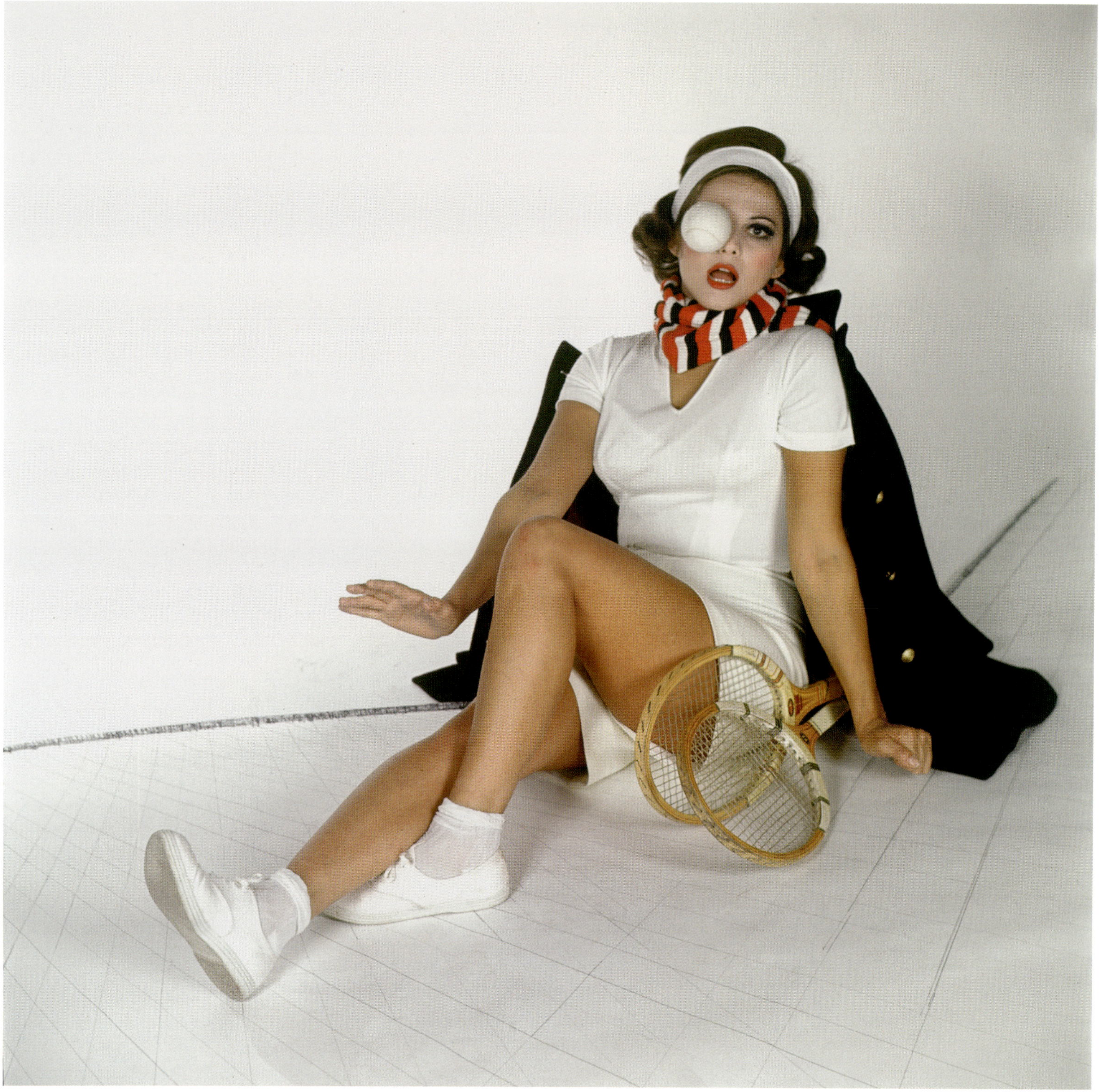

Claudia Cardinale in / dans "Le grandi firme"

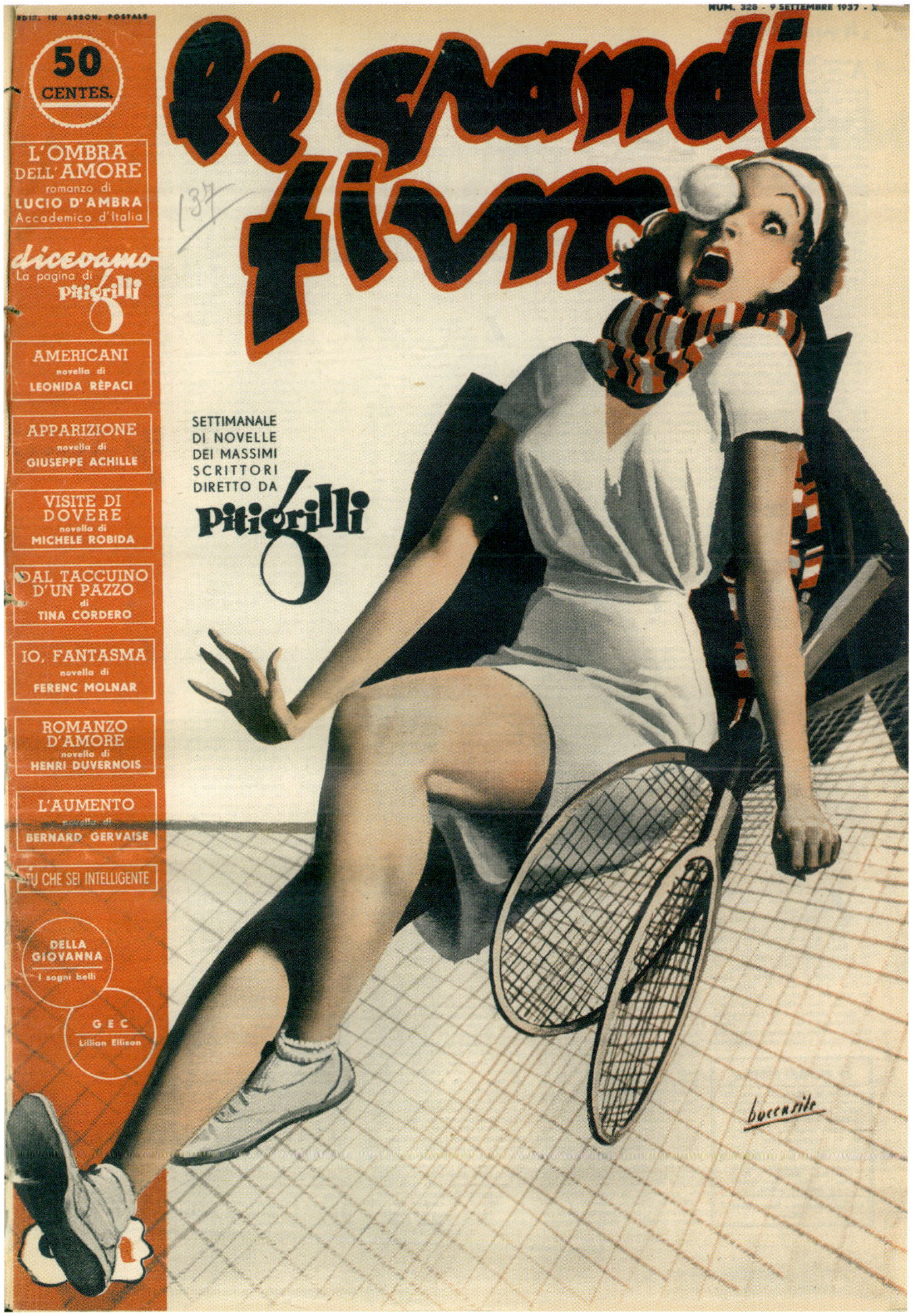

"Le grandi firme", 1937 - Biblioteca Nazionale Braidense / Braidense National Library / Bibliothèque Nationale Braidense

Nella continua ricerca di nuove proposte di immagini da pubblicare per i suoi servizi fotografici, Chiara Samugheo si fa ispirare, in modo del tutto innovativo, anche dalla storia dell'arte e dalla grafica. Qui reinterpreta, complice una spiritosa Claudia Cardinale, alcune copertine della rivista "Le grandi firme", pubblicazione periodica fondata e diretta da Pitigrilli e in seguito da Cesare Zavattini. Le copertine portano quasi tutte la firma del famoso illustratore Gino (Luigi) Boccasile che ne realizza ben 76 tra il 1937 e il 1938. Nelle sue illustrazioni propone un tipo di donna procace e mediterranea come il regime fascista voleva in quegli anni propagandare.

In the constant search for new image ideas for her published photographic features, Chiara Samugheo was also inspired, in a completely innovative way, by the history of art and by graphic design. Here she reinterprets, with a witty Claudia Cardinale as her accomplice, some of the covers for the magazine *Le grandi firme*, a periodical founded and directed by Pitigrilli and, later, by Cesare Zavattini. Almost all of the covers were the work of the famous illustrator Gino (Luigi) Boccasile who made 76 of them between 1937 and 1938. The illustrations propose the kind of provocative and Mediterranean woman that the fascist regime wanted to promote during those years.

Au cours de sa continuelle recherche de nouvelles propositions d'images à publier pour ses reportages photographiques, Chiara Samugheo est aussi inspirée, de manière totalement innovatrice, par l'histoire de l'art et par le graphisme. Ici, elle réinterprète, avec la complicité d'une Claudia Cardinale pleine d'esprit, certaines couvertures de la revue *Le grandi firme*, une publication périodique fondée et dirigée d'abord par Pitigrilli puis par Cesare Zavattini. Les couvertures sont presque toutes signées par le célèbre illustrateur Gino (Luigi) Boccasile qui n'en réalise pas moins de 76 entre 1937 et 1938. Dans ses illustrations, il propose un type de femme provocante et méditerranéenne à l'image de ce que le régime fasciste prônait durant ces années.

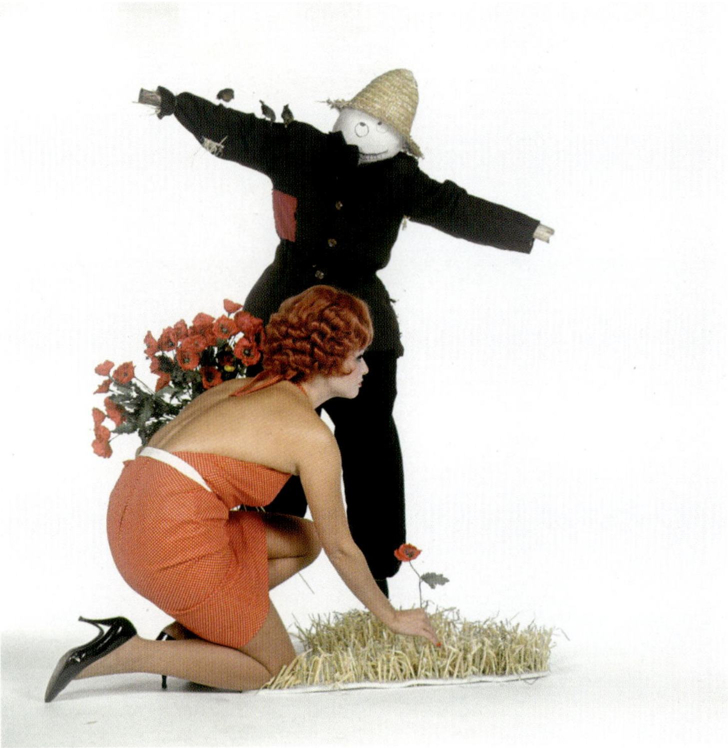

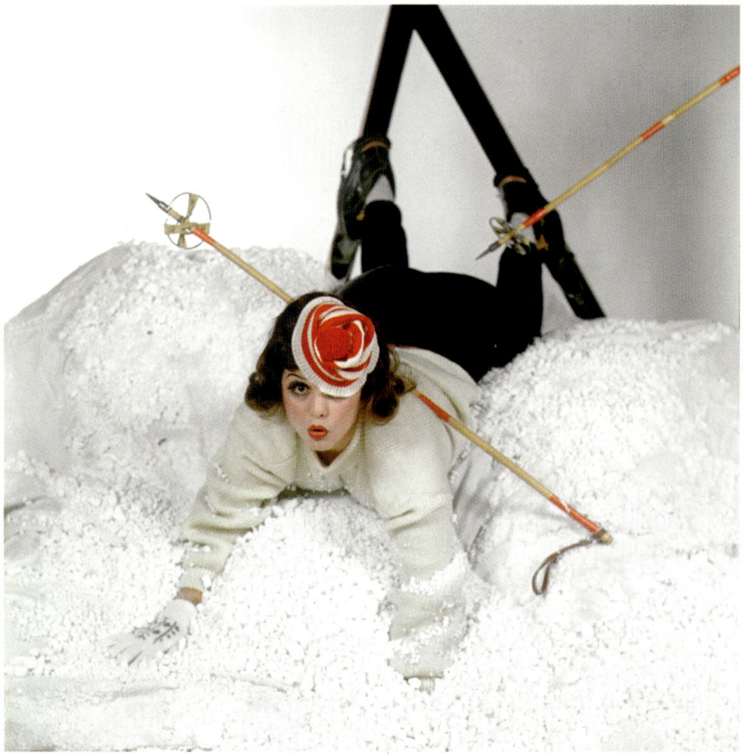

Claudia Cardinale in / dans "Le grandi firme"

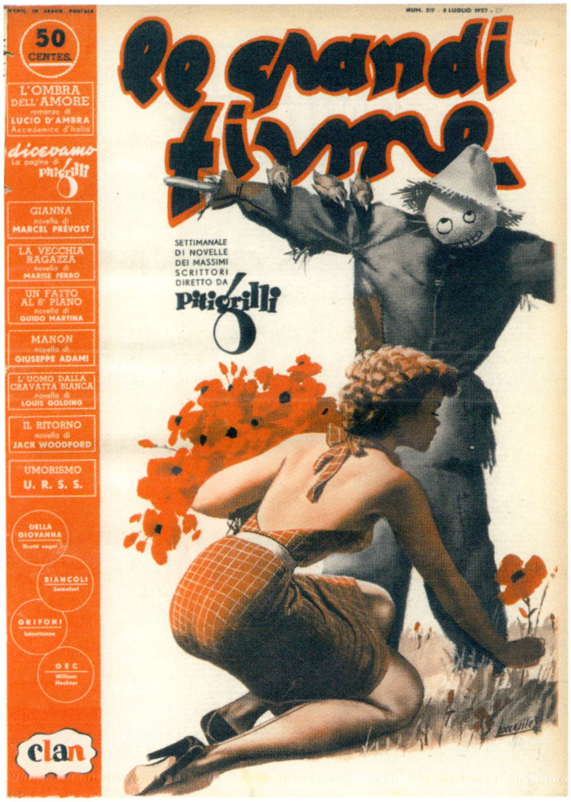

50 CENTES.
L'OMBRA DELL'AMORE
romanzo di
LUCIO D'AMBRA
Accademico d'Italia
dicevamo
La pagina di
Pitigrilli
GIANNA
novella di
MARCEL PRÉVOST
LA VECCHIA RAGAZZA
novella di
MARISE FERRO
UN FATTO AL 6° PIANO
novella di
GUIDO MARTINA
MANON
novella di
GIUSEPPE ADAMI
L'UOMO DALLA CRAVATTA BIANCA
novella di
LOUIS GOLDING
IL RITORNO
novella di
JACK WOODFORD
UMORISMO
U. R. S. S.
DELLA GIOVANNA
BIANCOLI
GRIFONI
G E C
clan
le grandi firme
SETTIMANALE
DI NOVELLE
DEI MASSIMI
SCRITTORI
DIRETTO DA
Pitigrilli

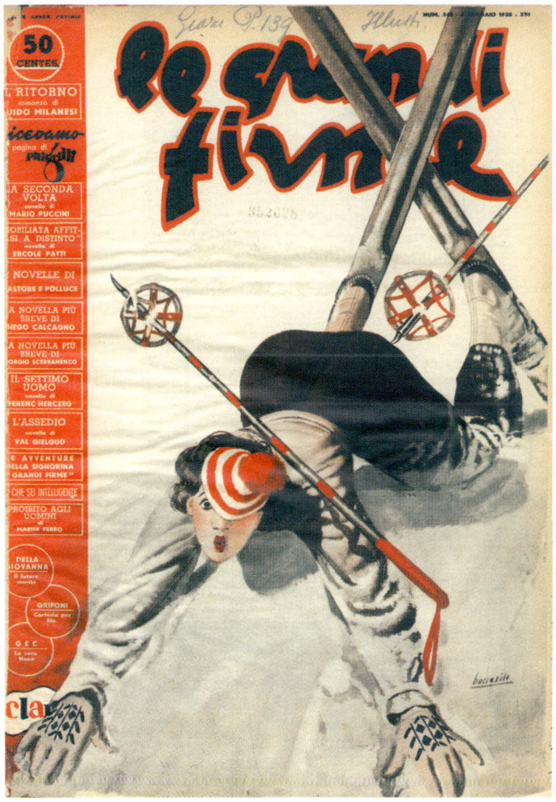

50 CENTES.
RITORNO
romanzo di
MILANESI
pagina di
SECONDA VOLTA
novella di
MARIO PUCCINI
A DISTINTO"
novella di
ERCOLE PATTI
NOVELLE DI
ASTORE E POLLUCE
NOVELLA PIÙ BREVE DI
CALCAGNO
NOVELLA PIÙ BREVE DI
IL SETTIMO UOMO
novella di
FERENC HERCZEG
L'ASSEDIO
novella di
VAL GIELGUD
DELLA SIGNORINA "GRANDI FIRME"
CHE SEI INTELLIGENTE
PROIBITO AGLI UOMINI
di
MARISE FERRO
DELLA
GRIFONI
G E C

FUMETTI COMICS BANDES DESSINÉES

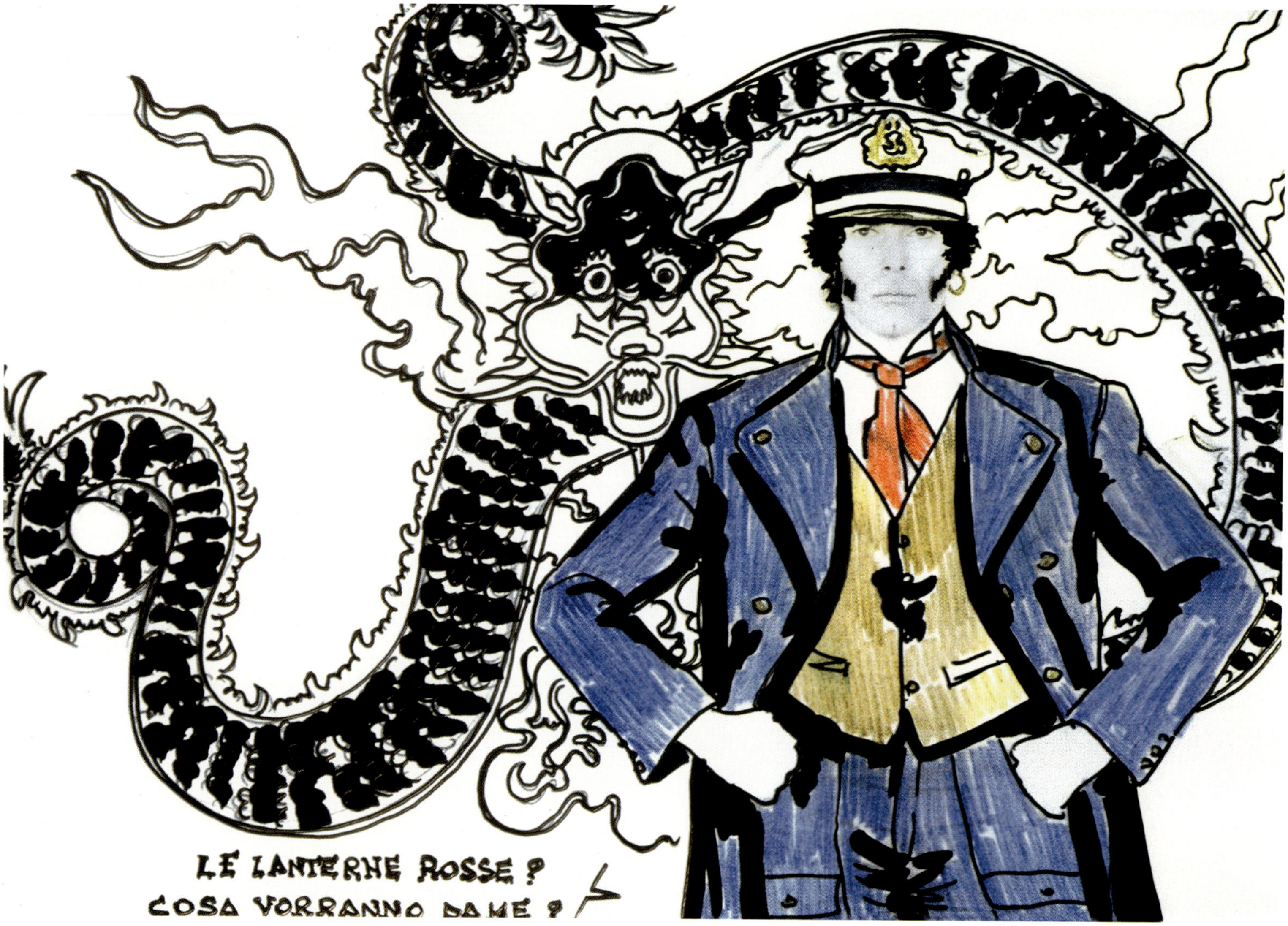

Tomas Milian interpreta / plays / joue Corto Maltese

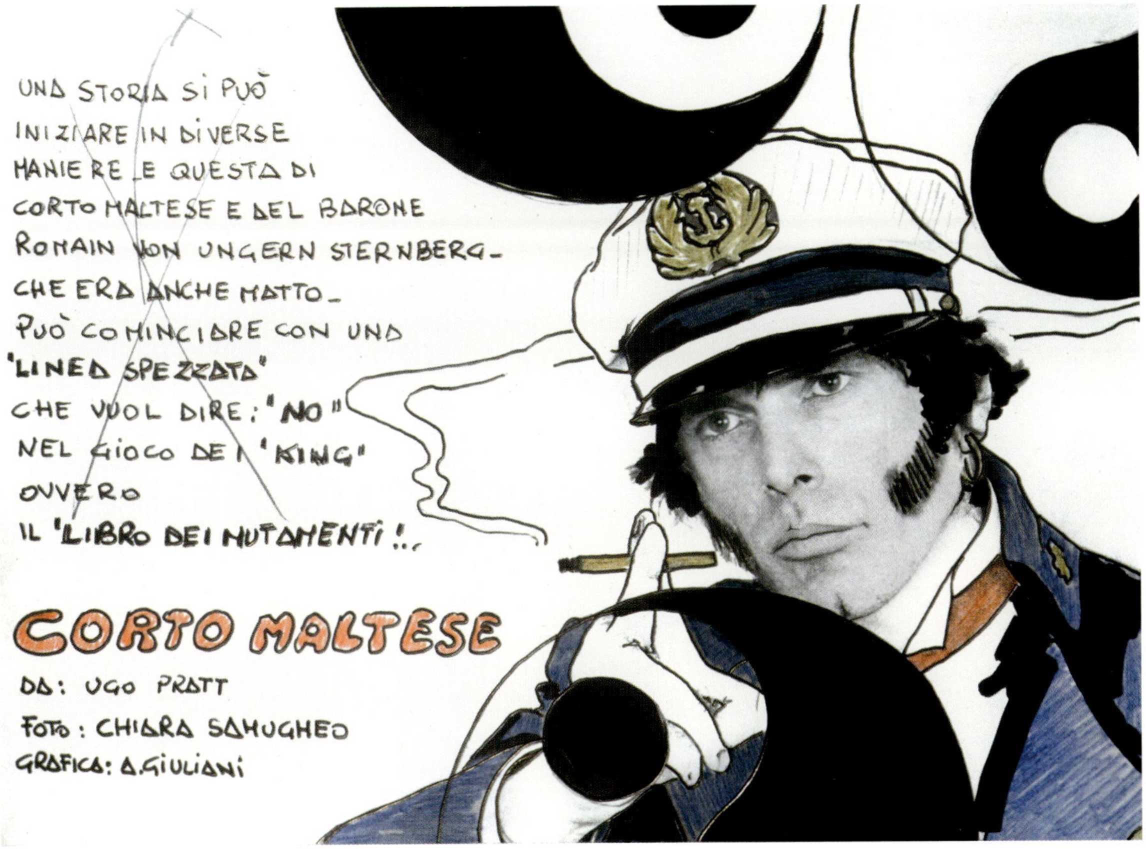
UNA STORIA SI PUÒ
INIZIARE IN DIVERSE
MANIERE _E QUESTA DI
CORTO MALTESE E DEL BARONE
ROMAIN VON UNGERN STERNBERG-
CHE ERA ANCHE MATTO_
PUÒ COMINCIARE CON UNA
'LINEA SPEZZATA'
CHE VUOL DIRE: "NO"
NEL GIOCO DEI 'KING'
OVVERO
IL 'LIBRO DEI MUTAMENTI !..
CORTO MALTESE
DA: UGO PRATT
FOTO: CHIARA SAMUGHEO
GRAFICA: A.GIULIANI

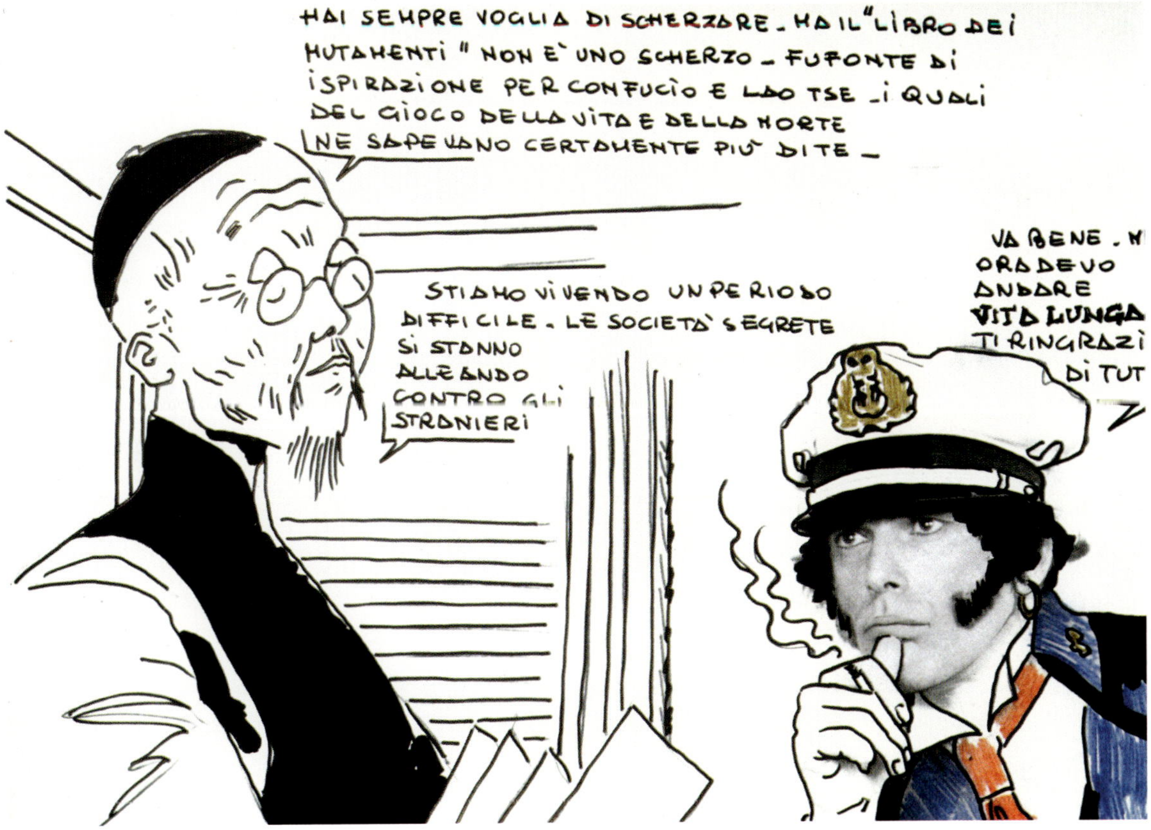
HAI SEMPRE VOGLIA DI SCHERZARE_MA IL "LIBRO DEI MUTAMENTI" NON È UNO SCHERZO_ FU FONTE DI ISPIRAZIONE PER CONFUCIO E LAO TSE _I QUALI DEL GIOCO DELLA VITA E DELLA MORTE NE SAPEVANO CERTAMENTE PIÙ DI TE_
STIAMO VIVENDO UN PERIODO DIFFICILE_ LE SOCIETÀ SEGRETE SI STANNO ALLEANDO CONTRO GLI STRANIERI
VA BENE_ ORA DEVO ANDARE VITA LUNGA

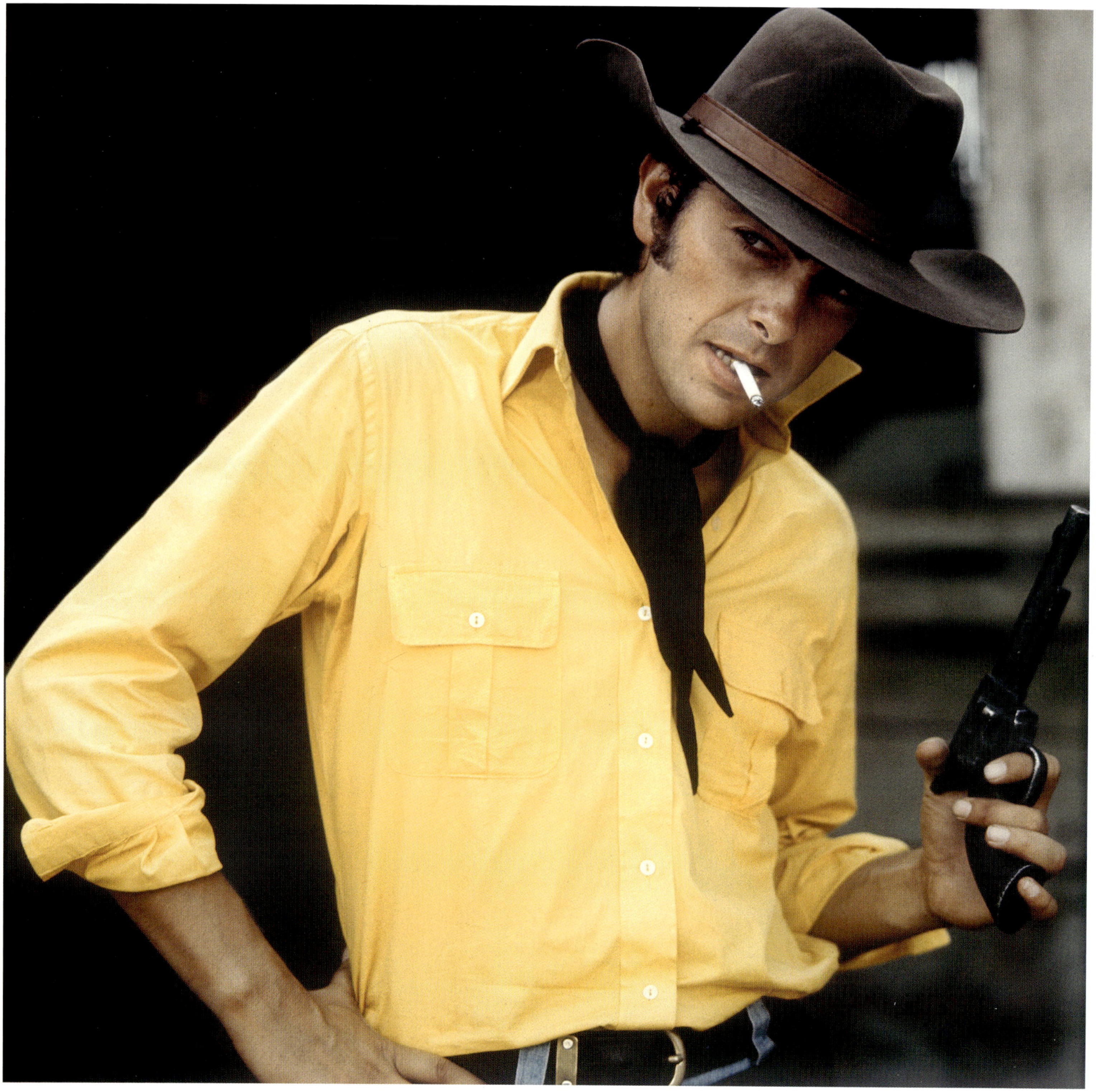

Andrea Giordana intepreta / plays / joue Tex Willer

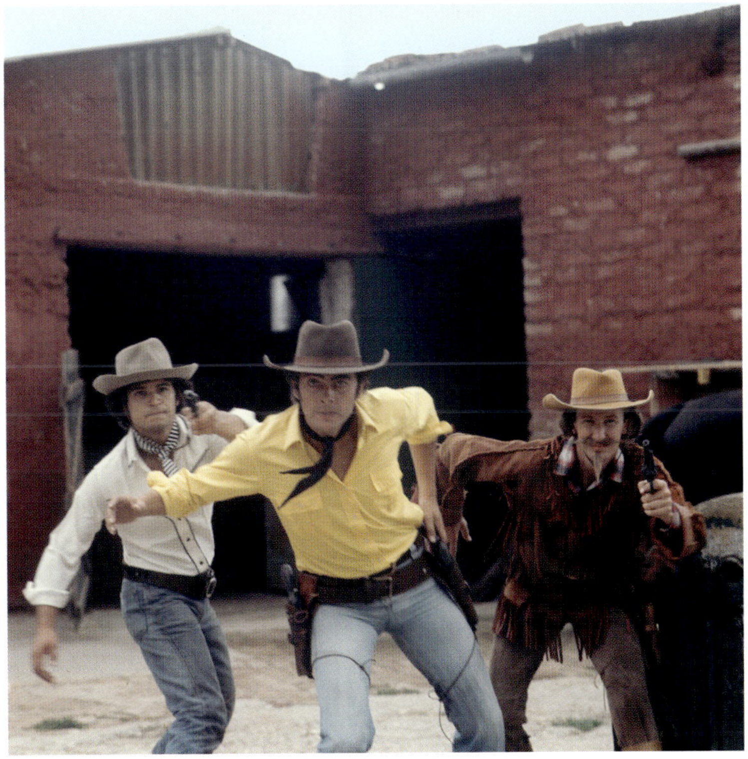

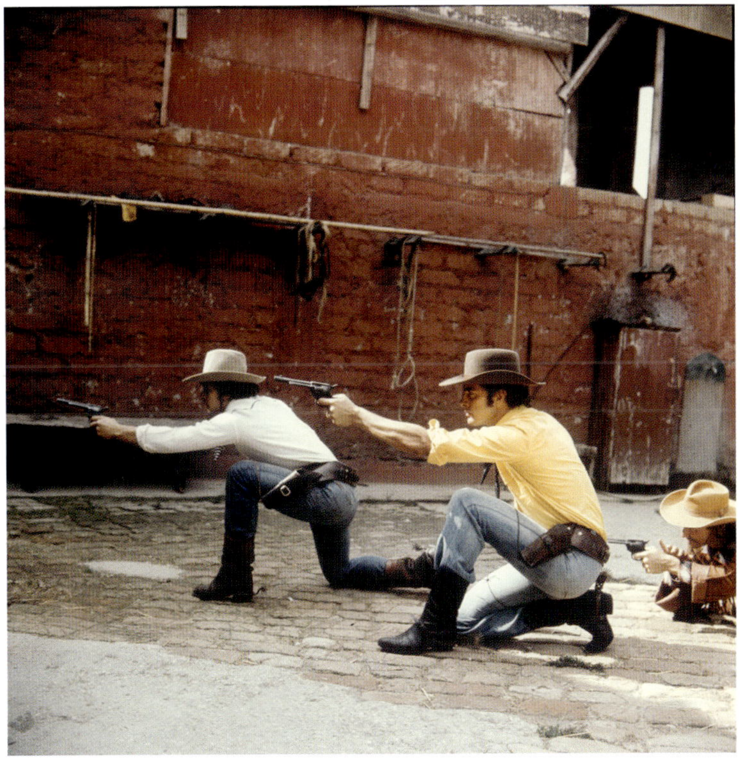

CHIARA SAMUGHEO
BEATRICE BREGOLI

Chiara Samugheo personalità di importanza internazionale, prima donna fotografa in Italia, ha iniziato a realizzare fotografie di reportage e di documentazione sociale.

Arriva a Milano negli anni cinquanta, dove conosce Pasquale Prunas che le propone di collaborare come fotografa alla rivista "Sud".

I suoi primi reportage denunciano gli aspetti negativi e inquietanti dell'Italia del dopoguerra, il Neorealismo, le baracche della periferia di Napoli, gli scugnizzi napoletani, l'ambiente delle carceri; è la prima a fotografare il fenomeno delle tarantolate a Galatina in Puglia.

Verso la fine degli anni cinquanta abbandona il reportage per dedicarsi al mondo dello star system sempre più richiesto e immortala gli artisti e le star internazionali, divenendo rapidamente indispensabile al mondo del cinema. Le sue foto sono una vera testimonianza di un'epoca che Chiara ha saputo immortalare firmando le copertine delle più prestigiose riviste di foto delle dive e dei divi.

Nel suo archivio ci sono più di 165.000 negativi in bianco/nero e diapositive a colori: i suoi ritratti valorizzano la bellezza soprattutto femminile, a volte attraverso un dettaglio, un raggio di luce o un ornamento opportunamente scelto e curato. Da questa immensa collezione di ritratti, sono stati pubblicati numerosi libri, fra i quali *Stelle di carta*, *Al cinema con le stelle* e *100 Dive. 100 anni di Cinema* per il Centro Sperimentale di Cinematografia.

Tuttavia Chiara non ha mai dimenticato i suoi vecchi ideali, continuando a esplorare la realtà con il suo obiettivo: le sue ultime opere sono dedicate alla Sardegna, alla città di Lucca, all'architettura del Palladio, a Cuba e a Nizza, città dove si è trasferita nel 1996.

Chiara Samugheo ha esposto in numerose gallerie, in Italia e all'estero, e in occasione di importanti eventi internazionali: Pinacoteca di Bari, Guggenheim Museum di New York, Cinecittà, Museo Cankarjev dom in Lubiana, Galleria Comunale di Cagliari, Biennale di Venezia, Festival di Avignone, Festival di Cannes, Festival Internazionale della Televisione di Monte Carlo, Palazzo d'Europa a Mentone, Centre Universitaire Méditerranéen di Nizza, Palazzo Pigorini a Parma, Palazzo Ferrania a Milano, Consolato italiano all'Havana.

Il suo notevole lavoro le è valso 41 premi, fra i quali: Premio della fotografia di Roma, Oscar dei due mondi di Spoleto, Premio Minerva, Venere d'argento, Leone d'oro di Salvador Rosa, Premio nazionale della Cultura di Piazza Navona, Premio Concorso Internazionale della Stampa di Roma, Premio Minerva "Noi donne", Premio Ferrania - medaglia d'oro, Premio di Cinecittà (Una vita per il cinema) - medaglia d'oro, Premio internazionale l'Efebo d'oro d'Agrigento, Premio della città di Spilimbergo, Premio internazionale della danza di Bento (Brasile), KitKat d'oro, Premio della stampa a Bari, Premio della stampa internazionale a Roma, Premio stampa di Sanremo, Cavaliere della Repubblica Italiana, Premio della biblioteca comunale di Milazzo, Fotocine club di Mantova, Premio Espiegle Award con ritratto di Guttuso, Friuli Venezia-Giulia, Gran Premio per il mondo dello spettacolo di Riccione, Premio Sole-Mare, Premio Savioli, Premio Comune di Roma-EUR.

Chiara Samugheo è nata a Bari e vive attualmente a Nizza.

CHIARA SAMUGHEO
BEATRICE BREGOLI

Chiara Samugheo, a personality of international importance, the first female photographer in Italy, began her career as a photographer in the fields of photo reportage and social documentation.

She arrived in Milan in the 1950s, where she met Pasquale Prunas who suggested that she work as a photographer for the magazine *Sud*.

Her first reportage, which belonged to the neorealist movement, exposed the negative aspects of post-war Italy. The shanties on the outskirts of Naples, the Neapolitan street urchins, the prison environment; she was the first to photograph the phenomenon of the 'tarantolate,' women afflicted with tarantism, of Galatina in Puglia.

Toward the end of the 1950s, she abandoned reportage to dedicate herself to the increasingly sought-after world of celebrities, immortalizing artists and international stars and quickly becoming indispensable to the world of cinema. Her photos stand as true testimony to an epoch that she immortalized, shooting the covers of the most prestigious celebrity magazines.

Her archive contains more than 165,000 black and white negatives and colour slides. Her portraits celebrate beauty, especially that of women, sometimes through a detail, a ray of light or an opportunely chosen and arranged ornament. From this immense collection, numerous books have been published, including *Stelle di carta*, *Al cinema con le stelle* and *100 Dive. 100 anni di Cinema* for the Centro Sperimentale di Cinematografia.

And yet Chiara has never forgotten her old ideals, continuing to explore reality with her lens. Her most recent works are dedicated to Sardinia, the city of Lucca, Palladio's architecture, Cuba and Nice, where she relocated in 1996.

Chiara Samugheo has exhibited her work in numerous galleries in Italy and abroad as well as on the occasion of major international events: Pinacoteca di Bari, Guggenheim Museum in New York, Cinecittà, Museo Cankarjev dom of Lubiana, Galleria Comunale of Cagliari, Venice Biennial, Festival of Avignone, Cannes, Festival de Télévision of Monte Carlo, Palais de l'Europe in Menton, Centre Universitaire Méditerranéen of Nice, Palazzo Pigorini in Parma, Palazzo Ferrania in Milan and the Italian consulate in Havana.

Her remarkable work has won 41 prizes, including: Premio della fotografia of Rome, the Oscar dei due mondi of Spoleto, the prize Minerva, the Venere d'argento, the Leone d'oro of Salvador Rosa, the Premio nazionale della Cultura di Piazza Navona, the Premio Concorso Internazionale della Stampa of Rome, the Minerva prize Noi donne, the golden medal of the Ferrania prize, the golden medal of the Premio di Cinecittà (Una vita per il cinema), the Premio internazionale l'Efebo d'oro d'Agrigento, the Premio della città di Spilimbergo, the International prize of the dance de Bento (Brazil), KitKat d'oro, the Premio della stampa in Bari, the Premio della stampa internazionale in Rome, the Premio Stampa of Sanremo, the Premio della biblioteca comunale of Milazzo, the Fotocine club of Mantua, the prize Espiegle Award with portrait by Guttuso, Friuli Venezia-Giulia, the Gran Premio per il mondo dello spettacolo of Riccione, the prize Sole-Mare, the prize Savioli and the prize Comune di Roma-EUR. Chiara Samugheo was also awarded with the medal "Knight of the Order of Merit of the Italian Republic."

Chiara Samugheo was born in Bari and currently lives in Nice.

CHIARA SAMUGHEO
BEATRICE BREGOLI

Personnalité d'envergure internationale et première femme photographe d'Italie, Chiara Samugheo s'intéresse d'abord à la photographie sociale.

Elle se rend à Milan dans les années cinquante, où elle rencontre Pasquale Prunas qui lui propose de collaborer avec la revue *Sud*.

Ses premiers reportages dénoncent les aspects

sombres et préoccupants de l'Italie de l'après-guerre, le Néoréalisme, les baraques de la périphérie de Naples, les *scugnizzi* (gamins) napolitains, l'ambiance des prisons... Chiara Samugheo est aussi la première à photographier le phénomène des *tarantolate* (possédées) à Galatina, dans la région des Pouilles.

Vers la fin des années cinquante, Chiara abandonne le photo-journalisme pour se consacrer au *star-system*, qui est alors en plein essor. Elle photographie les artistes et les icônes du monde entier, et devient bientôt une figure incontournable de l'univers du cinéma. Ses photographies sont le témoignage d'une époque que Chiara a su immortaliser en signant les couvertures des magazines les plus prestigieux.

À son actif, plus de 165 000 négatifs en noir et blanc et diapositives couleur. Ses portraits exaltent la beauté, féminine notamment, à travers un détail, un rayon de lumière, ou un décor admirablement pensé. Cette immense collection de portraits a donné lieu à de nombreux ouvrages, dont *Stelle di carta*, *Al cinema con le stelle* et *100 Dive. 100 anni di Cinema* pour le Centro Sperimentale di Cinematografia.

Chiara n'a toutefois jamais renoncé à ses idéaux, et elle continue d'explorer la réalité à travers son regard appareillé : ses dernières œuvres racontent la Sardaigne, Lucca, l'architecture d'Andrea Palladio, Cuba et Nice, où elle s'est installée en 1996.

Chiara Samugheo a exposé ses travaux dans de nombreuses galeries, en Italie comme à l'étranger, et a participé à d'importantes manifestations internationales : à la Pinacothèque de Bari, au Guggenheim Museum de New York, à Cinecittà, au musée Cankarjev dom de Ljubljana, à la Galleria Comunale di Cagliari, à la Biennale de Venise, au Festival d'Avignon, au Festival de Cannes, au Festival de télévision de Monte Carlo, au Palais de l'Europe de Menton, au Centre Universitaire Méditerranéen de Nice, au Palais Pigorini à Parme, au Palais Ferrania à Milan et au consulat italien de la Havane.

Son travail remarquable lui a valu 41 prix, dont le « Premio della fotografia » de Rome, « l'Oscar dei due mondi » de Spoleto, le prix « Minerva », la « Venere d'argento », le « Leone d'oro » de Salvador Rosa, le « Premio nazionale della Cultura di Piazza Navona », le « Premio Concorso Internazionale della Stampa » de Rome, le Prix Minerva « Noi donne », la médaille d'or du prix Ferrania, la médaille d'or du « Premio di Cinecittà (Una vita per il cinema) », le « Premio internazionale l'Efebo d'oro d'Agrigento », le « Premio della città di Spilimbergo », le Prix International de la danse de Bento (Brésil), « KitKat d'oro », le « Premio della stampa » à Bari, le « Premio della stampa internazionale » à Rome, le « Premio Stampa » de Sanremo, le « Premio della biblioteca comunale » de Milazzo, le « Fotocine club » de Mantoue, le Prix « Espiegle Award » avec portrait de Guttuso, Frioul-Vénétie julienne, le « Gran Premio per il mondo dello spettacolo » de Riccione, le prix « Sole-Mare », le prix « Savioli » et le prix « Comune di Roma-EUR ». Chiara Samugheo a également été décorée de la médaille du « Chevalier de l'Ordre du Mérite de la République italienne ».

Chiara Samugheo est née à Bari et vit aujourd'hui à Nice.

BIBLIOGRAFIA / BIBLIOGRAPHY / BIBLIOGRAPHIE

1980: *Carnaval*, Pasquale Prunas Editore
1981: *Costumi di Sardegna*, Edizioni L'Unione sarda
1983: *Sardegna nel Sinis*, Edizioni L'Unione sarda
1983: *L'America scopre l'Italia*, SugarCo Edizioni
1984: *Stelle di carta*, Edizioni Oberon
1984: *La stoffa azzurra*, Mondadori
1985: *O dolce mio*, Max Felchlin
1986: *Vanità sarda. Eleganze sacre e profane*, Franco Maria Ricci
1986: *Il reale e l'effimero*, Edizioni RAI-ERI
1986: *Lucchesia. Lucca vista dai viaggiatori*, Edizioni RAI-ERI
1987: *Vicenza e Palladio*, Edizioni RAI-ERI
1989: *Sardegna quasi un continente 30 anni dopo*, Maga
1990: *Bacco in Sardegna*, Maga
1992: *Natura magica della Sardegna*, Pieraldo Editore
1992: *I Nebrodi*, Multeditor
1993: *Le corti del verde. Viaggio per le masserie di Puglia e Basilicata*, Edisud
1995: *100 Dive. 100 anni di Cinema*, Centro Sperimentale di Cinematografia
1995: *Al cinema con le stelle*, Ilisso
2003: *Chiara Samugheo fotografa Claudia Cardinale*, Comune di Parma
2004: *Le parmigiane*, Monte Università Parma Editore
2006: *Vicina alle stelle*, Edizioni Gabriele Mazzotta
2006: *Attraversare la moda*, Damiani Editore
2007: *Cinecittà for ever. Nous nous sommes tant aimés*, Musée de la photographie André Villers de Mougins
2007: *Fellini Privat. Il Maestro fotografato da Chiara Samugheo*, Fondazione Federico Fellini
2010: *Chiara Samugheo: scorci di Albenga*, Comune di Albenga

Silvana Editoriale Spa

via Margherita De Vizzi, 86
20092 Cinisello Balsamo, Milano
tel. 02 61 83 63 37
fax 02 61 72 464
www.silvanaeditoriale.it

Le riproduzioni, la stampa e la rilegatura
sono state eseguite presso lo stabilimento
Arti Grafiche Amilcare Pizzi Spa
Cinisello Balsamo, Milano

Reproductions, printing and binding by
Arti Grafiche Amilcare Pizzi Spa
Cinisello Balsamo, Milan

Les reproductions, l'impression
et la reliure ont été réalisées par l'établisse-
ment
Arti Grafiche Amilcare Pizzi Spa
Cinisello Balsamo, Milan

Finito di stampare
nel mese di maggio 2012
Printed May 2012
Achevé d'imprimer en mai 2012